Jürgen Wolf

Auf der Suche nach König Artus

Jürgen Wolf

Auf der Suche nach König Artus

Mythos und Wahrheit

Die Deutsche Nationalbibliothek verzeichnet diese Publikation
in der Deutschen Nationalbibliografie;
detaillierte bibliografische Daten sind im Internet über
http://dnb.d-nb.de abrufbar.

Die Herausgabe des Werkes wurde durch die Vereinsmitglieder
der WBG ermöglicht.
Redaktion: Mechthilde Vahsen, Düsseldorf
Layout, Satz und Prepress: schreiberVIS, Seeheim-Jugenheim
Gedruckt auf säurefreiem und alterungsbeständigem Papier
Printed in Germany

www.primusverlag.de

ISBN 978-3-89678-657-9

Inhalt

Auf der Suche nach dem wahren König Artus

Der legendäre britische König Artus, seine Tafelrunde und der Heilige Gral gehören in der Erinnerungskultur der Moderne kaum anders als im Mittelalter zu den herausragenden Eckpunkten des kulturellen Gedächtnisses, und zwar nicht nur auf den Britischen Inseln, in Frankreich und in Skandinavien, wo König Artus während des sogenannten *dark age* im 5./6. Jahrhundert angeblich oder wirklich gelebt, gewirkt und gekämpft hat, sondern weltweit. Sichtbar wird eine solche Präsenz einerseits in einer seit dem Mittelalter auf mehrere tausend Titel angeschwollenen Zahl wissenschaftlicher Publikationen, andererseits in einer noch viel größeren Fülle pseudowissenschaftlichen und belletristischen Materials. Das Spektrum reicht von Aufsätzen und Monografien bis hin zu vielbändigen Artuszyklen, von Büchern, Comics, Bildern bis hin zu Fernseh- und Kinofilmen, von Dokumentar- und Historienfilmen bis hin zu Zeichentrick- und Fantasyfilmen. Gleichzeitig drangen Artus und seine Ritter schon im hohen Mittelalter in die Sachkultur vor. Es wurden Artusburgen gebaut, Artusfeste und -turniere inszeniert, Artusteppiche gewebt, Artus- und Gralsbilder gemalt. Vielerorts benannte man sogar seine Kinder nach den heroischen Gestalten aus den Artusgeschichten.

Die Artusbegeisterung ruhte dabei wesentlich auf drei Säulen: dem dynastisch-historischen Interesse, der für didaktische Zwecke hervorragend geeigneten Idealität der Artuswelt und der mit den spannend erzählten Geschichten verbundenen Kurzweil. Diese je unterschiedlichen Potenziale machten Artus seit eh und je für Erwachsene und Kinder interessant. So kommt es nicht von ungefähr, dass um 1300 der deutsche Lehrbuchautor Hugo von Trimberg empfahl, Unwissende und Kinder sollten sich die Artusritter als Vorbilder nehmen. Auch später orientierten sich etwa Kaiser Maximilian, der englische König Heinrich VIII. oder der als Sonnenkönig bekannte französische König Ludwig XIV. an den Rittern der Tafelrunde. Gewirkt hat dieses didaktische Rezeptionsmodell bis in die Moderne. In den Hollywood-Artusfilmen der 1950er und 1960er Jahre stehen die Ritter der Tafelrunde wie 700 Jahre zuvor als Chiffre für den guten, ehrlichen, christlichen Menschen.

Allerdings brauchte es beinahe ein halbes Jahrtausend, bis aus der nahezu unbekannten, unbedeutenden Figur des *dark age* der dann im hohen und späten Mittelalter ins Übernatürliche gewachsene Held und letztlich eine höfisch-ritterliche Lebensphilosophie geworden war: Das zu Beginn kleinräumig-walisische Artusinteresse explodierte im 12. Jahrhundert geradezu, erfasste zunächst den anglonormannischen Herrschaftsraum auf den Britischen Inseln und in Nordfrankreich, erreichte dann das christliche Mitteleuropa und in der Neuzeit schließlich die gesamte Welt. In welch gewaltigen Dimensionen diese Präsenz zu denken ist, lässt ein Blick auf die Artusliteratur erahnen: Allein das von Ann F. Howey und Stephen R. Reimer im Jahr 2006 zusammengestellte Verzeichnis moderner Arthuriana listet für die Zeit von 1500 bis 2000 mehr als 4000 Titel auf, und es kommen jedes Jahr zahlreiche neue Bücher, Aufsätze, Filme, Bilder und Spiele hinzu.

Zu dieser herausragenden literar- und kulturhistorischen Präsenz haben weniger historische Fakten als vielmehr eine seit dem 12. Jahrhundert überaus erfolgreiche Artuschronistik, eine bald zur Weltliteratur aufgestiegene Artusliteratur und unzählige ge- bzw. erfundene Artefakte rund um die arturische Welt beigetragen. Artus-Helden und -Damen wie Yvain, Gawain, Lanzelot, Parzival, Tristan, Galahad, Guinevere, Isolde sowie grüne, rote und schwarze Artusritter, aber natürlich auch der Artushof selbst mit der strahlenden Tafelrunde sind spätestens seit den Bestsellern Geoffreys of Monmouth († 1154), Chrétiens de Troyes († um 1190), Hartmanns von Aue († um 1200) und Wolframs von Eschenbach († um 1220) sowie dem frühneuzeitlichen Welterfolg Thomas Malorys († 1471) in William Caxtons Druckausgabe von 1485 zeitlos fester Bestandteil der Weltliteratur und des Weltwissens. Allerdings existieren damals und heute Zweifel. Bereits die mittelalterlichen Geschichtsschreiber beschwerten sich bitterlich, dass Geoffrey so viele Lügen von Artus aufgezeichnet habe. Polydore Vergil und John Rastell ließen diese Zweifel an der Artuswahrheit im 16. Jahrhundert beinahe zur Gewissheit werden. Doch immer wieder konnte sich der sagenhafte König Artus dank der tatkräftigen Hilfe von Kaisern, Königen und wackeren Artusforschern seine Historizität bewahren.

Im 18. Jahrhundert rückte die Artusgeschichte als prominenter Seitenzweig zur historisch-wissenschaftlichen Wahrnehmung des Römischen Reichs für einen winzigen Augenblick sogar ins Zentrum der Weltgeschichte. In seiner berühmten „History of the Decline and Fall of the Roman Empire", der Geschichte vom Untergang des Römischen Reichs, hatte Eduard Gibbon (1737–1794) in den Jahren 1776–1788 in Fortschreibung der römischen Geschichte eine längst nicht nur für die englische Artuswahrnehmung maßgebliche Bilanz publiziert.[1] Gibbons Erkenntnisse bildeten recht präzise die Konturen des Kenntnisstands zu König Artus und Britannien im *dark age* ab. Sie wurden, begünstigt durch die Autorität Gibbons, so etwas wie ein gesicherter Fixpunkt des Artuswissens der Moderne. In der 1790 gedruckten deutschen Übersetzung des epochemachenden Grundlagenwerks liest man zum arturischen Britannien:

„Doch jeden Brittennamen verdunkelt Arthurs, des Erbfürsten der Siluren in Südwales, Wahlkönigs oder Feldherren der Nazion erlauchter Name. Nach den vernünftigsten Nachrichten, schlug er in zwölf Schlachten aufeinander die Nordangeln und die Westsachsen; aber Volksundank und Hausunfälle verbitterten des Helden abnehmendes Alter. Die Begebenheiten seines Lebens interessieren weniger, als die sonderbaren Revoluzionen seines Rufs. Fünfhundert Jahre hindurch wurde die Überlieferung von seinen Thaten durch die ruflosen Barden von Amorika aufbewahrt und geschmacklos ausgeschmückt, die den Sachsen verhasst und dem übrigen Menschengeschlecht unbekannt waren. Stolz und Neugier trieben die normännischen Eroberer in der alten Geschichte Britanniens nachzuforschen: sie horchten mit sehnlicher Neugier zum Mährchen von Arthur, und priesen feurig das Verdienst eines Fürsten, der die Sachsen, ihre gemeinschaftlichen Feinde besiegt hatte. Sein Roman, ins Latein des Jeffrer von Monmouth gebracht, und nachmals in die übliche Sprache der Zeiten übersetzt, wurde mit den mannigfaltigen, obgleich unverbundenen Verzierungen ausgeschmückt, welche der Erfarung, Gelehrsamkeit oder Phantasie des zwölften Jahrhunderts eigen waren. [...] Feen und Riesen, fliegende Drachen und bezauberte Schlösser mischte man in die einfältigen Dichtungen des Westens."[2]

Den wahren König Artus irgendwo zwischen Märchen und Fantasie zu finden, war also ein Problem. Wo und wie die historische Wahrheit zu finden ist, blieb unklar. Über die mittelalterlichen Schriftquellen war es nicht gelungen, wirklich zweifelsfrei bis in die arturische Gegenwart vorzustoßen. Auch die vermeintlich arturischen Realien – Orte, Burgen, Tafelrunden, Steine, Gegenstände aller Art – lieferten mehr Fragen als Antworten. Die Bedenken wuchsen. Sie auszuräumen setzte sich eine rege Artusforschung zum Ziel, deren Anfänge bis zu den ersten textkritischen Analysen der Artusüberlieferung in den Klöstern des 9. Jahrhunderts und den ersten Forschungsexkursionen bzw. archäologischen Grabungen im 12. Jahrhundert zurückreichen.

Fragt man heute nach den konkreten historischen Hintergründen oder gar einer historischen Wahrheit hinter den unzähligen Text- und Sachzeugnissen, verschwimmen nach wie vor Wissen, Fakten und Fiktionalität in einem beinahe undurchdringlichen Nebel von Halbwissen, Vermutungen und Fantasien. Weiterhin bestimmen dabei Interessen, politisches oder nationales Kalkül, wissenschaftliche Redlichkeit, aber auch dichterische Freiheit und künstlerischer Anspruch das Aussehen der höchst unterschiedlichen Artuswelten, die sich dann in der

Wahrnehmung der Geschichtswissenschaft und der Belletristik jedoch überraschend ähneln. Die Überraschung relativiert sich, wenn man bedenkt, dass fast alles Artuswissen letztlich auf wenigen Hauptsäulen beruht: der bis in unsere Tage immer wieder nachgedruckten, übersetzten und überarbeiteten lateinischen „Historia regum britanniae" (Geschichte der Könige Britanniens) des Geoffrey of Monmouth, dem in diversen epischen Versionen ebenfalls bis heute wirkmächtigen altfranzösischen „Prosa-Artus-Gral-zyklus", den Artusromanen Chrétiens de Troyes, der alle mittelalterlichen Geschichten und Geschichte zusammenfassenden mittelenglischen sogenannten Artussumme des Thomas Malory und den diese Stoffe erneut neu kombinierenden „Idylls of the King" Alfred Lord Tennysons. Je nach Kulturkreis verschieben sich nur die Präferenzen für eher literarisch-fiktionale Varianten (Chrétien und „Prosa-Artuszyklus") oder einen eher historischen Zugriff (Geoffrey). So dominiert die historische Perspektive – kaum überraschend – im angloamerikanischen Raum, für den Artus als Nationalmythos (GB) oder Vorbildmythos (USA) fundierende Bedeutung hat. In Deutschland, aber auch in Frankreich und Italien genießen demgegenüber die literarischen Motive Priorität.

Das vorliegende Buch hat sich zum Ziel gesetzt, zwischen solchen Mythen, Fantasien und Realgeschichten einerseits einer historischen Gestalt und ihrer Geschichtlichkeit möglichst nahe zu kommen, um andererseits die über mehr als eineinhalb Jahrtausende immer wieder neu und anders geformte Artusfigur in der realen, aber auch in einer fiktionalen Welt nachzuzeichnen.[3] Die Fundamente einer solchen Analyse bilden die bis ins 6./7. Jahrhundert zurückreichenden historischen Zeugnisse, das heißt die Ergebnisse der Geschichtsforschung, der Textwissenschaften und der Mittelalterarchäologie. Wichtige Hinweise liefern auch die Namenforschung, die Etymologie und soziologische Forschungsansätze. Man sollte allerdings nicht zu viel erwarten, denn trotz vieler Hinweise zu Aktivitäten und Zuständen um das Jahr 500 konnte auch die moderne Archäologie an keinem Ort konkrete Beweise für einen historischen Arthur/Artus ergraben. Dies gilt für König Artus selbst ebenso wie für einige sekundär in die Artusgeschichte eingedrungene Nebenaspekte. Erwähnt seien nur die sagenumwobene Feeninsel Avalon, der Heilige Gral und die Liebesgeschichte um Tristan und Isolde. Trotz modernster Forschungsmethoden lassen sich nur Wahrscheinlichkeiten formulieren.

Vorab sei auf ein grundlegendes Problem im Umgang mit der Artuswelt hingewiesen: Die geografische und kulturelle Vielschichtigkeit und die chronologische Langlebigkeit der Artusfigur bedingen eine kaum durchschaubare Variantenvielfalt bei der Benennung der einzelnen Personen, Orte und Gegenstände. Daher wird aus Gründen der Übersichtlichkeit vorrangig der im deutschen Kulturkreis geläufige Name Artus verwendet.

I Artus – König der Briten

1 Britannien im dunklen Zeitalter – Caerleon, Camelot und Tintagel

Berichte in Chroniken, Annalen, Legenden, Viten, Liedern und Gedichten lassen als potenziellen Zeitrahmen einer Artusgeschichte das späte 5. und das frühe 6. Jahrhundert aufscheinen. Basis sind die grundlegenden Umwälzungen auf den Britischen Inseln während des sogenannten *dark age*: Innerhalb von eineinhalb Jahrhunderten (ca. 400–550) änderten sich die Herrschaftsstrukturen in Britannien von Grund auf. Rom hatte sich aus der 55 v. Chr. von Cäsar eroberten und in den Jahren 122–133 n. Chr. durch den Bau des Hadrianwalls gesicherten Provinz Britannien zurückgezogen. Die letzten regulären römischen Truppen verließen um das Jahr 410 die Provinz. Land und Städte blieben aber römisch-christlich geprägt. Gleichzeitig bedrohten Feinde aus dem Norden (Pikten, Schotten) und dem Osten (Angeln, Sachsen) das jetzt schutzlose Britannien. Die östlichen Teile der alten römischen Provinz fielen in den folgenden Jahrzehnten schnell in die Hände der germanischen Invasoren, der Angeln und Sachsen. Weitgehend unbehelligt blieben die Zentren der alten römischen Siedlungen im Süden und Westen Britanniens, doch die Bedrohung nahm auch dort stetig zu.

Mit den Augenzeugenberichten des Mönchs Gildas († 570)[1] und den ersten geschichtsschreiberischen Kommentaren des Benediktinermönchs Beda Venerabilis († 26. Mai 735 im Kloster Jarrow in der Grafschaft Durham)[2] stehen scheinbar genaue, bisweilen sogar authentische Berichte zu dieser Epoche zur Verfügung. Doch die Interessen der Mönche Gildas und Beda waren nicht auf das politische Tagesgeschäft oder das Alltagsleben und auch nicht auf eine allgemeine britannische Herrschaftsgeschichte gerichtet. Ihnen ging es um die Welt als Schöpfung Gottes, die Geschichte des Christentums in Britannien und die Grundfesten der Kirche ebenda. So berichteten beide in ihren Geschichtswerken „De excidio et conquestu Britanniae“ (Von der Eroberung und dem Untergang Britanniens, um 540) und „Historia ecclesiastica gentis Anglorum“ (Kirchengeschichte des englischen Volkes, abgeschlossen 731) auch nur kursorisch über die realhistorischen Geschehnisse: Sie wissen von der Invasion der heidnischen Sachsen und den Abwehrkämpfen der christlichen Briten. Sie wissen von großen Heerführern auf beiden Seiten. Sie wissen von Schlachten zwischen den sächsischen Invasoren und der britisch-römischen Bevölkerung Britanniens. Nach ihren Berichten war es beispielsweise einem gewissen Ambrosius Aurelianus[3] gelungen, seines Zeichens vielleicht ein letzter (nach-)römischer Statthalter in Britannien, die sächsische Expansion in den 460er bis 480er Jahren einzudämmen. Nach 491 stoßen die Sachsen dann aber in ihren Eroberungszügen weiter denn je nach Westen vor. Um die Jahrhundertwende wurde ihr Expansionsdrang erneut gestoppt. Rund ein halbes Jahrhundert lang scheint den Sachsen nun eine starke britische Macht gegenübergestanden zu haben. Erst in den 540er Jahren kam der sächsische Vormarsch wieder in Bewegung |1|. Von einem britannischen Heerführer oder König namens Artus wissen Gildas und Beda freilich nichts zu berichten, obwohl sich in dieser rund 40-jährigen Spanne von 500/510 bis 540/550 bei ihnen genau die Ereignisse finden, die später mit einer überragenden Heldenfigur dieses Namens verbunden werden. Es dauerte noch einmal ein bis zwei Jahrhunderte, bis in den ältesten kymrischen (walisischen) und lateinischen Quellen erste vereinzelte Hinweise auf einen Heerführer oder Fürsten dieses Namens auftauchen. Noch sind es freilich kaum mehr als Randbemerkungen; der spätere Held Britanniens ist bestenfalls eine Fußnote der Weltgeschichte.

Bei den skizzierten Unwägbarkeiten muss die Frage nach dem historischen Personal das Fundament einer jeden Analyse sein: Wer verbirgt sich hinter dem Namen Arthur/Artus?[4] Wer sind seine Mitstreiter in vielen Chroniken, Romanen und Genealogien? Wer verbirgt sich hinter Namen wie Cai/Kay/Kei, Bedwyr/Bedivere, Gwalchmei/Gawain, Winlogee/Gwenhwyfar/Guinevere/Gaynour/Guenhumare/Ginevra, Mardoc/Mordred, aber auch Tristan/Tristram/Drustan/Drystan, Kyvawr/Marke/Cunomorus und Isolde/Essyllt/Etthil/Eselt/Iseult/Yseut? Von besonderem Interesse für die Suche nach dem wahren König Artus sind die arturischen Helden und Frauen, die besonders früh in den Quellen greifbar sind. Exemplarisch herausgegriffen sei der Hauptheld Artus selbst: In der älteren Forschung wurde der Name von dem lateinischen Artorius abgeleitet. Dieser römische Geschlechtsname ist vielfach belegt und weist mit dem um 180/190 in Britannien stationierten römischen Offizier Lucius Artorius Castus auch in die relevanten geografischen Zusammenhänge. Mit einem britischen Heerführer des 5./6. Jahrhunderts kann er aber schon aus chronologischen Gründen nichts zu tun haben. In jüngerer Zeit haben deshalb Überlegungen hinsichtlich keltisch-kymrischer Wurzeln an Bedeutung gewonnen. Sprachliche Bezüge wurden zu walisisch *arth* bzw. keltisch *artos* = Bär sowie zu kymrisch *arto-wiros* = Bär-Mann wahrscheinlich gemacht. Zahlreiche Namensvarianten des Typs Artus, Artos, Art kann Stefan Zimmer in römischen, gallischen und irischen Texten beibringen.[5] Rodney Castleden macht in diesem Zusammenhang darauf aufmerksam, dass Gildas zum späteren König Cuneglasus anmerkt, er sei in seiner Jugend der „Wagenlenker des Bären“[6] gewesen. Wer dieser Bär war, bleibt jedoch offen. Überhaupt ist die Bezeichnung „Bär“ für einen bedeutenden Krieger weit verbreitet. Bei einer direkten Ableitung aus dem Kymrischen hätte in den kymrischen Texten jedoch regelmäßig die Schreibung Arthwr auftauchen müssen. Es dominieren aber die lateinischen Schreibungen Arthurus oder Artur. Nur im „Gododdin“ heißt es Arthrwys. Man wird Zimmer zustimmen können, wenn er anmerkt,

> daß der Name *Arthur* sprachlich etwas mit dem Bären-Wort zu tun hat. Das dürfte schon seit alters die allgemeine Auffassung gewesen [...] sein, denn bereits in der *Historia Brittonum* (Ms. CCCC, 139) wird erklärt: [...] Arthur latine translatum sonat ursum horribilem vel malleum ferreum quo configuntur mole leonum. [...], Arthur, auf lateinisch übersetzt, klingt nach einem schrecklichen Bären, oder einem eisernen Hammer, mit dem zerbrochen werden die Backenzähne von Löwen.[7]

Über Namen und Etymologien ergeben sich erste geografische und chronologische Anhaltspunkte, die jedoch nur im Abgleich mit konkreten Orten, Sachen und historischen Zuständen Erkenntnisgewinn versprechen. Als zentrales Problem erweist sich hier die Tatsache, dass fast alle in den historischen Texten scheinbar detailliert beschriebenen Orte bis heute nicht mit Sicherheit identifiziert werden konnten. Vielfach scheint es sogar fraglich, ob die von Nennius, Geoffrey, Wace und ihren Kollegen beschriebenen Orte überhaupt oder in der beschriebenen Funktion existiert haben, denn das, was man im 10. – 12. Jahrhundert noch sah oder aus Erzählungen erinnerte, waren meistenteils nur undefinierbare Reste der alten römischen Hochkultur.[8]

Da Orte, Sachen, Namen und Begriffe nur abstrakt von der Geschichte erzählen und selbst detaillierte archäologische Grabungen über Kera-

|1| Karte des arturischen Britannien im 5./6. Jh.

|2| Tintagel Castle. Nach historischer Überlieferung ist das heute in Ruinen liegende Tintagel der Geburtsort von Artus.

mikfunde, Schmuck, Waffen, Bauwerke und Befestigungsanlagen in der Regel nur interpretationsbedürftige Geschichtsgerüste preisgeben, rücken zeitgenössische Schriftzeugnisse in den Brennpunkt der Artusforschung. Und tatsächlich finden sich außer in den wesentlich jüngeren kymrischen und lateinischen Buchzeugnissen verschiedene Inschriften in oder auf steinernen Artefakten der relevanten Zeit. Die nahezu unleserliche, unverständliche Inschrift auf dem lange Zeit zweckentfremdet als Torpfosten bei der Kirche von St. Cadfan genutzten Steinpfeiler von Towyn (7. Jahrhundert)[9] schien ein solches Artuszeugnis zu sein. Die Inschrift wurde wie folgt gelesen:

CINGEN HELEN
TRICET / NITANAM
MOLT / PE / TUAR
TENGRUIN MALTE(C) GU / ADGAN
M(C) / ARTR
ANTERUNC DUBUT MARCIAU

|3| Artus-Stein, 6. Jh. Bei archäologischen Grabungen wurde 1998 in Tintagel ein Stück Schiefer mit einer auf Artus hindeutenden Inschrift gefunden.

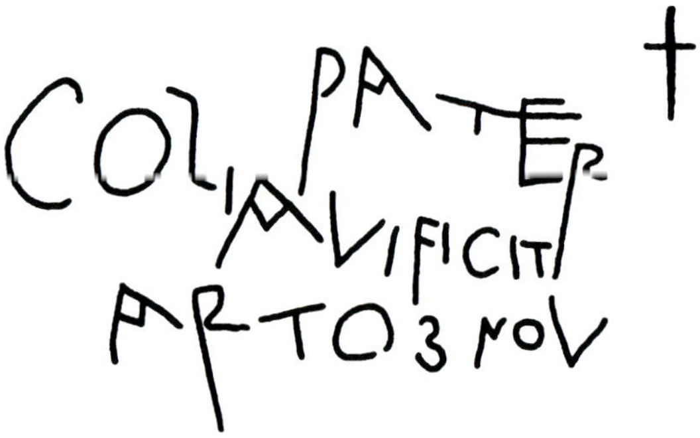

Die entscheidende Lesung M(C)ARTR gilt mittlerweile aber als unsicher bzw. sogar als falsch. Als wahrscheinlichste Lesung hat sich in der Forschung eine artusfreie Variante durchgesetzt, die in der Übersetzung etwa folgendem Sachverhalt entspricht: „Cadfan, der weiseste und berühmteste aller Könige“. Cadfan war nach Geoffrey of Monmouth ursprünglich König in Nordwales. Später wurde er König über ganz Britannien (Mitte 7. Jahrhundert). Zu Artus führt keine Spur.

Konkreter wird es auf der Halbinsel Tintagel |2|. Dort wurde bei Grabungen im Jahr 1998 ein vielleicht noch aus dem 6. Jahrhundert stammendes Stück Schiefergestein geborgen.[10] Die Steinplatte trägt folgende Inschrift in spätantiker lateinischer Majuskelschrift |3|:

PATER … COLIAVI FICIT … ARTOGNOV

(Der Vater des Coliavos hat den Grabstein gemacht, nämlich Artognou)

Aktuelle Grabungen (1990 – 1999) lassen aufgrund der Fülle des gefundenen Importmaterials aus dem östlichen Mittelmeerraum und der angetroffenen Gebäudestrukturen vermuten, dass es sich bei der Anlage um einen Fürstensitz handelte.[11] Zwei römische Meilensteine aus der Umgebung deuten ferner auf eine in römischer Zeit an Tintagel vorbeiführende Handelsroute. Als Zeitrahmen wurde anhand der Funde die Mitte des 5. Jahrhunderts bis zum Anfang des 7. Jahrhunderts ermittelt. Es würde also passen. Aber wer oder was war der genannte ARTOGNOV, welche Position hatte er inne, wo und wann hat er gelebt? Erneut bleiben alle Fragen offen. Weitere Artusschriftzeugnisse aus Tintagel gibt es nicht.

Schon früh ins Blickfeld der modernen Artusforschung gerückt sind auch ein weit entfernt in Dalmatien in Solin bei Split aufgestellter Grab- bzw. Gedenkstein und ein Marmorbogen. Die Inschriften beider Steine aus dem 2./3. Jahrhundert nennen jeweils einen Lucius Artorius Castus. Er galt in der älteren Artusforschung als Namensgeber für Artus.[12] Die Stiftungsinschrift auf dem Gedenkstein gibt detailliert Auskunft über Leben und Wirken. Demnach war Lucius Artorius Castus Hauptmann der 3. Gallischen und der 6. Eisenbeschlagenen Legion und auch Hauptmann der 5. Makedonischen Legion,

Stabschef dieser Legion und Vorgesetzter der Flotte von Misenum, Kommandeur der 6. Siegreichen Legion, Befehlshaber der britischen Legionen und Kohorten gegen die Aremoricaner, Verwalter der Provinz Liburnia in Dalmatien. Er hat sich schwerttragend selbst und die Seinen zu Lebzeiten verpflichtet, dieses Denkmal zu setzen. Nach Informationen in der „Römischen Geschichte" des Geschichtsschreibers Cassius Dio († nach 235) dürfte Lucius Artorius Castus Befehlshaber von 5500 Panzerreitern gewesen sein, die in Britannien gegen die Pikten eingesetzt wurden. Um das Jahr 180 wurde er Präfekt (*praefectus*) in Eburacum (York) und nahm 184 als Truppenführer (*dux*) an einer Expedition nach Aremorica (Bretagne) teil. Für die Suche nach dem historischen Artus sind diese Beobachtungen allerdings nur von begrenztem Wert. Obwohl Lucius Artorius Castus in Britannien verortet werden kann, dort auch einigen Ruhm erlangte, fällt der Zeitraum seines Wirkens nicht in den arturischen Zeitrahmen. Auch ist Artorius ein häufig belegter römischer Geschlechtsname. Nicht auszuschließen ist aber, dass einzelne Erinnerungsfetzen um diesen herausragenden römischen Kommandanten im kulturellen Gedächtnis des römischen Britannien überdauert haben. Sie könnten 300–400 Jahre später durchaus in jüngere Artusvorstellungen oder Artusprojektionen eingeflossen sein.

Die Inschriften auf Steinen, Steinpfeilern, Platten und Grabsteinen[13] weisen immer wieder vage auf einen bzw. mehrere Männer namens Artus hin. Sucht man im Artusumfeld weiter, trifft man auch auf Stein- und Schriftzeugnisse zu Tristan, einer im Laufe der Literarisierung der Artusgeschichte in den Artuskontext eingeschriebenen weiteren Heldenfigur: Der Name des Helden Tristan/Tristram bzw. Drustan/Drystan scheint keltischen Ursprungs zu sein. Die altfranzösische Form Tristan umschreibt Drust bzw. Drustanus – ein Name, der vor allem in piktischen Königsgenealogien verbreitet ist. Entsprechende lokale und historische Bezüge lassen sich bis ins 6./7. Jahrhundert zurückverfolgen. In das piktische Umfeld weist der Name des Heimatkönigreichs von Tristan, Léoneis bzw. Lyonesse. Aus dem Altfranzösischen übersetzt könnte der Begriff dem südwestschottischen Königreich Lothian entsprechen, aber auch mit einer heute untergegangenen Insel westlich der Isles of Scilly (Siluram Insulam) im äußersten Westen von Cornwall wurde er in Beziehung gesetzt.[14] Dort, im Süden Britanniens, war der Name des Helden ebenfalls geläufig, wie die berühmte Tristan-Stele bei Fowey in Cornwall mit der Namensvariante Drustanus beweist: DRVSTANVS HIC IACIT / CUNOMORI FILIUS (Hier liegt Drustan, der Sohn des Cunomor).[15] Der dort beerdigte Drustanus wird also als Sohn von Cunomorus bezeichnet, zu dem wiederum in der „Vita S. Pauli Aureliani" (884) erläutert wird, dies sei nur ein anderer Name für Kynvawr, d. h. für König Marke. Die „Vita" berichtet weiter, er sei Herrscher über vier verschiedene Sprachen bzw. Länder. Die Stele unweit von Castle Dore[16] wird in das arturische 6. Jahrhundert datiert. Die über die Stele belegten Verbindungen nach Cornwall rücken König Marke (Marcus) ins Zentrum des Interesses. Für ihn sollte Tristan in den Romanversionen von Beroul und Thomas von England die schöne Isolde aus Irland als Braut in sein Königreich Cornwall begleiten. Beroul verortet Markes Burg nach Lantien. Das ist vermutlich ein nur rund 2 km von Castle Dore entfernter Ort, an den heute noch der Name Lantyan Manor erinnert. Ebenfalls nur wenige Kilometer entfernt befinden sich Kirche und Kloster St. Samson, das Berouls St. Samson entsprechen dürfte.[17] Orte, Namen und Handlungssplitter aus dem Tristankontext tauchen dann auch in vielen alten kymrischen Texten gemeinsam mit arturischem Personal auf. So kennt man unter anderem Isolde (Essyllt, Etthil, Eselt, Iseult, Yseut) und Brangaene (Branwen). In der kymrischen „Historia von Drystan" scheint schon vor Beroul und Thomas eine Liebesgeschichte von Drystan und der schönen Essyllt in die arturische Welt verflochten[18]:

Drystan (Tristan), der Sohn von Tallwch, und Essyllt (Isolde), die Gemahlin Marchs (König Marke), fliehen – wegen der hier allerdings nur anzitierten Liebesaffäre – in den Wald von Kelyddon. March führt darüber bei König Artus Klage. Artus verspricht, der Anklage nachzugehen und das Liebespaar aufzusuchen. Am Schluss der kurzen Geschichte stiftet Artus mit einem salomonischen Urteil Frieden zwischen Drystan und König March. Da keiner der beiden auf Essyllt verzichten will, be-

|4| Karte mit den Schlachten des Königs Artus. Geschichtsforscher und Archäologen versuchen seit Jahrhunderten, die möglichen Orte der Schlachten zu identifizieren.

stimmt er, dass der eine sie haben solle, wenn der Wald belaubt ist, und der andere, wenn der Wald ohne Laub sei.

Tristanzeugnisse finden sich auch in „Culhwch und Olwen", wo eine Essyllt genannt wird, in „Rhonabwys Traum", der March, Sohn des Meirchyawn, und Drystan, Sohn des Tallwch, kennt, und in einer der kymrischen Triaden, wo unter den drei mächtigsten Schweinehirten der Insel Britannien Drystan, Sohn des Tallwch, die Schweine des March hütet. Schon in der ältesten kymrischen Literatur war es üblich, wichtige Dinge, Personen, Taten und Eigenschaften jeweils in Dreiergruppen, sogenannten Triaden, zusammenzustellen und so für die zeitlose Erinnerung zu sichern. Deutlich zutage tritt eine in der Erinnerung der Menschen offensichtlich mühelos ineinanderfließende Ungleichzeitigkeit des Gleichzeitigen, wie wir sie beispielsweise auch aus der deutschen Nibelungen- und Dietrichüberlieferung kennen.

Mehr noch als die Inschriften aus dem Artusumfeld prägen seit jeher die Schauplätze seiner Schlachten die Artuserinnerung. Im Zentrum steht eine schon in den ältesten Quellen bei Gildas und Beda belegte Schlacht am Berg Badon (mons badonis). Ein umfänglicheres Verzeichnis von mittlerweile 12 Schlachten findet sich um 830 in der „Historia Brittonum" (Geschichte der Briten) **|4|**. In den noch einmal ein Jahrhundert jüngeren „Annales Cambriae" (Jahrbücher von Wales) wird zusätzlich die finale Schlacht bei Camlann[19] gegen Mordred erwähnt **|5|**. Da etwaige Schlachten weniger in den britischen oder sächsischen Kernlanden, sondern primär in den Übergangszonen stattgefunden haben dürften, war es entscheidend, das Vordringen der Angeln und Sachsen anhand von Keramikfunden und der Analysen der Begräbnisarten genau zu dokumentieren **|6, 7|**.

|5| Schlacht bei Camlann. Sie wird später zu einem festen Handlungselement fast aller Artusromane. Auch der altfranzösische „Prosa-Lancelotzyklus" erzählt ausführlich von ihr. London, British Library, MS Add. 10294, fol. 93, um 1325.

Innerhalb einer breiten Kontaktzone von der Kanalküste bis in den Nordosten gelingt es jedoch nur bedingt, die einzelnen Schlachten genauer zu lokalisieren. Die Beschreibungen der Örtlichkeiten in den historischen Quellen sind trotz mannigfacher Angaben vage. So stehen heute für den Berg Badon mindestens sechs Orte zur Disposition, bei denen die Angaben hinsichtlich Topografie und historischem Umfeld allesamt passen würden. Wahrscheinlich gemacht wurden unter anderem ein Ort in der Nähe von Bath in der Grafschaft Somerset und die sogenannten Badbury Rings.[20] Bei den Badbury Rings handelt es sich um eine eisenzeitliche (seit 800 v. Chr.) Befestigung im Osten der Grafschaft Dorset. Sie wurde in römischer Zeit aufgegeben. Die Grafschaft Dorset fiel während der angelsächsischen Invasion zwar früh in die Hände der Angelsachsen, aber genau in diesem Raum wurde das weitere Vordringen der Sachsen für einen längeren Zeitraum gestoppt – möglicherweise durch eine Schlacht ebenda?

Weitere zentrale Forschungsgegenstände schon der mittelalterlichen bzw. frühneuzeitlichen, aber auch der aktuellen Artusarchäologie sind die Burgen bzw. Höfe, die für Artus reklamiert werden. Neben Tintagel, dem vermeintlichen Geburtsort, sind dies vor allem die Residenzen Caerleon und Camelot. Geoffrey of Monmouth beschrieb sie um 1138 in seiner „Historia regum britanniae" (Geschichte der

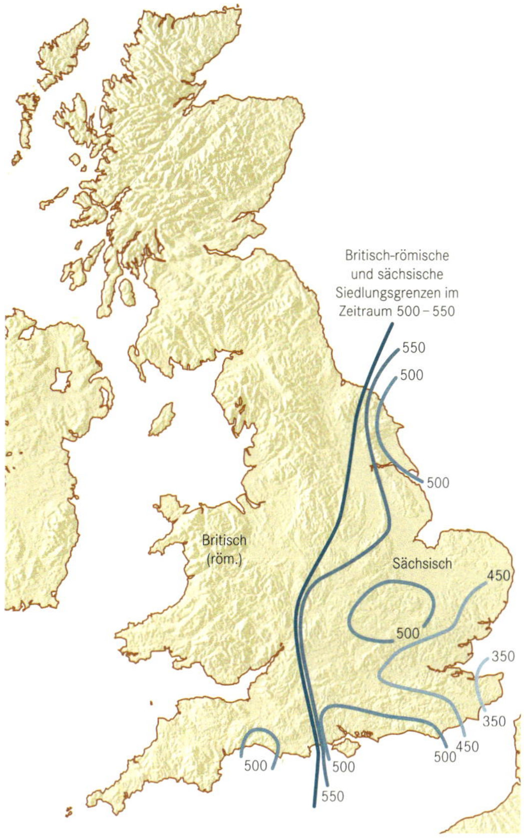

|6| Karte der römisch-britisch-sächsischen Siedlungszonen im 4.–6. Jh. Die Siedlungszonen der Briten und Sachsen verschoben sich innerhalb kürzester Zeit dramatisch. Das Vordringen der Sachsen konnte jeweils nur kurzzeitig gestoppt werden.

|7| Badbury Rings. Die Badbury Rings wurden schon früh als ein möglicher Ort einer Schlacht genannt. Ein endgültiger Beweis dafür konnte aber nicht ergraben werden.

|9| **Grabungskampagne in Süd-Cadbury, 1966–1970.** Moderne archäologische Grabungen belegen die lange Siedlungsgeschichte des bereits zur Artuszeit befestigten Ortes.

|8| **Eisenzeitliche Wallanlage von Cadbury Castle in Somerset.** Im Mittelalter und vor allem in der Frühen Neuzeit wurde der Ort mit Camelot identifiziert.

Könige Britanniens), William Caxton verzeichnete sie in seiner Malory-Ausgabe von 1485 im Vorwort und der Altertumsforscher John Leland[21] steuerte 1542 in seinem „Itinerar zu South Cadbury in Somerset" einen umfassenden Forschungsbericht zu Camelot bei. Doch viel war nicht zu sehen an den vermeintlichen Fundorten. Oft waren es noch nicht einmal Ruinen, sondern nur auffällig geformte, seit Jahrhunderten überwachsene Grashügel. Letztlich gründeten alle Vermutungen auf dem Hörensagen der Leute. Im 20. Jahrhundert versuchte die moderne Mittelalterarchäologie in einem neuen Anlauf, die Mysterien um die Artusorte im Allgemeinen und um das sagenhafte Camelot im Besonderen endgültig, d. h. wissenschaftlich exakt, zu klären. Ausgehend von den von Geoffrey of Monmouth, Thomas Malory, John Leland und William Camden im Laufe von fünf Jahrhunderten gesammelten Berichten wurde an vielen Orten gegraben.

Cadbury Castle war einer dieser grünen Hügel, über den die Leute seit je arturische Geschichten erzählten, und der nun Grabungsziel wurde: Es kam eine größere Befestigung zum Vorschein, die nach den geborgenen Fundstücken in die für Artus reklamierte Zeit um 500/550 n. Chr. datiert werden konnte |8, 9|.[22] Diesen um 500 befestigten Ort auch wirklich als das sagenhafte Camelot zu identifizieren, blieb und bleibt jedoch dem Interpretationsgeschick oder der Fantasie überlassen. Schriftzeugnisse wurden nicht gefunden. Stichhaltige Beweise gibt es nicht. Ähnlich nebulös stellt sich die Situation in Caerleon, dem römischen Isca Silurum, dar. In den 1130er Jahren hatte Geoffrey die alte römische Stadt Caerleon-on-Usk und das dortige römische Amphitheater als einen der Höfe von König Artus identifiziert, allerdings nur, weil das Amphitheater schon zu Geoffreys Zeiten derart zerfallen war, dass er die ursprüngliche Funktion nicht mehr erkannte |10, 11|. Aus der runden Form und den gewaltigen Dimensionen des noch schemenhaft sichtbaren Gebäudekomplexes schloss er, dass hier ein gewaltiger König residiert haben müsse. Und da kam nur einer in Frage: König Artus. Die moderne Archäologie hat die römische Geschichte des Ortes exakt nachzeichnen können. Ein Zusammenhang mit einem König Artus oder überhaupt einem britischen Kleinkönig konnte nicht herausgegraben werden. Im Gegenteil ist solch ein Zusammenhang durch die Fundlage sogar eher auszuschließen, denn um 500 war das römische Amphitheater bereits Ruine.

Von großem Interesse für die Suche nach der Artusfrühgeschichte waren seit jeher auch das Kloster Glastonbury mit dem Grab des Königs Artus, Winchester Castle mit der Tafelrunde und das bei Geoffrey an den Anfang der britischen Geschichte gestellte Neu-Troja (Troja Nova). Dort hatten nach Berichten in Geoffreys „Historia“ die in Britannien gelandeten Trojaflüchtlinge an den Flüssen Fleet und Themse ein neues Troja als zukünftige Hauptstadt des neuen Reichs gebaut. Sie gaben ihr in Erinnerung an ihre verlorene Heimat den Namen Troja Nova. Brutus, der Anführer der gelandeten Trojaner, ließ dort seinen Königspalast errichten. In Geoffreys Neu-Troja hat die moderne archäologische Forschung eindeutig römische Wurzeln freilegen können. Mit einer trojanischen Urgeschichte und einem König Artus oder einer wie auch immer gearteten Artusgeschichte hat der Ort nichts zu tun. Identifiziert wurde der Ort als London (Londinium). Im fraglichen Zeitraum stand die tatsächlich um 47 n. Chr. von den Römern gegründete Stadt Londinium schon lange unter sächsischer Herrschaft. Viel war nach den kriegerischen Auseinandersetzungen im spä-

|10| Römisches Amphitheater von Caerleon, im 3. Jh. zerstört.

|11| König Artus trifft in Caerleon ein. In der Szene aus Wace' „Roman de Brut“ kehrt der König nach erfolgreichen Kämpfen an seinen Hof zurück, um ein Fest auszurichten. London, British Library, MS Egerton 3028, fol. 42, Mitte 14. Jh.

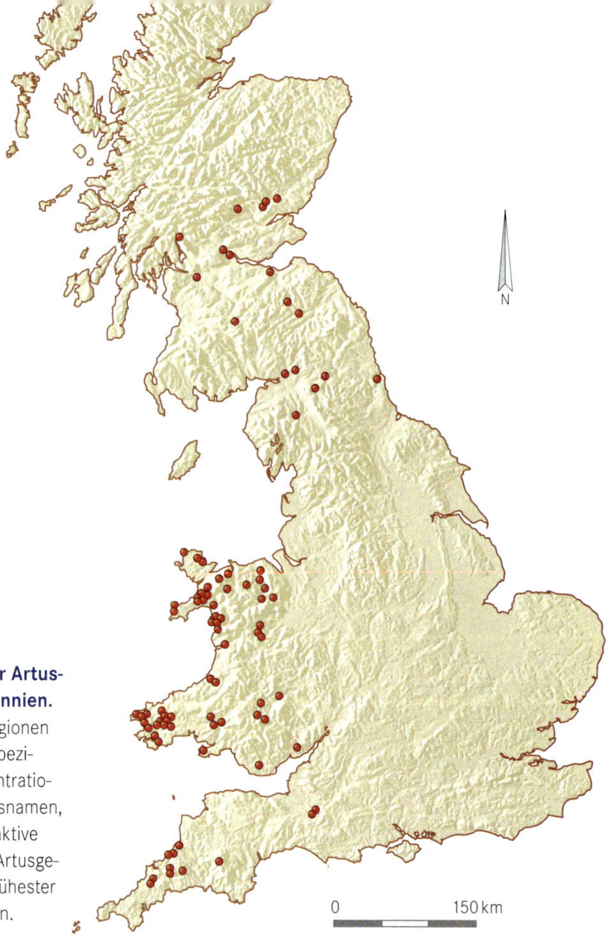

|12| Karte der Artusorte in Britannien. In einigen Regionen zeigen sich spezifische Konzentrationen von Artusnamen, die auf eine aktive Präsenz der Artusgeschichte in frühester Zeit hindeuten.

ten 5. Jahrhundert von der einstigen Metropole allerdings nicht übrig geblieben.

In der modernen Erinnerungskultur sind viele dieser Orte mehr als eineinhalb Jahrtausende nach den Geschehnissen noch immer – zumindest schemenhaft – mit einer wie auch immer gearteten Artusmemoria verknüpft. Unmittelbar vor Ort leben entsprechende Traditionen fort. Das Wissen wird von Generation zu Generation weitergetragen. Von der historischen Realität sind solche Erinnerungsfetzen jedoch vielfach losgelöst. Oft erweisen sie sich sogar der historischen Realität vollkommen entfremdet. Sogar die Frage, wann und warum solche Artusgeschichten auf den einen oder anderen Ort übertragen wurden, entzieht sich in aller Regel dieser Erinnerungskultur.

In mythische Dimensionen weisen schließlich zahlreiche mit Artus verknüpfte Wahrzeichen[23] wie der Sitz und der Fußabdruck des Artus und Merlins Höhle bei Tintagel, die Artus-Klippen bei Llangollen, der Schwertstein bei Sylfaen, das Wundergrab von Artus' Hund Cabal im Tal des Wye, die eisenzeitliche Felsformation in Cornwall oder die Tafelrunde bei Penrith. Wie bei dem Fußabdruck von König Artus, den diversen Artussteinen etwa auf dem Gower und in Dorstone oder der vermeintlichen Tafelrunde bei Penrith, die als neusteinzeitlicher bzw. bronzezeitlicher Steinkreis identifiziert wurde, sind hier jeweils außergewöhnliche geologische Formationen und besondere Wahrzeichen schon sehr früh in die Artuserinnerung eingewoben worden **|12|**. Die Zeugnisse reichen mit dem Verzeichnis der britannischen Wunderorte in der Nennius zugeschriebenen „Historia Brittonum" zurück bis ins frühe 9. Jahrhundert. Bezeichnend für die mythischen Dimensionen einer sich gerade etablierenden Artushistoria ist, dass bei Nennius die Artus-Naturwunder in seinem topografischen Überblickskapitel unter der Rubrik „De mirabilibus britanniae" (Von den Wundern Britanniens) selbstverständlich mit vielen anderen Naturwundern in ganz Britannien vergesellschaftet werden. Der Artuskult dürfte demnach zu dieser Zeit längst im kulturellen Gedächtnis verankert gewesen sein.

2 Der *dux bellorum* – Erste Berichte in Texten des 6. bis 11. Jahrhunderts

Als Augenzeuge für die Ereignisse des 6. Jahrhunderts spielt der um 510 geborene Gildas die entscheidende Rolle. In seinem Geschichtswerk „De Excidio Brittonum" (Vom Untergang Britanniens)[24] skizziert er in einem kurzen überblicksartigen ersten Teil die Geschichte des römischen Britanniens von seiner Eroberung durch die Römer bis ins frühe 6. Jahrhundert. In einem umfangreicheren zweiten Teil rücken Leben und Taten von fünf zeitgenössischen britischen Regenten in den Blick. Gildas will aber keine Beschreibung der Gegenwart liefern, sondern die Briten mit drastischen Exempla zu einer besseren Zukunft führen. Alle skizzierten Herrscher dienen Gildas einzig dazu, anhand ihrer negativen Regierung zu zeigen, wie es nicht sein sollte. Diese negativen Herrscher sind Konstantin von Dumnonia, Aurelius Caninus, Vortipor (Vortiger) von Demetae, Cuneglasus von Din Eirth und Maglocunus.

Für die Suche nach Artus sind einige beiläufige Hinweise von Bedeutung. So erwähnt Gildas in diesem aktuellen Teil, dass das Jahr seiner Geburt das Jahr der Schlacht am Berg Badon („mons badonicus") war und jetzt 44 Jahre („quadragesimus quartus annus") zurückliege. Im Zeitraster von Gildas ließe sich daraus das Jahr 503 für die in der zukünftigen Artusgeschichte grundlegende Schlacht errechnen. Die Briten kämpfen bei ihm unter Führung von Ambrosius Aurelianus gegen die Sachsen. Dessen Siege halten den sächsischen Vormarsch drei Jahrzehnte auf. Einen Heerführer, Fürst oder König namens Artus nennt Gildas nicht. Rund zwei Jahrhunderte später wertete der angelsächsische Benediktiner Beda Venerabilis die Berichte des Gildas für seine große „Historia ecclesiastica gentis Anglorum", die erste umfassende englische Kirchengeschichte, aus. Streckenweise schreibt Beda wortgetreu die Aufzeichnungen von Gildas ab. Die Angaben zur Schlacht am Berg Badon interpretiert er jedoch anders. Er liest die bei Gildas erwähnten 44 Jahre als Zeitraum der zurückliegenden Invasion der Sachsen. Da Beda für die Ankunft der Sachsen das Jahr 449 ermittelt haben will, wäre für die Schlacht folglich das Jahr 493 anzusetzen. Nahezu wortgetreu übernimmt er dann die Passagen zu Ambrosius Aurelius, dem er als Heerführer die Erfolge gegen die Sachsen zuschreibt – natürlich nicht ohne zu erwähnen, dass diese Siege nur mit der Hilfe Gottes möglich waren. Obwohl sich Beda um weitere Quellen bemüht, kennt auch er keinen Artus.

Die ersten Nachrichten von einem Mann dieses Namens hält vielleicht schon einige Jahrzehnte früher das dem walisischen Barden Aneirin zugeschriebene altkymrische „Y Gododdin" fest. In dem möglicherweise im 7. Jahrhundert aufgezeichneten Heldenepos zu Ereignissen im nordbritischen Königreich Gododdin wird in Strophe 98 anlässlich eines Heldenlobs ein gewisser Artus als nicht anwesend („ceni bei ef Arthur") erwähnt.[25] Der Hinweis, dass der siegreiche Held nicht Artus war, bedeutet aber letztlich nichts anderes, als dass ein entsprechender Mann schon so bekannt gewesen sein muss, dass er als Vergleichsfolie für die Besten herhalten konnte. Über Artus' Herkunft und seine Stellung im vielfältigen Geflecht der britischen Kleinkönigreiche erfährt man freilich nichts, denn Artus ist ja nicht anwesend. Und es gibt noch einen weiteren Unsicherheitsfaktor: Wie alle alten kymrischen Texte ist auch „Y Gododdin" nur in einer sehr jungen Handschrift, dem sogenannten „Book of Aneirin", überliefert. Auf das hohe Alter des Textes schließt man nur anhand der Sprache und der verwendeten Stilmittel. Bei dem um 1265 geschriebenen „Book of Aneirin" vermutet die Forschung, dass es sich um die Kopie einer Handschrift aus dem 9./10. Jahrhundert handeln könne, die ihrerseits wieder ältere, mündlich tradierte Texte aufgenommen haben soll |13|.

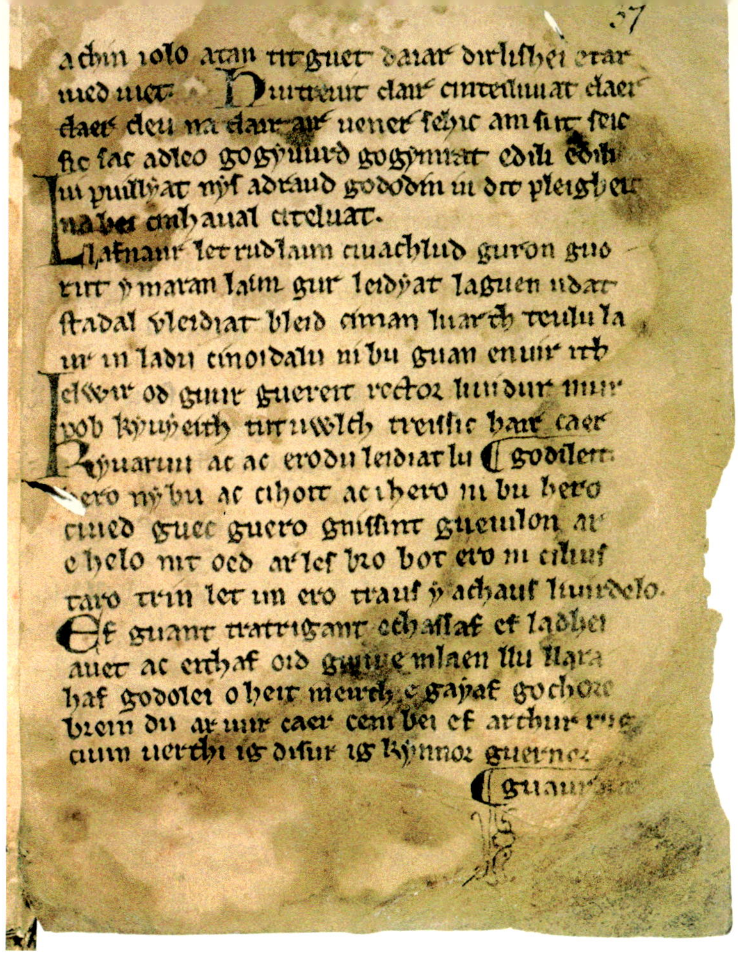

|13| Seite aus „Y Gododdin" im „Book of Aneirin". Das „Book of Aneirin" überliefert die ältesten kymrischen Zeugnisse der Artusgeschichte. Sie reichen mit „Y Gododdin" bis ins 7. Jh. zurück. Artus wird hier als „nicht anwesend" bezeichnet (2. Zeile von unten). Cardiff, Central Library, MS 2.81, S. 37, um 1265.

Als aktiv handelnde Person taucht ein gewisser Artus das erste Mal in der „Historia Brittonum" des Nennius auf.[26] Datiert wird dieses Geschichtswerk in die Zeit um 820. Bei Nennius oder Ninnus soll es sich um einen walisischen Mönch gehandelt haben. In den ältesten Handschriften ist das Werk allerdings anonym überliefert. Für die Artussuche von Bedeutung ist Kapitel 56, denn dort werden minutiös die 12 Schlachten der britischen Verteidiger gegen die angreifenden Sachsen geschildert. Anführer der Briten ist jetzt Artus:

In dieser Zeit wuchs die Macht der Sachsen in Britannien durch ihre Stärke und ihre große Zahl gewaltig. Als Hengist gestorben war, rückte sein Sohn Octha vom nördlichen Britannien her in das Königreich Kent ein und von ihm stammen die Könige von Kent ab. In dieser Zeit kämpfte Arthur gegen ihn gemeinsam mit den Königen von Britannien, aber Arthur selbst war der Kriegsherr (*dux bellorum*). Seine erste Schlacht war an der Mündung eines Flusses, den man Glein nennt. Seine zweite, dritte, vierte und fünfte Schlacht war oberhalb eines anderen Flusses, der Dubglas genannt wird und sich in der Region von Linnuis befindet. Die sechste Schlacht war oberhalb eines Flusses namens Bassas. Die siebte Schlacht war im Wald von Celidon, das ist Cat Coit Celidon. Die achte Schlacht war bei der Festung von Guinnion. In dieser Schlacht trug Arthur das Bild der heiligen Jungfrau Maria auf seinen Schultern. Und die Heiden wurden an diesem Tag in die Flucht geschlagen. Durch die Kraft unseres Herrn Jesus Christus und die Macht der heiligen Jungfrau Maria, seiner Mutter, wurde ein gewaltiges Blutbad unter ihnen angerichtet. Die neunte Schlacht wurde in der Stadt der Legion geführt. Die zehnte Schlacht wurde an den Ufern eines Flusses mit Namen Tribruit geführt. Die elfte Schlacht wurde an einem Berg mit Namen Agnet ausgefochten. Die zwölfte Schlacht fand am *mons badonis* statt. In dieser Schlacht starben an einem Tag 960 Männer durch Arthur selbst und niemand konnte sie niederringen außer Arthur selbst. Und aus allen diesen Schlachten ging Arthur als Sieger hervor.

Nennius stellt erstmals explizit die Verbindung zu einem Kriegsherrn (*dux bellorum*) Artus her, der als Heerführer zwölf Schlachten geschlagen hat, davon eine am Glein, vier am Dubglas (Region Linnuis), eine am Bassas, eine bei Celidon/Cat Coit Celidon, eine bei der Burg Guinnion, eine bei der Stadt der Legion („urbs legionis", Caerleon), eine am Tribruit, eine am Berg Agned oder Breguoin und die berühmte Schlacht am Berg Badon. Dieses z. T. aus den Berichten bei Gildas und Beda, aber auch zahlreichen anderen heute nicht mehr erhaltenen schriftlichen und mündlichen Quellen gespeiste Tableau der Schlachten wird bis über das Mittelalter hinaus die historische Artuswahrnehmung bestimmen. Ebenfalls zentral für das zukünftige Artusbild wird die breit ausgeführte unmittelbare Verknüpfung des Kriegsherrn (*dux bellorum*) mit Jesus Christus und der Jungfrau Maria werden. Der Mönch Nennius hat Artus damit sowohl als idealen Kämpfer wie als christliche Vorbildfigur inauguriert.

Die „Historia Brittonum" ist aber noch aus anderem Grund so etwas wie der Basistext des frühmittelalterlichen Artuswissens schlechthin. Grundlegend für die spätere, vor allem volkstümliche Artuswahrnehmung sind die detaillierten Berichte im Kapitel über die Wunder Britanniens.[27] Nennius listet hier alle wundersamen Orte Britanniens auf, und nicht wenige haben unmittelbar mit Artus zu tun. So weiß Nennius einige Merkwürdigkeiten vom Grab Cabals, des Hundes von Artus, zu berichten:

In einer Region, die man Buelt nennt, findet sich ein gewaltiger Haufen Steine. Einer der Steine, ganz oben platziert, zeigt den Fußabdruck eines Hundes. Er stammt von Cabal, der der Hund des Kriegsherrn Arthur war. Einst, als er den Eber Troynt jagte, hat sich sein Fußabdruck in den Stein gepresst. Später schichtete Arthur einen Steinhügel auf unter dem Stein mit dem Fußabdruck. Und er nannte den Steinhügel Carn Cabal (Steinhügel des Cabal). Menschen kamen und nahmen den obersten Stein mit ihrer Hand weg für einen Tag und eine Nacht. Am nächsten Tag fanden sie den Stein stets wieder an der Spitze des Steinhaufens.

Auch das Grab von Artus' Sohn Amr weist laut Nennius abnorme Besonderheiten auf:

Da gibt es ein weiteres Wunder in der Region, die Ercing genannt wird. Es ist ein Grab in der Nähe einer Quelle, die Licat Amr (das Auge Amrs) heißt. Der Name des Mannes, der in diesem Grab beerdigt liegt, war Amr. Er war der Sohn von Arthur, dem Kriegsherrn. Arthur selbst hatte ihn getötet und an diesem Platz beerdigt. Wann immer Menschen die Größe des Grabes ausmessen wollten, fanden sie es manchmal sechs Fuß in der Länge, manchmal auch neun, 12 oder 15 Fuß. Was auch immer für eine Größe du an einem Tag misst, bei einer zweiten Messung hat es niemals das gleiche Maß. Und ich selbst habe dies persönlich ausprobiert.

Mit den Arbeiten des Nennius war die Geschichte des Britenkönigs Artus jetzt Teil der in klösterlichen Kreisen schriftlich fixierten Geschichtserinnerung Britanniens. Innerhalb der gut vernetzten, blühenden Klosterkultur kursierten bald zahlreiche Kopien dieses Grundlagenwerks zur britischen Geschichte. Niemand, der nun über die britische Vergangenheit berichtete, kam an Nennius vorbei. Grosso modo werden die Berichte der „Historia Brittonum" von den ins 10. Jahrhundert zu datierenden „Annales Cambriae" bestätigt.[28] Von 447 bis zum Jahr 954 verzeichnen die Waliser Annalen jedes wichtige Ereignis. In den Jahren 516 und 537 begegnen zwei Schlachten, wobei die erste im Jahr 516 analog zu den Berichten bei Gildas, Beda und Nennius am bekannten Berg Badon verortet wird: „Jahr 516. Schlacht von Badon, in der Arthur für drei Tage und Nächte das Kreuz Jesu Christi auf seinen Schultern oder seinem Schild trug und in der die Briten Sieger waren" |14|.

Die von Nennius ‚erfundene' Verbindung des Kriegshelden mit den elementaren christlichen Symbolen Jungfrau Maria und Kreuz war zu dieser Zeit bereits ein selbstverständliches Charakteristikum der Artusfigur. Für eine zweite Schlacht 21 Jahre später fehlt eine konkrete Vorlage. Sie markiert erstmals das Ende der Artusära, wobei mit Medraut auch schon der Opponent des Britenkönigs in Erscheinung tritt, der in Zukunft den Untergang des Artusreichs besiegeln wird. Eine solche Rolle Medrauts lässt sich aus dem Bericht der „Annalen" jedoch noch nicht zweifelsfrei herauslesen: „Jahr 537. Schlacht von *cam lann*, in der Arthur und Medraut fielen. Gleichzeitig wüteten Seuchen in Britannien und Irland." Aufmerksamkeit verlangt noch eine weitere, nur in einer Fassung der „Annalen" als Schlacht von Armterid („Bellum armterid") verzeichnete dritte Schlacht im Jahr 573. „In dieser Schlacht zwischen den Söhnen von Elifer und Guendoleu, dem Sohn Keidaus, wurde nämlich Guendoleu getötet und Merlin verrückt."

Auf den Fundamenten der altehrwürdigen Geschichtswerke der großen Gelehrten Gildas und Beda erweitert sich der Berichtshorizont beinahe täglich. Der ehedem noch nicht einmal erwähnte Kriegsführer Artus stieg aus dem historischen Nichts des *dark age* zu einer Kulminationsfigur des kollektiven Gedächtnisses auf. Und dieser Aufstieg setzte sich unaufhaltsam fort. Woher sich diese neuen Erkenntnisse der Chronisten und Annalisten speisten, bleibt allerdings unklar. Offensichtlich schöpften die gelehrt-lateinischen Geschichtsschreiber aus einem lokal verbreiteten, mündlich memorierten Erinnerungsfundus. Inwieweit dabei heute untergegangene Schriftzeugnisse in den Klöstern historisch fundiertes Quellenmaterial beisteuerten oder walisische Barden für die Aufschwellung des Stoffs verantwortlich zeichneten, wird das Geheimnis der Geschichte bleiben.

Einzelne Elemente eines solchen Erinnerungsfundus scheinen sich in kymrischen Triaden, Gedichten und Genealogien erhalten zu haben. In einigen dieser vermutlich bis in das *dark age* zurückreichenden Triaden kommen mehrfach auch Artus sowie Personen aus seinem Umfeld vor.[29] So wird Artus als oberster Fürst in Pen Rionydd, als der Freigebigste aller Herrscher, als einer der drei eitlen Dichter Britanniens und als einer, der den drei mächtigsten Schweinehirten Britanniens ein Schwein wegnehmen wollte, genannt. Auch sein Hof

|14| Schlacht am *mons badonis*. Die sagenumwobene Schlacht am Berg Badon wird in unzähligen mittelalterlichen Artus-Handschriften bildlich dargestellt. London, British Library, 15. Jh.

und die Gefährten aus seinem Umfeld spielen wiederholt eine wichtige Rolle. Häufig angeführt wird ein gewisser Cei, der in der Artuschronistik und in den Artusromanen Chrétiens zu den zentralen Artusfiguren gehören wird. In der Triade von den drei in der Schlacht Bekränzten treten mit Drystan[30] (Tristan), Cei (Kei) und Bedwyr (Bedivere) gleich drei Zentralfiguren gemeinsam in Erscheinung:

> Die drei in der Schlacht Bekränzten der Insel Britannien:
> Drystan Sohn von Tallwch,
> Hueil Sohn von Caw,
> und Cei Sohn von Kenyr mit dem schönen Bart.
> Aber einer war bekränzt über sie alle drei:
> Bedwyr Sohn von Bedrawac war dieser.[31]

Die Texte und ihre kryptischen Informationen sind oft nur schwer oder gar nicht verständlich. Ein Unsicherheitsfaktor bei der Bewertung dieser archaisch anmutenden – oder nur archaisch inszenierten? – Zeugnisse ist auch die Überlieferungssituation, denn die Triaden werden ausnahmslos in sehr jungen Handschriften des 13.–15. Jahrhunderts überliefert. Es ist also beinahe unmöglich zu entscheiden, wo in diesen vielfach überformten, von den Schreibern redaktionell betreuten Sammlungen wirklich altes kymrisches Überlieferungsgut völlig frei von Ergänzungen, Veränderungen oder Umarbeitungen erhalten ist.

In der kymrischen Memoria-Tradition ebenfalls sehr beliebt waren Genealogien mit möglichst idealen Ahnherren an der Spitze.[32] Als zentrale Ankerpunkte genossen dabei Artus und seine Gefährten hohe Attraktivität. Im Idealfall reichten diese Genealogien über Artus und seine unmittelbaren Verwandten bis zu den Trojanern Kamber, Brutus, Silvius, Ascanius, Eneas oder sogar bis zu Adam und Gott zurück. Zwei aus mittelalterlichen walisischen Handschriften entnommene Abstammungslisten illustrieren beispielhaft die überragende Bedeutung dieser genealogischen Modelle:

...Arthur. Maelgwn oed vab Katwallawn llawhir Sohn von Eynyawn yrth Sohn von Kuneda wledic Sohn von Edern Sohn von Padern peisrud. (Sohn von) Keneu Coel godebawc Sohn von Tecvan Sohn von Deheweint Sohn von Triuil Sohn von Vrba(n) Sohn von Grad Sohn von Rideyrn Sohn von Keyeirn Sohn von Endos Sohn von Endolen Sohn von Aflach Sohn von Flech Sohn von Llud Sohn von Beli mawr Sohn von Manogan Sohn von Dyfynwal hen Sohn von Gorwynyawn Sohn von Kamber Sohn von Brutus Sohn von Siluius Sohn von Ascanius Sohn von Eneas Sohn von Anchises Sohn von Capis Sohn von Assaraccus Sohn von Trois Sohn von Ericoinus Sohn von Dardan Sohn von Iubiter Sohn von Sarurn Sohn von Celi Sohn von Creti Sohn von Cipri Sohn von Cetim Sohn von Ienan Sohn von Iaphed Sohn von Noe hen Sohn von Lamech Sohn von Mathusalem Sohn von Enoc Sohn von Iareth Sohn von Malalel Sohn von Kainan Sohn von Enos Sohn von Seth Sohn von Adam Sohn von Duw.

(Aberystwyth, National Library of Wales, Mostyn MS 117, Ende 13. Jahrhundert)

Nicht ganz so ideal wie die genannten Adam und Gott („Adam" und „Duw"), aber durchaus auch attraktive Ahnherren waren der römische Kaiser Konstantin der Große und seine Mutter Helena. In der Owein-Genealogie, die als eines der ganz wenigen Zeugnisse in die Zeit vor Geoffrey (1138) zurückreicht, stehen einmal mehr die christlichen Ahnherren im Blickpunkt:

Ouein Sohn von elen merc Ioumarc Sohn von Himeyt Sohn von Tancoyslt merc ouein Sohn von margetiut Sohn von Teudos Sohn von Regin Sohn von Catgocaun Sohn von Cathen Sohn von Cloten Sohn von Nougoy Sohn von Arthur Sohn von Petr Sohn von Cincar Sohn von Guortepir Sohn von Aircol Sohn von Triphun Sohn von Clotri Sohn von Gloitguin Sohn von Nimet Sohn von dimet Sohn von Maxim gulecic Sohn von Protec Sohn von Protector Sohn von Ebiud Sohn von Eliud Sohn von Stater Sohn von Pincr misser Sohn von Constans Sohn von Constantini magni Sohn von Constantíí et helen luicdauc, die von Britannien bis nach Jerusalem gereist ist, um das Kreuz Christi zu suchen und von dort hat sie es mit sich nach Constantinopol genommen, und dort liegt es bis in unsere Tage.

(London, British Library, Harleian MS 3859, Ende 11. Jahrhundert)

Die hier als Spitzenahnen von Owein (Yvain) und Arthur (Artus) identifizierten Römer Konstantin und Helena korrespondieren mit der Vorstellung eines kreuztragenden Artus: Kaiser Konstantin der Große († 337) – er war in York zum Mitkaiser ausgerufen worden – hatte das Christentum zur römischen Staatsreligion erklärt. Seine Mutter Helena († um 330) soll der Legende nach bei von ihr veranlassten Grabungen in Palästina das Heilige Kreuz gefunden und nach Konstantinopel gebracht haben, was in der Genealogie auch eigens vermerkt wird. Hohe genealogische Attraktivität genoss außerdem Joseph von Arimathea, der nach legendarischer Tradition mit dem Gral aus dem Heiligen Land nach Britannien gegangen war. Weiterhin opportun war es aber auch, sich keltischen Gottheiten anzuschließen.[33]

Die meisten genealogischen Modelle lassen erkennen, dass man die Artuswelt als realhistorische Epoche fest in der christlichen Heilsgeschichte verankert sah. Vermutlich speisten sich entsprechende Vorstellungen aus den schon in der „Historia Brittonum" und den „Annales Cambriae" tradierten Berichten vom kreuztragenden und unter dem Banner der Jungfrau Maria kämpfenden Heerführer Artus. Für jedes walisische Geschlecht erbrachte die Verwandtschaft mit diesem Artus also nicht nur die Anbindung an eine ideale Heldengestalt, sondern gleichzeitig auch eine exponierte Position in der christlichen Heilsgeschichte. Ergänzt wurden diese hoch attraktiven genealogischen Modelle seit dem 12. Jahrhundert durch den bei Geoffrey of Monmouth inszenierten Anschluss an trojanische Wurzeln.

Ausfluss einer schnell gewachsenen Bedeutung der Artusfigur sind auch die zahlreichen Heiligenviten, wo Artus seit dem 9. Jahrhundert wiederholt als Randfigur, aber bald ebenso als handlungstragende Heldengestalt auftaucht.[34] Eine erste Erwähnung eines Artur in der um 700 von dem irischen Mönch Adomnán verfassten Lebensgeschichte des heiligen Columban dürfte noch nichts mit unserem Artus zu tun haben. Adomnáns Artur ist der Sohn des irischen Königs Aedán mac Gabráin, der selbst erst um 580 gestorben ist. Sein Sohn gehört also in die Zeit um 600, als ‚unser' Artus bereits nicht mehr lebte.

Das bekannte arturische Personal wird in den Viten erst einige Jahrhunderte später greifbar. In der vielleicht noch im 9. Jahrhundert (evtl. auch erst um 1140) entstandenen „Vita des Illtud" besucht der junge Illtud den prächtigen Hof seines Vetters Artus. Zimmer vermutet, dass die Szene von „Culhwch und Olwen" beeinflusst sein könnte,[35] was für die Spätdatierung spräche. Die Zeichnung der Artusfigur in den Heiligenviten ist analog zur kymrischen Überlieferung jedoch nicht durchweg positiv. In der „Vita des Cadoc" (um 1100) sitzt Artus mit Cei und Bedquir beim Würfelspiel, als sie die Entführung der Prinzessin Gwladus durch den Königssohn Gwynllyw beobachten. Artus selbst entbrennt in Liebe zur Königstochter, und nur mit Mühe können ihn seine Freunde von einer Untat zurückhalten. Nach einigen Verwicklungen kommt es mit Unterstützung des Herrn Artus („dominus Arthur") zur Heirat von Gwladus und Gwynllyw. Sie sind die Eltern des heiligen Cadoc. In der „Vita des Paternus" (um 1120) will der Tyrann Artus („tirannus Arthur") dem heiligen Paternus ein kostbares Gewand wegnehmen. Paternus lässt daraufhin Artus so lange von der Erde verschlingen, bis er bereut. In der „Vita des Carannog" (12. Jahrhundert) jagt Artus einen Drachen, der das Land Carrum verwüstet. Dem heiligen Carannog gelingt es, den Drachen zu zähmen. Aus Dankbarkeit hilft Artus ihm, einen Wunderaltar wiederzufinden. In der „Vita des Teilo" (12. Jahrhundert) erscheint Artus als früherer, lange verstorbener Stifter von Ländereien. In der „Vita des Goueznou" (12. Jahrhundert) hatte der große Artus einst Britannien von den Sachsen befreit, die nach seinem Tod aber wiedergekommen sind.

Die umfangreichsten Artusepisoden finden sich in der um 1130 entstandenen „Vita des Gildas": Caradog von Llancarfan berichtet in zwei arturischen Episoden zunächst ausführlich über die lang andauernde Feindschaft zwischen den Brüdern des heiligen Gildas und Artus. Einen der Brüder, Huail, erschlägt Artus auf der Isle of Man („insula Manau"). Eine zweite Episode dreht sich um die Entführung von Gwenhwyfar durch den bösen König Melwas nach Glastonbury („urbs vitrea"). Als der aufrührerische König („rex rebellis") Artus gerade dabei ist, Glastonbury anzugreifen, um Gwenhwyfar zu befreien, kann der zufällig in der Stadt anwesende heilige Gildas zwischen den Kontrahenten vermitteln. Der Konflikt wird friedlich gelöst. Diese Episode lässt bereits die Konturen der in den späteren Artusromanen weit verbreiteten Geschichte vom Raub der Königin Guinevere erkennen.

Mit den beschriebenen Genealogien und den Artusepisoden in den Heiligenviten befinden wir uns tief in der walisischen Erinnerungskultur. In diesem Erinnerungsraum waren Artus und seine Abenteuer wohl seit dem 7. Jahrhundert, d. h. seit seiner ersten Erwähnung in „Y Gododdin", ein stetig wachsender Teil des kulturellen Gedächtnisses geworden. Schriftlich fixiert wurden die kymrischen Geschichten jedoch erst sehr viel später im 13. und 14. Jahrhundert. Die zugleich ältesten und wichtigsten Schriftzeugnisse dieser Erinnerungskultur sind das um 1350 entstandene „White Book of Rhydderch" (Aberystwyth, National Library of Wales, Peniarth MS 4 und 5) und das auf die Zeit um 1382 – 1410 zu datierende „Red Book of Hergest" (Oxford, Jesus College, MS 111).[36] Das „Weiße Buch" enthält in einem ersten Teil (MS 4) wie das „Rote Buch" das sogenannte „Mabinogion" – eine Sammlung von 12 alten kymrischen Erzählungen, in denen teilweise auch Artus eine Rolle spielt. Für die Artushistoria am bedeutendsten ist „Culhwch und Olwen", denn dort tauchen jeweils Handlungselemente und Figuren auf, die nach einhelliger Forschungsmeinung in eine frühe vorliterarische Phase der Artuserinnerung zurückreichen. Ebenfalls von hohem Alter und großer Bedeutung ist die Geschichte vom Torwächter „Pa gur yv y porthaur".[37]

Darin geht es um einen Wettstreit zwischen diesem und Artus: Artus möchte mit seinem Begleiter Cei und den besten Männern der Welt in die Burg, deren Eingang von einem Torwächter gehütet wird. Für den Einlass muss Artus diese Männer zeigen und diverse Fragen des Pförtners richtig beantworten. In dem Frage-und-Antwort-Spiel wird auf Episoden, Kämpfe und Heldenfiguren aus der alten kymrischen Erinnerungskultur angespielt, die meistenteils nicht schriftlich überliefert sind. Erwähnt wird auch der Kampf gegen Palugs Katze. Bedeutsam ist die Pförtnerszene, weil die Pförtnergestalt in vielen alten kymrischen Texten anzitiert wird und auch in den späteren Artusromanen wiederholt Elemente des Pförtnermotivs auftauchen.

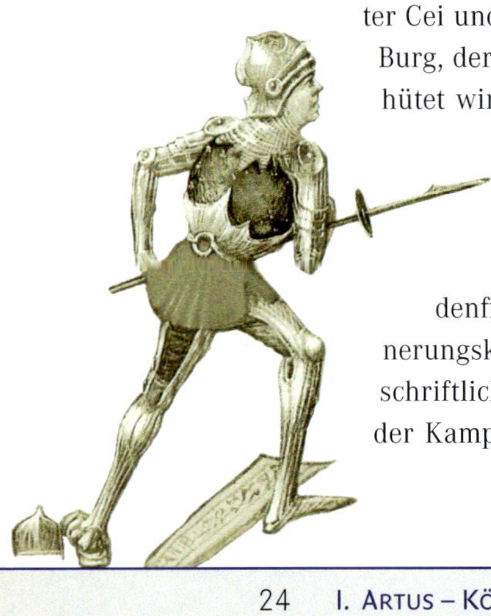

In „Culhwch und Olwen"[38] wird die schwierige Werbung des Königssohns Culhwch um die schöne Olwen erzählt: Culhwchs Vater, König Cilydd von Celyddon, hatte seine erste Frau Goleuddydd nach der Geburt seines Kindes verloren. Ein Schweinehirt nahm das Kind, das sie in einem Schweinestall zur Welt gebracht hatte, zu sich, bis es getauft und wegen seiner Geburt im Schweinestall Culhwch genannt wurde. Der Knabe war von edlem Geblüt, denn er war ein Vetter von Artus. Sieben Jahre darauf heiratete der König erneut. Seine neue Frau verlangte nun von ihrem Stiefsohn Culhwch, dass er ihre Tochter heirate. Als er ablehnt, belegt sie ihren Stiefsohn mit dem Fluch, dass er niemand anderen heiraten könne als Olwen, die Tochter des Riesen Ysbaddaden Pencawr. Von seinem Vater bekommt Culhwch den frustrierenden Hinweis, dass er die ebenso schöne wie unerreichbare Olwen nur mit der Hilfe von König Artus finden könne. Culhwch macht sich sofort auf die Reise zu Artus, den er an dessen Hof in Celliwig (Cornwall) findet. Nachdem er Artus' Torwächter überwunden hat, gelangt er zu ihm. Der verspricht seinem Cousin, bei der Suche zu helfen. Außerdem erfüllt er das Verlangen Culhwchs, dass alle Gefährten ihre Zustimmung zu dieser Heirat geben. In einer langen Liste der größten Helden, schönsten Frauen, edelsten Hunde, Pferde und Schwerter des Artushofes verlangen Cadwy, der Sohn Gereints, Taliessin, das Oberhaupt der Barden, und Gereint, der Sohn Erbins, besondere Beachtung. Bemerkenswert sind auch Morvan, der Sohn Tegids, und Sanddev Pryd Angel, denn gegen sie kämpfte niemand in der Schlacht von Camlann, sowie die Frauen Gwenhwyvar, die höchste Königin, und Morwvyd, die Tochter von Uryen und Essyllt. Die Genannten gehören zum Standardinventar vieler kymrischer Geschichten und stellen mit leicht veränderten Namen auch das Personal nahezu aller späteren Artusgeschichten.

Nachdem alle zugestimmt haben, stellt Artus sechs seiner besten Kämpfer für die Suche ab, darunter Cai (in der Artusliteratur später bekannt als Sir Kay/Kei), Bedwyr (später: Sir Bedivere) und Gwalchmei (später: Artus' Neffe Sir Gawain). Es gelingt den vortrefflichen Helden schnell, den Riesen und seine schöne Tochter zu finden, aber eine Heirat ist nur möglich, wenn Ysbaddaden zustimmt. Die Sache erweist sich als schwierig, denn Ysbaddaden wirft mit Speeren nach den Bittstellern. Einen dieser vergifteten Speere kann Culhwch auffangen und zurückschleudern. Er trifft den Riesen durch das Auge in den Kopf. Ysbaddaden ist zornig, stimmt aber der Heirat zu, falls Culhwch 40 unerfüllbare Aufgaben erledigt. Einige dieser Aufgaben gehören offensichtlich zum mündlich tradierten Grundbestand des Artuswissens, so die Geschichte von der Jagd auf den gefährlichen Eber Twrch Trwyth (sie wird auch in der „Historia Brittonum" erwähnt), das Abenteuer um die Rettung von Mabon ap Modron aus seinem Wassergefängnis (diese Geschichte ist in irischen und kymrischen Texten weit verbreitet) und die Suche nach dem Wunderkessel von Diwrnach, er wird mit dem Gral in Verbindung gebracht. Nachdem alle Aufgaben erledigt sind, muss der Riese der Heirat zustimmen. Aber erst nachdem er erschlagen ist, leben Culhwch und Olwen glücklich zusammen.

Die drei längsten kymrischen Artustexte – sie sind als die „Romanzen" bekannt – sind dagegen von den modernen altfranzösischen Artusepen des 12. Jahrhunderts abhängig: „Peredur fab Efrog" (Die Geschichte von Peredur, dem Sohne des Efrawg), „Owain, neu Iarlles y Ffynnon" (Die Geschichte der Gräfin vom Brunnen) und „Geraint ac Enid" (Die Geschichte von Gereint, dem Sohne Erbins) geben sich unschwer als Bearbeitungen der Chrétienschen Artusepen „Perceval", „Yvain" und „Erec et Enide" zu erkennen, wobei alle drei kymrischen Texte die altfranzösischen Vorlagen durch eigenes, älteres Artuswissen ergänzen. Auch werden die Chrétienschen Darstellungsmuster und Stilelemente radikal den kymrischen Erzähltraditionen angepasst, was den Texten einen pseudoarchaisch-mündlichen Charakter verleiht. Gleichzeitig werden aber so viele, noch über die altfranzösischen Vorlagen hinausgehenden Accessoires der neuen walisischen Hofkultur eingeschrieben, dass sie mehr denn je synonym für den höfisch-modischen Chic der Zeit stehen. So tragen in den eigentlich auf die Taten reduzierten Handlungsberichten die Helden plötzlich Gewänder aus modernstem „schwarzen Brokat", einen „Überwurf aus gelbem Brokat", einen „Mantel mit breiten, mit Goldfäden bestickten Borten" und hochmoderne „Schnürstiefel von geflecktem Korduanleder". Ein Pferd ist gehüllt in einen „Kursit und eine Kovertüre von Pali, die die Tochter des Grafen von Anjou gesandt hatte".[39] Was die Mode betrifft, befinden sich die kymrischen Romanzen damit auf der Höhe ihrer Zeit. Vermutlich sollten sie mit ihrem höfischen Musterrepertoire einem noch rückständigen, heimischen Publikum den Weg in eine bessere Zukunft weisen.

Hier, an der Schwelle zu einer neuen Zeit und einer neuen Dimension des Artuswissens scheint es geboten, Bilanz zu ziehen: In den ältesten Berichten bei Gildas und Beda waren nur wenige historische Eckpunkte – insbesondere kriegerische Ereignisse und die allgemeine Tatsache der sächsischen Eroberungszüge – sichtbar geworden. Eine wie auch immer geartete Artusfigur spielte zu diesem frühen Zeitpunkt in der gelehrt-klösterlichen Wahrnehmung – und nur die ist für uns in den Schriftzeugnissen belegbar – keine Rolle. Seit dem 7./8., ganz sicher aber im 9. Jahrhundert zeichneten sich zunächst in kleineren chronistischen Berichten allmählich facettenreichere Konturen einer noch lange schemenhaften Heldenfigur namens Artus ab. Eine erste relativ dichte, auf eine kriegerische und eine christliche Dimension fokussierte Zeichnung dieser Heldenfigur lieferte um 820 die lateinische „Historia Brittonum" des walisischen Geschichtsschreibers Nennius. Zusätzliche Details zu dieser Heldenfigur tauchten im Laufe der nächsten zwei Jahrhunderte meist beiläufig in Heiligenviten sowie diversen kymrischen Erzählungen und Genealogien auf. Eine zusammenhängende Artusgeschichte gab es nicht, einen König dieses Namens auch nicht. Dennoch werden bereits Konturen einer starken, kriegerischen, freigebigen und von christlichen Idealen durchdrungenen Heldenfigur sichtbar. Ihr rechtlich-politischer Status in der britannischen Gesellschaft des *dark age* blieb jedoch vage irgendwo zwischen Kriegsführer/Heerführer (*dux bellorum*), Herr (*dominus*) und Fürst. Konkret von einem

König (*rex*) Artus wurde erst um 1100 in „Culhwch und Olwen“ und in der um 1130 entstandenen „Vita des Gildas“ gesprochen, wobei „Culhwch und Olwen“ bereits ein umfängliches Tableau von Artusorten, Artuspersonal und Artusabenteuern bot.

Die in den Texten mitgeteilten historischen Rahmendaten zu den Ereignissen zwischen 450 und 550 stimmen mit den archäologischen Funden überein. Einzelne Orte, Schlachten und sogar Personen lassen sich verifizieren. Versucht man allerdings, der Person Artus näher zu kommen, ist sehr schnell eine unüberwindlich scheinende Erkenntnisgrenze erreicht. Sieht man einmal von dem Schriftfund in Tintagel ab – der allerdings nur sehr vage auf einen ARTOGNOV hinweist, dessen Beziehung zu ‚unserem‘ Artus unklar bleibt –, gelingt es nirgendwo, die archäologischen Funde direkt mit den Texten und das heißt: mit einer wie auch immer situierten Person Artus zu verbinden. Die bisweilen recht dichte Zeichnung einer solchen Figur und vor allem die in völlig unterschiedlichen Texten diverser Gattungen und Sprachen z. T. unabhängig voneinander immer wieder bestätigte Existenz einer Person dieses Namens spricht allerdings dafür, dass eine solche Figur im kulturellen Gedächtnis des nachrömischen Britannien vorhanden war. Oder eher: dass eine solche Figur aus vielen Erinnerungsbausteinen, wie mündlich tradierten Heldenerzählungen, in Stein gehauenen Inschriften oder anderen Artefakten, allmählich zusammengesetzt wurde. Über diese Erinnerungsbausteine wusste man mehr als ein halbes Jahrtausend nach den Ereignissen freilich nur noch rudimentär Bescheid. Schriftlich fixiert war wenig, und von diesem Wenigen dürfte auch noch das Meiste zerstört oder untergegangen sein.

Letztlich war die Artusfigur kaum mehr als eine positive Chiffre für einen dunklen Fleck in der historischen Erinnerung eines von vielen Katastrophen, Kriegen und Invasionen gezeichneten Britannien. Diese Chiffre wurde, vermutlich weil sie zu Beginn nur einen unspezifischen Wert bzw. eine unspezifische Personengruppe bezeichnete, über die Jahrhunderte allmählich mit den unterschiedlichsten Inhalten gefüllt. Diese kamen aus schriftlich-lateinischen Quellen (Gildas und Beda), mündlich-volkssprachig tradierten Geschichten (kymrische Texte) und gegenständlich fundierter Erinnerung (Bauwerke, landschaftliche Besonderheiten). Dass die Artusfigur dabei sukzessive zu einer idealen und bald auch christlich überformten Helden- bzw. am vorläufigen Endpunkt einer solchen Entwicklung zu Beginn des 12. Jahrhunderts sogar zu einer Königsfigur aufsteigen konnte, entspricht der Interessenlage: Die Briten suchten und fanden in Artus eine Kulminationsfigur, die alle Sehnsüchte an eine glanzvolle Vergangenheit in einer oft katastrophalen Gegenwart darzustellen vermochte.

Dies war der heterogene Ist-Zustand, den Geoffrey of Monmouth zu Beginn des 12. Jahrhunderts vorfand, als er sich daranmachte, eine neue, allumfassende Artussumme zusammenzustellen.

3 Flucht aus Troja – Der Ursprung Britanniens in der normannischen Geschichtsschreibung

Bevor wir uns Geoffrey of Monmouth und einer überraschenden Wende in der Artusgeschichte zuwenden, sind grundstürzende Umwälzungen auf den Britischen Inseln zu vermelden: Im ausgehenden 11. Jahrhundert änderten sich die Lebensbedingungen in Britannien radikal. Das seit mehreren Jahrhunderten von den Sachsen und Angeln, die einst gegen Artus bzw. das römische Britannien gekämpft hatten, dominierte Britannien wurde erneut von äußeren Mächten bedroht. Nur mit Mühe konnten sich die Engländer gegen die Invasoren aus Norwegen, Dänemark und der Normandie verteidigen. Am 25. September 1066 schlug der erst im Januar gekrönte englische König Harald II. Godwinson in der Schlacht von Stamford Bridge (Yorkshire) einen Eroberungsversuch Haralds III. von Norwegen zurück. Der englische Sieg schien überragend. Der Norweger und große Teile seiner Streitmacht verloren in der Schlacht ihr Leben. Aber schon drohte eine noch schlimmere Gefahr aus dem Süden. Dort war Wilhelm, der mit dem Norweger verbündete Herzog der Normandie, mit einer zweiten Invasionsarmee gelandet. Haralds Heer eilte in einem zweiwöchigen Ge-

|15| Teppich von Bayeux (Ausschnitt), spätes 11. Jh. Wilhelm der Eroberer richtet nach der erfolgreichen Landung in Britannien ein Festmahl aus. An seinem Tisch sitzen die engsten Vertrauten des künftigen englischen Königs. Bischof Odon segnet die Mahlzeit.

waltmarsch nach Süden. Am 14. Oktober kam es zur Schlacht bei Hastings. Wilhelms Nordmänner aus der Normandie[40] schlugen die englische Armee vernichtend. Harald und seine Brüder fielen im Kampf. Am Weihnachtstag des Jahres 1066 wurde Wilhelm der Eroberer († 1087) zum neuen englischen König gekrönt **|15|**. In den folgenden zwei Jahrzehnten strukturierten die normannischen Sieger ungeachtet des erbitterten Widerstands der Angelsachsen das neue britisch-normannische Königreich völlig um. Die alte Führungsschicht verlor Macht und Besitz.

In diesem Geflecht der aus der gewaltsamen Eroberung resultierenden Spannungen zwischen den neuen normannischen Herrschern und den unterlegenen Angelsachsen und der Idee der Normannen, ein normannisches Britannien zu etablieren, erlangte auch die Artusfigur Bedeutung. Offensichtlich hatten die neuen Herrscher schnell erkannt, dass sich Artus als Gewährsmann für die Legitimation einer britisch-normannischen Thronfolge eignen könnte. Sicher waren es aber auch die spannenden Heldengeschichten um den Kriegsherrn, die die kampferprobten Nordmänner faszinierten. Möglicherweise hatten auch einige alte Artusgeschichten bei den viele Jahrhunderte zuvor vor Angeln und Sachsen in die Bretagne geflohenen Briten überdauert. Jedenfalls flossen die Erinnerungen an diese eigentlich britisch-walisische Heldenfigur schnell in das kulturelle Gedächtnis der Normannen ein. Wie chronistische Texte aus dem Königsumfeld und die von Normannen verantworteten Artus-Bildzeugnisse, etwa in Otranto und Modena, erkennen lassen, gehörte Artus schon im frühen 12. Jahrhundert dazu. Unklar ist jedoch, inwieweit Wilhelm der Eroberer und sein Nachfolger Wilhelm II. († 1100) eine solche Artusbegeisterung im Sinne politisch-dynastischer Propaganda aktiv gefördert hatten. Der Prozess dieser eine eigene britisch-normannische Identität befördernden Artus-Adaption war jedoch bereits weit fortgeschritten, als König Heinrich I. (1100–1135), der dritte normannische König Englands, ohne Thronfolger starb. Heinrich hatte sich anbahnende Probleme der Thronfolge frühzeitig lösen wollen. Sein einziger legitimer Sohn, Wilhelm III., war deshalb intensiv auf die Thronfolge vorbereitet worden. Als er bei einem vermutlich durch unmäßigen Alkoholgenuss verursachten Schiffsunglück ertrank, richtete Heinrich alle Hoffnung auf seine Tochter Mathilde. Er setzte die Witwe des deutschen Kaisers Heinrich V. als Erbin ein und ließ sie 1127 von den normannischen Baronen förmlich bestätigen. Die Thronfolge zusätzlich absichern sollte Mathildes Heirat mit dem Grafen Gottfried von Anjou aus dem Haus Plantagenet. Dennoch eskalierte nach Heinrichs Tod 1135 der Streit um die Thronfolge. Gegen die ungeliebte Mathilde beanspruchte Stephan von Blois als Enkel Wilhelms des Eroberers den Thron. Für beide war in dem nun

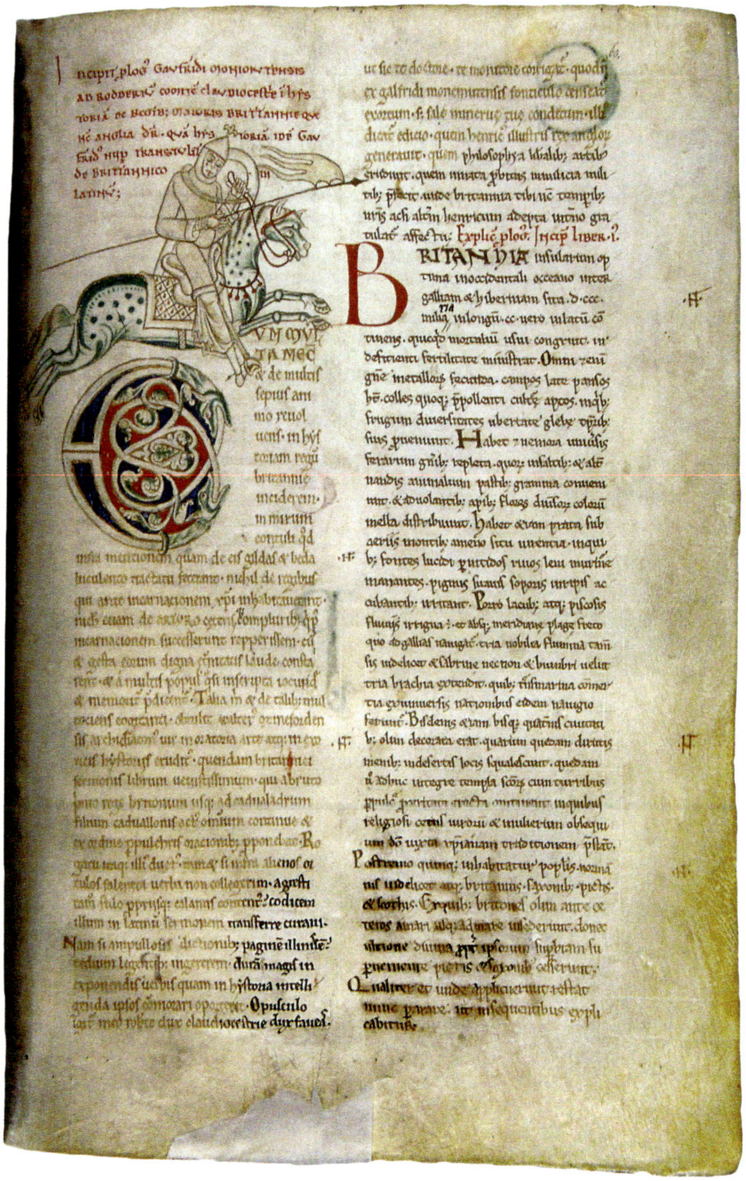

|16| Beginn der „Historia regum britanniae“ des Geoffrey of Monmouth mit Prolog und Landbeschreibung. Leiden, UB, ms. BPL 20, fol. 60r, 2. Hälfte 12. Jh.

folgenden, beinahe 20 Jahre währenden Thronstreit die Legitimation der Herrschaft von zentraler Bedeutung. Hier kommt König Artus ins Spiel: Der neue König Stephan I. richtete in dieser Frage sein Augenmerk besonders auf den sagenhaften König der Briten. So kam direkt von ihm bzw. aus seinem Umfeld unmittelbar nach der Machtübernahme der Auftrag, eine umfassende Geschichte der Könige Britanniens mit Artus im Mittelpunkt zu schreiben. Diesen Auftrag erhielt Geoffrey of Monmouth.

Der um 1100 in Monmouth geborene Geoffrey war ein enger Vertrauter des englischen Königshauses. Von 1129 – 1151 ist er urkundlich als Magister und Erzdiakon in Oxford belegt. 1152 wurde er Bischof von Asaph. Zwei Jahre später starb er in Cardiff. Widmungen in verschiedenen „Historia“-Handschriften zeigen ihn in Diensten König Stephans I. und Roberts of Gloucester, einem unehelichen Sohn König Heinrichs I.[41] Wohl unter dem Eindruck des beschriebenen englischen Thronstreits erhielt er 1136 den Auftrag, für den Ruhm Britanniens eine „Historia regum britanniae“, eine Geschichte der Könige von Britannien, zusammenzustellen. Dieses große Unternehmen scheint er bereits 1138 erfolgreich abgeschlossen zu haben. Seine „Historia“ fasste das gesamte Wissen um die Geschichte Britanniens und da vor allem das Wissen um König Artus zusammen. Aufbauend auf den alten, schriftlich überlieferten Geschichtswerken, ließ er in seine Chronik einen breiten Strom mündlicher Erzähltraditionen einfließen. Fixiert in Geoffreys lateinischer „Historia“, wurde der zuvor primär mündlich tradierte und nur sporadisch in lateinischen Chroniken und Annalen schriftlich fassbare Artusstoff der zweifelhaften Mündlichkeit enthoben. Der Erfolg des Vorhabens war überragend. Noch im 12. Jahrhundert gehörte Geoffreys „Historia“ zu den populärsten Geschichtswerken überhaupt, und noch heute sind weit über 200 mittelalterliche Handschriften, unzählige Übersetzungen in diverse Volkssprachen und zahlreiche Druckausgaben erhalten.

Sanktioniert von höchster (königlicher) Stelle, erlangte die Artushistoria schnell ihren festen Platz im Geschichtsdiskurs, aber auch im Literaturkanon der anglonormannischen Herrschaftskultur. Geoffreys gerade eben erst ‚erfundenes‘ Britannienbild gehörte bald und dann für Jahrhunderte zum allgemeinen Bildungsgut Europas. Zugleich wurden die Protagonisten als realhistorische Herrscher- und Heldengestalten im gelehrten Wissenskanon verankert. Die Freude an Geoffreys Werk hielt sich allerdings in Grenzen. Vor allem die gelehrten Kollegen übten heftige Kritik an seinem lockeren Umgang mit der Wahrheit. Scharfe Angriffe gegen einzelne ‚Lügengeschichten‘ fanden sich postwendend in den „Gesta Regum Anglorum“ (Taten der englischen Könige von 449 – 1127) des William of Malmesbury[42], der „Historia rerum Anglicarum“ (Geschichte Englands) des William of Newbury und im „Pantheon“

Gottfrieds von Viterbo. Die kritischen Stimmen aus der Gelehrtenwelt stellten aber nicht die Historizität der Artuswelt generell, sondern nur den Wahrheitsgehalt einzelner Episoden und die geschichtsschreiberische Redlichkeit Geoffreys in Frage. Keine Kritik entzündete sich an dem grundsätzlichen Gerüst seiner Darstellung, in dem als entscheidende Neuerung die Trojaner als Ahnherren der Briten ins Spiel gebracht wurden.

Der hochgelehrte Geschichtsschreiber beginnt seine Chronik mit einer Beschreibung Britanniens: Geoffrey nennt als Bewohner die Normannen, Briten, Sachsen, Pikten und Schotten |16|. Sie alle verbindet der britische Ahnherr Brutus. Ihn kannte Geoffrey aus den lateinischen Klassikern Vergils und Ovids. Mit dem in gelehrten Kreisen beliebten etymologisierenden Deutungsinstrumentarium hatte Geoffrey scharfsinnig geschlossen, dass der Name Britannien auf Brutus bzw. Britus zurückgehen müsse. Da Brutus aus Troja stammte, beginnt Geoffrey seine britische Geschichte folgerichtig in Troja: Nach der Zerstörung Trojas durch die Griechen gelingt einigen Trojanern die Flucht. Eneas kommt nach einem Zwischenstopp in Nordafrika mit seinem Sohn Ascanius nach Italien. Nach Verwicklungen übernimmt er dort die Königsherrschaft und gründet das römische Weltreich. Weniger glücklich ist das Schicksal seines Urenkels Brutus. Er tötet versehentlich seinen Vater Silvius und muss aus Italien fliehen. Ziele seiner Flucht sind zunächst Griechenland, Nordafrika und Aquitanien. Unterwegs trifft Brutus auf weitere Trojaflüchtlinge unter der Führung von Corineus, der später Cornwall gründet. Endlich gelangt Brutus an die Küsten Albions. Nach der Landung in der Hafenstadt Totnes nimmt er Albion in Besitz und nennt es nach sich selbst „Britannien“ (Land des Brutus). An den Ufern der Themse baut Brutus ein neues Troja („troja nova“): London.

Geoffrey erläutert an dieser Stelle ausführlich, wie aus Troia Newydd (Neu-Troja) aufgrund zahlreicher sprachlicher Verderbnisse und Umbenennungen über Troynovant/Trinovantum, Caer-Ludd (Stadt König Luds) und dem verballhornten Kaerlundein schließlich London werden konnte. Dass Londinium in Wirklichkeit im Jahr 47 n. Chr. von den Römern gegründet wurde, verschweigt Geoffrey. Im 2. und 3. Buch seiner „Historia“ beschreibt er, wie nach dem Tod des Trojaners die Herrschaft geteilt wird: Albanactus erhält Schottland, Kamber erhält Wales (Kambria) und Locrinus Loegria (England).

Das 4. bis 6. Buch ist der Zeit der Römerherrschaft gewidmet. Trotz heftiger Gegenwehr der Britenkönige kann Julius Cäsar Britannien erobern und zur römischen Provinz machen. Über mehrere Jahrhunderte bleibt Britannien nun unter der Herrschaft Roms. Das Land entwickelt sich – unter anderem unter König Leir[43] – prächtig, bis im 5. Jahrhundert durch innere Wirren die Herrschaft zerbröckelt. In Buch 7 bis 8 übernimmt Constans nach einem Thronstreit die Herrschaft in Britannien. Hinter ihm steht Vortigern, der selbst König werden möchte. Vortigern lässt mit Hilfe der Pikten Constans ermorden und sich selbst zum König ausrufen. Die Söhne von Constans können in die Bretagne fliehen. Und hier wird es im Artuskontext interessant, denn die Söhne von Constans sind Ambrosius Aurelianus und Utherpendragon. Nach erbitterten Kämpfen über viele Jahre hinweg gelingt es Ambrosius, den Usurpator Vortigern zu besiegen. So, wie es Merlin vorhergesagt hatte, verbrennt Vortigern in einem Turm. Ambrosius wird König und beauftragt gemeinsam mit seinem Bruder Utherpendragon den weisen Merlin, eine Grabstätte für die britischen Könige zu errichten: Stonehenge |17|.

|17| Bau von Stonehenge. Nach Geoffreys „Historia regum britanniae“ errichtet Merlin Stonehenge als Grabstätte für die britischen Könige. London, British Library, MS Egerton 3028, fol. 30, Mitte 14. Jh.

|18| Utherpendragon bittet Merlin, die schöne Ygerna mit einem Zauber für ihn zu gewinnen. „Chronicle of England" des Peter de Langtoft. London, British Library, MS Royal 20, A.II, fol. 3v, um 1310.

Anschließend verliebt sich Utherpendragon in Ygerna, die Ehefrau des untadeligen Herzogs Gorlois von Cornwall. Sie residieren in der Burg Tintagel („Tintagol"). Ygerna ist die schönste Frau Britanniens. Mit der Hilfe von Merlin gelingt es Utherpendragon in der Gestalt des Gorlois, Ygerna zu täuschen |18|. Er zeugt mit ihr – unehelich – Artus, von dem Merlin bereits lange vorher geweissagt hatte, dass er der König aller Briten werde. Gorlois kommt anschließend bei Kämpfen ums Leben. Utherpendragon kann Ygerna heiraten. Glücklich wird er aber nicht. Als Utherpendragon durch das Gift des Sachsen Eopa stirbt, krönt Erzbischof Dubricius von Legionenstadt auf Anraten der Fürsten Britanniens schließlich den noch sehr jungen Artus zum König |19|. Über der Zukunft des jungen Königs liegen jedoch dunkle Schatten, denn Artus stammt aus einer unehelichen, auf Betrug und Mord gegründeten Verbindung: Utherpendragon hatte für seine Begierde nicht nur Ygernas Ehemann mit Zaubermitteln täuschen lassen, sondern bewusst den Tod des untadeligen Gorlois in Kauf genommen. Negativ ausgelegt wird auch das jugendliche Alter von Artus bei seiner Krönung: Er ist erst 15 Jahre alt. Im 9. Buch kann Artus nach der Herrschaftsübernahme dennoch zügig die Sachsen, Schotten, Pikten und Iren unterwerfen. Die Entscheidung gegen die Sachsen fällt in der Schlacht im Wald Caledon, eine der schon in alter Zeit überlieferten Schlachten. Zu dieser ersten Schlacht des neuen Königs Artus liefert Geoffrey eine genaue Zeichnung der Artusfigur: Artus trägt einen goldenen Helm mit einem Drachen als Helmzier. Auf seinen Schild mit dem Namen Pridwen ist das Bild der Jungfrau Maria gemalt. Sein Schwert Caliburnus (vermutlich aus lat. *chalybs* = Stahl) – das spätere Excalibur – wurde auf der Insel Avalon geschmiedet |20|. Seine Lanze erhält den Namen Ron. Bei dieser Schlacht erweist sich Artus als hervorragender Krieger. Eigenhändig tötet er 470 Feinde.

Nachdem alle Feinde besiegt sind und der Friede gesichert ist, heiratet Artus eine Frau namens Guinevere. Es folgt eine erste Friedenszeit, die insgesamt zwölf Jahre dauert, über die Geoffrey aber nichts Bemerkenswertes zu berichten weiß. Nach

|19| Erzbischof Dubricius von Legionenstadt krönt den neuen König Artus. In der Szene aus dem „Roman de Saint Graal" steckt das Schwert Caliburn bzw. Excalibur noch im Stein. London, British Library, MS Add. 10292, fol. 101r, um 1310.

|20| Das magische Schwert Excalibur erscheint Artus und Merlin. Die Frau vom See weist Artus und Merlin auf das aus dem See aufsteigende Schwert Excalibur hin. Gemälde von William Hetherhall.

der ‚nutzlosen' Friedenszeit beginnt eine zweite Kriegsphase, in der es Artus gelingt, nahezu ganz Europa zu unterwerfen. In Norwegen setzt Artus zunächst seinen Schwager Loth als König durch. Loths Sohn Gawain wird später von Papst Sulpicius zum Ritter geschlagen. Nach dem Sieg in Norwegen unterwirft Artus die römische Provinz Gallien. Anschließend sind Aquitanien, Gascogne, Normandie und Anjou an der Reihe. Diese Provinz übergibt er seinem Seneschall Kay als Lehen. Es folgt eine zweite Friedenszeit. Nach neun Jahren Krieg hält Artus zunächst Hof in Paris und reist dann zum Pfingstfest zurück nach Britannien, wo er in Legionenstadt (Caerleon) ein prächtiges Hoffest ausrichtet. Zum Pfingstfest huldigen Artus alle unterworfenen und befreundeten Königreiche. Das Fest wird nach alter trojanischer (!) Sitte ausgerichtet. Unter den Festfreuden genannt werden ein Festessen und allerlei Kurzweil mit Spielen, Ritterwettkämpfen, Schach und sportlichen Veranstaltungen aller Art. Artus selbst zeichnet sich durch seine Freigebigkeit aus. Er beschenkt seine Gefährten mit Ländereien und Auszeichnungen. Noch im Laufe der Festbeschreibungen macht Geoffrey auf die Gefahren des Friedens aufmerksam: Es lauern die Todsünden Wollust (*luxuria*) und Trägheit (*accedia*).

|21| Mont St. Michel im Ärmelkanal. Der Berg ist einer der Orte auf dem Kontinent, die bereits im 12. Jh. mit der Artusgeschichte in Verbindung gebracht wurden. Auch der heilige Gral soll dort liegen.

In das Pfingstfest platzen Boten aus Rom, die Artus auffordern, künftig Tribut an Rom zu leisten. Artus lehnt alle Forderungen ab und rüstet für einen Kampf gegen das Römische Reich. Eine Sibylle weissagt, dass jemand aus britischem Geschlecht das römische Imperium in Besitz nehmen wird. Rom stellt ein Heer von über 460 000 Mann (Buch 10) gegen Artus zusammen. Alarmiert von den Berichten über die große römische Streitmacht, zieht Artus sofort gegen Rom. Die Herrschaft in Britannien übergibt er seinem Neffen Mordred. Auf dem Weg nach Rom wird Artus von einem gefährlichen Riesen aus dem Land Cotentin (vermutlich Cornwall) berichtet, der Helena und Herzog Hoel, seinen Vetter, auf den

|22| Artus kämpft am Mont St. Michel mit dem Schwert gegen den Riesen, der mit einer Keule bewaffnet ist. Szene aus den „Chroniques de Hainaut“ des Jacques de Guise in Übersetzung von Jean Wauquelin. Brüssel, Bibliothèque royale, Ms. 9243, fol. 49v, 1468.

Mont St. Michel entführt habe |21|. Niemandem sei es bisher gelungen, diesen Riesen zu besiegen und die Geiseln zu befreien. Die Lage scheint hoffnungslos, aber Artus hatte schon einmal einen Riesen am Arvaiusberg getötet. Und auch diesmal gelingt es ihm nach hartem Kampf, den Riesen mit einem Schwerthieb durch den Kopf zu töten |22|.

Nach dem Zwischenstopp am Mont St. Michel rückt Artus gegen das römische Heer vor. In einer gewaltigen Entscheidungsschlacht siegen die Briten, aber die Verluste sind enorm. Auf Seiten der Briten sterben u. a. Bedevere, der Mundschenk des Königs, der in Bayeux beerdigt wird; der Seneschall Kay, er wird nach Chinon gebracht, sowie die Herzöge Riddomarcus, Bloctonius und Iagnivius. Artus ist nach dem Sieg gegen Rom nun der mächtigste Herrscher der Welt. Die Zahl der tributpflichtigen Reiche ist gewaltig und er selbst zählt jetzt zu den neun würdigsten Herrschern aller Zeiten |23|. Es sind dies die antiken Helden Hector, Alexander der Große und Cäsar, die biblischen Vorbilder David, Josua und Judas Maccabaeus sowie die christlichen Könige Karl der Große, Artus und Gottfried von Bouillon (König von Jerusalem).

Gleichzeitig hat im heimischen Britannien Mordred die Macht an sich gerissen. Artus zieht so schnell als möglich zurück in die Heimat. Es kommt zu einer Schlacht, die Geoffrey auf das Jahr 542[44] datiert. In dieser mörderischen Schlacht gegen Mordred geht nahezu das gesamte Artusreich unter. Die größten Helden sterben, so unter anderem Agusel von Schottland. Sein Sohn Yvain übernimmt

|23| König Artus mit dem Marien-Schild thront über den Kronen seiner Reiche. „Chronicle of England“. London, British Library, MS Royal 20, A.II, fol. 4r, um 1310.

sein Königreich. Es sterben auch Gawain, König Odbricht von Norwegen, König Aschill von Dänemark und Cador. Dessen Neffe Konstantin erhält von Artus die Krone. Artus selbst erleidet eine tödliche Wunde und wird zur Insel Avalon gebracht. Im Gefolge der katastrophalen Schlacht dauert es viele Jahre, bis der neue Britenkönig Konstantin die Sachsen und die Söhne Mordreds endgültig besiegen kann. Britannien versinkt aber trotzdem im Chaos. Geoffrey merkt an, dass die Sachsen klüger waren, da sie Frieden unter sich hielten (Buch 12).

Diese um ein Vielfaches aufgeschwellte Artusgeschichte entwickelt sich innerhalb kürzester Frist zum fundierenden Mythos eines britisch-anglonormannischen Königreichs. Die neuen Herrscher hatten sich erfolgreich an Artus und die Trojaner angeschlossen. Auf diesen neuen trojanischen Artus werden sich in den nächsten Jahrhunderten alle britannischen Könige berufen. Nebenbei standen damit Angelsachsen und Normannen in einer gemeinsamen Traditionslinie. Die Kontinuität der britischen Königsfolge von Brutus über Artus bis zu den neuen normannischen Herrschern war bruchlos über mehrere Usurpationsphasen legitimiert **|24|**. Selbst Gelehrte wie Alanus ab Insulis († 1202) stellen jetzt die überragende Herrlichkeit des Königs Artus eindrücklich heraus. Mit Nachdruck wird in verschiedenen Geschichtswerken auch auf die sich aus Geoffreys Avalon-Szene speisende Hoffnung der Briten („spes britonum") auf die Wiederkehr ihres idealen Herrschers verwiesen.

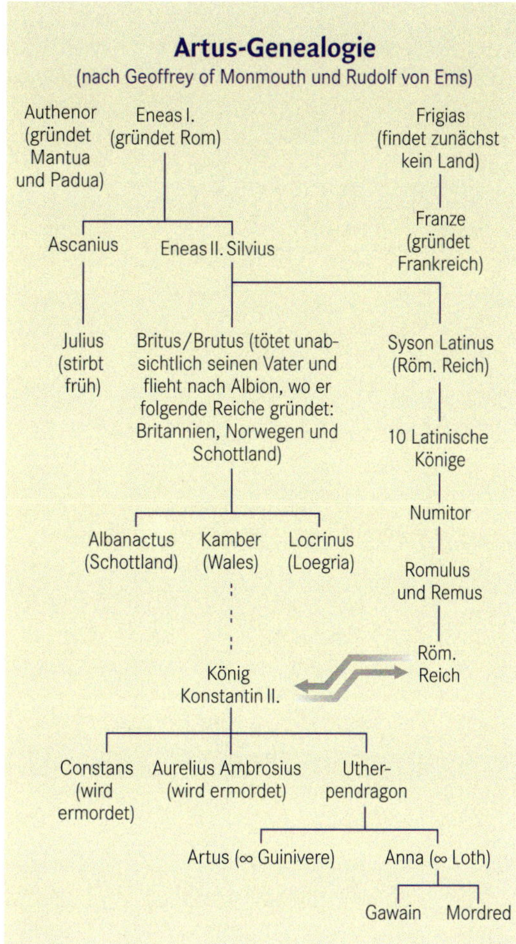

|24| Artus-Genealogie. In der „Historia regum britanniae" wird eine genealogische Linie von den Trojanern bis zu König Artus und seinen Nachfolgern aufgezeigt. Viele walisische und britische Geschlechter wollten sich über Artus an die Trojaner ansippen.

4 Von Island bis Sizilien – Artus erobert die Welt

Die Artusgeschichte erhält mit der normannischen Eroberung Britanniens eine neue, internationale Dimension. Der Held und die Geschichten um seine Taten, um seinen Hof, seine Gefährten und seine Reiche gehören nun zum kulturellen Gedächtnisfundus der überall in Europa als Krieger und Händler präsenten Normannen, und mit den Normannen reist dieses Wissen durch die Welt. Entsprechende Zeugnisse finden sich umgehend in ihren nordfranzösischen Stammlanden. Dort erfreuen sich vor allem die Tristangeschichte, der Kampf gegen den Riesen vom Mont St. Michel und die Geschichten um die Wunderquelle im Wald Broceliande großer Beliebtheit. Letztlich gehören Artusgeschichten überall, wo die Normannen plündern, rauben und neue Staaten gründen – in Sizilien, in Süditalien und im Heiligen Land – zu ihren Begleitern **|25|**.

Vermutlich gelangte über solche normannischen Vermittlungswege ein Artus-Bildzeugnis kurz nach 1100 in die Kathedrale des norditalienischen Modena. Mit dem Bau der Kathedrale hatte man im Jahr 1099 unter Leitung des lombardischen Baumeisters Lanfranco und des Steinmetzen Wiligelmus begonnen. Vollendet wurde der Bau 1322. Die bald nach

Baubeginn fertiggestellte Porta della Pescheria an der Nordseite zeigt auf der Archivolte (dem gewölbten Torbogen) Szenen aus der Geschichte um König Artus.[45] In der Beischrift werden genannt:

Winlogee (Gwenhwyfar/Guinevere)
Mardoc (Mordred)
Artus de Bretania (König Artus)
Galvaginus (Gwalchmai/Gawain)
Che (Kei)
Isdernus (Edern mab Nudd)

Die Szenerie lässt vermuten, dass hier die Geschichten vom Königinnenraub, wie sie die „Vita des heiligen Gildas“ des Caradoc von Llancarfan berichtet, und vom Ende des Königs Artus mit der letzten Schlacht bei Camlann gegen Mordred, wie sie die „Annales Cambriae“ und „Culhwch und Olwen“ erwähnen, anzitiert sind. Die auf der Archivolte eingemeißelten Namen finden sowohl in der alten kymrischen Überlieferung („Culhwch und Olwen“) als auch in der lateinischen Viten-Tradition, aber nur teilweise in Geoffreys „Historia“, ihre Entsprechungen. Die eigentümliche Mischung aus kymrischen und lateinischen Elementen deutet auf eine Vergesellschaftung mündlich memorierter Erzählstoffe kymrischer Provenienz und lateinischen Chronik- bzw. Vitenwissens.

Ebenfalls in Italien, im süditalienischen Otranto, findet sich ein weiteres markantes Artus-Bildzeugnis. Die Stadt war um 1070 von den Normannen erobert worden. Die neuen Herrscher errichteten unmittelbar nach der Eroberung die 1088 geweihte Kathedrale. Das prachtvolle Gotteshaus wurde – jedoch erst im 12. Jahrhundert[46] – mit einem aufwändigen Fußbodenmosaik ausgestattet. Neben Szenen aus der Genesis finden sich zwei Artus-Szenen: Eine mit König Artus („Rex Artvrvs“) bezeichnete Reiterfigur kämpft in einem ersten Bild gegen eine gefleckte Katze **|26|**. In einer zweiten Szene liegt Artus am Boden, über ihm die seine Kehle zerfetzende Katze.

Geschichten mit einem Katzenkampf von Artus begegnen in der Sage um die Katze von Lausanne, wo nach der Überlieferung im „Livre d'Artus“ (ca. 1270) König Artus gegen eine schwarze Katze

|25| Karte der normannischen Staatengründungen. Die Normannen trugen auf ihren Eroberungszügen die Geschichten von König Artus bis in das Heilige Land.

kämpft. Die Überlieferungsdecke dieser Geschichte ist denkbar dünn. Es gibt nur eine Handschrift mit der Katzengeschichte als Fortsetzung der „Estoire de Merlin" des Robert de Boron.[47] Eine weitere Version des Kampfs von arturischen Helden gegen eine Katze überliefert der alte kymrische Text vom Torwächter („Pa gur yv y porthaur"), in dem vom Kampf gegen die sagenumwobene Katze von Palug *(*cath paluc) erzählt wird. Sie fraß gewöhnlich vor Morgengrauen neun mal zwanzig Helden.[48] Diese Geschichte ist ebenfalls singulär im „Schwarzen Buch von Carmathen" (um 1250) überliefert.[49]

5 Das Grab von König Artus – Ein Mythos entsteht

Für die Glaubwürdigkeit der mit dem beginnenden 12. Jahrhundert zur Herrschaftslegitimation im Normannisch-Angevinischen Reich[50] instrumentalisierten Artusgeschichte war es unerlässlich, Beweise vorlegen zu können. In einer noch weitgehend analphabetischen Adelskultur kam dabei den Augenzeugenberichten zentrale Bedeutung zu. 600–700 Jahre nach Artus' Tod waren entsprechende Erinnerungen aber längst verblasst, was zeitgenössische Geschichtsschreiber auch unmissverständlich kritisierten, wenn sie auf die vielen Lügengeschichten um König Artus anspielten. Schon im 12. Jahrhundert versuchte man deshalb der bis dato nur schemenhaft fassbaren Artusgeschichte mittels Empirie, und das heißt: Forschung vor Ort, nahezukommen.

Zuerst waren es eher beiläufige Entdeckungen, die die Mönche des Klosters im nordfranzösischen Laon in den Jahren 1112/13 in Britannien gemacht haben wollten: Als nach einem verheerenden Feuer Kloster und Kathedrale zerstört waren, starteten sie eine Kampagne, um Geld zu sammeln. Nachdem in Nordfrankreich nicht genügend Geld für den Wiederaufbau zusammenkam, setzten neun Laoner Mönche über den Kanal zu ihren normannischen Verwandten nach Britannien über und machten sich auf nach Danaxaveria in Westengland. Ihnen war dieses Land als Land des Artus (*terra arturi*) bekannt. Auf ihrer Reise fanden sie tatsächlich die gesuchten Spender. Sie entdeckten aber auch den Ofen von Artus – wohl ein Zinnschmelzofen in Dartmoor. Sie entdeckten Artus' Thron – wohl ein befestigter eisenzeitlicher Platz in Warbstow (Cornwall).[51] Und sie berichten davon, dass man im Kloster Bodmin (Cornwall) vehement die Meinung vertrat, dass Artus noch leben würde. Dies soll ein Kanonikus aus dem Kloster den Besuchern aus Laon nachdrücklich versichert haben, die es allerdings nicht recht glauben wollten. In der einige Jahre später verfassten Laoner Klosterchronik, dem „Liber de miraculis S. Mariae Laudunensis" (1146), berichtet Hermann von Tournai ausführlich über diesen Streit zwischen den Mönchen aus Bodmin und Laon, der beinahe in eine Schlägerei ausgeartet wäre. Hermann versäumt es allerdings nicht, darauf hinzuweisen, dass das Wissen um jenen König Artus meistenteils auf Fabeln beruhe.[52]

Nach diesen eher zufälligen und schon für die Laoner Mönche ziemlich fantastisch anmutenden

|26| Fußbodenmosaik im Dom S. Maria Annunciata in Otranto (Ausschnitt), um 1163–66. König Artus kämpft gegen eine gefleckte Katze.

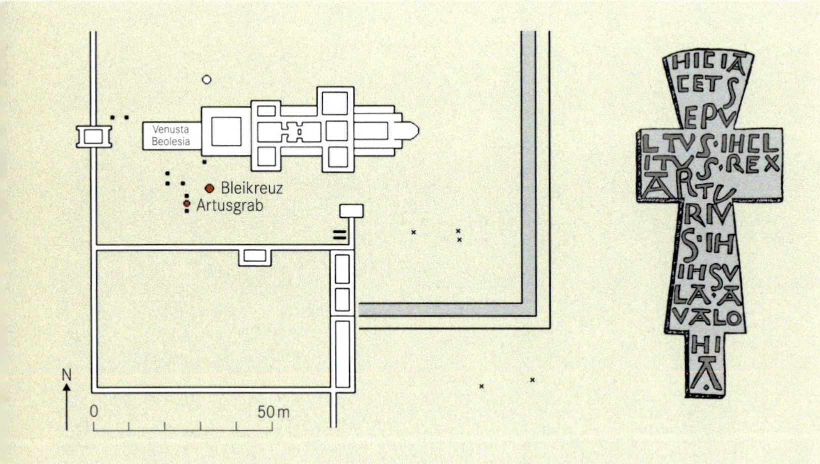

|27| Lageskizze mit Artusgrab und Artusbleikreuz. 1191 wurde bei Ausgrabungen das Grab von König Artus und seiner Gemahlin entdeckt. Ein Bleikreuz, das wohl erst während der Grabungen entstand, diente als Beweis für die Echtheit der gefundenen Gebeine.

Artusfunden im frühen 12. Jahrhundert startete gegen Ende desselben Jahrhunderts in Glastonbury Abbey[53] eine gezielte, geradezu modern anmutende Grabungskampagne. Erneut spielte ein Klosterbrand bei den Artusforschungen die zentrale Rolle: Am 25. Mai 1184 war das in den Sumpfgebieten von Somerset liegende Kloster Glastonbury durch ein Feuer nahezu vollständig zerstört worden. Wie in Laon starteten die Mönche einen Spendenaufruf für den Wiederaufbau. Mit dem englischen König Heinrich II. konnten sie einen wohlwollenden Fürsprecher gewinnen. Er beauftragte 1186 seinen Kanzler Ralph Fitzstephen, den Wiederaufbau des Klosters in die Wege zu leiten. Die Aufbauarbeiten schritten zügig voran, als König Heinrich II. im Jahr 1189 plötzlich verstarb. Der neue König Richard Löwenherz war mit Kreuzzugsplänen beschäftigt und man fürchtete im Kloster um die Unterstützung, aber Richard ging bei der Förderung des Klosters noch einen Schritt weiter als sein Vater. Wohl gemeinsam mit dem neuen Abt Henry of Sully entstand der Plan einer umfassenden archäologischen Grabung. Die Version der Geschichte, wie sie Gerald of Wales einige Jahre später in seinem „Speculum ecclesiae" (1216) erzählt, hört sich jedoch wesentlich lyrischer an: Demnach soll am englischen Königshof ein walisischer Barde in seinen uralten Liedern vom Grab des Königs Artus in Glastonbury gesungen haben.[54] Zusätzlich kursierten dort Visionen, die vom wahren Grab berichteten. König Heinrich II. deutete Lieder und Visionen als göttlichen Fingerzeig, seinen Urahnen in Glastonbury zu suchen. Auf die Suche begab sich dann sein Nachfolger Richard Löwenherz.

Knochen eines echten Königs Artus waren natürlich genau das, was das verheerte Kloster für einen lukrativen Wallfahrtstourismus und der gerade inthronisierte englische König zur Festigung der Herrschaft brauchten. Die Interessen des Klosters und des Königshauses trafen sich in optimaler Weise. Die eine Seite brauchte mehr Geld für den Wiederaufbau und die andere Seite eine unbezweifelbare, greifbare Legitimation der Herrschaft. Zumal es für Richard Löwenherz um die Herrschaftslegitimation nach einem erbitterten Krieg gegen seinen Vater nicht zum Besten stand. Und was eignete sich besser zur Herrschaftssicherung als der persönlich gesuchte und gefundene Urahn Artus. Dass Richard ein Schwert mit Namen Excalibur besaß, zeigt, wie eng und wie bedeutsam die Bindung an den glänzenden Urahn war. Mit Unterstützung des Königshauses begann im Jahr 1191 rund um das Kloster die Suche nach den Gebeinen von König Artus. Und selbstverständlich wurde man fündig. Man fand auf dem alten Friedhof bei der Marienkapelle das Grab von König Artus, seine Gebeine und die seiner Frau Guinevere. Etwaige Zweifel an der Identifizierung dieser Gebeine kamen erst gar nicht auf, als man im Grab ein Bleikreuz mit folgender Inschrift entdeckte |27|:

> Hic iacet sepultus inclitus
> rex Arturius in insula Avalonia.[55]
>
> (Hier liegt der berühmte König Artus
> auf der Insel Avalon begraben.)

Böse Zungen behaupten allerdings, das so hervorragend in die Fundzusammenhänge passende Bleikreuz sei erst zum Zeitpunkt des Fundes angefertigt worden. Das auf dem Kreuz als Grabstätte genannte „Avalonia“ ist jedenfalls verdächtig, denn diesen Ort hatte man erst im frühen 12. Jahrhundert mit der Artusgeschichte in Beziehung gesetzt. Ein Künstler im 6. Jahrhundert hätte hellseherische Fähigkeiten haben müssen, um diese Entwicklungen vorherzusehen. Das ‚verdächtige‘ Bleikreuz ging im 18. Jahrhundert verloren, doch John Leland vermerkt ausdrücklich, dass er das Kreuz bei seinem Forschungsaufenthalt im Kloster während des Jahres 1533 noch persönlich gesehen und für seine Publikationen originalgetreu abgezeichnet habe.[56] Die Knochen – von Artus und seiner Frau? – wurden schließlich feierlich erhoben und in der Marienkapelle des Klosters erneut beigesetzt.

Interessanterweise hatte die Entdeckung des Artusgrabs keine Auswirkungen auf den Mythos von der Wiederkehr des Königs Artus, der sich in William of Malmesburys „Gesta Regum Anglorum“ (1125) ausdrücklich auf die Tatsache gründete, dass bisher niemand das Artusgrab gefunden habe, man also nicht wisse, ob er tot sei. Eher im Gegenteil scheint der Fund der Gebeine die Wirkung des Mythos sogar noch verstärkt zu haben: Bis ins 16. Jahrhundert werden sich viele englische Könige als Reinkarnation von Artus begreifen bzw. inszenieren. Und sie werden regelmäßig an das Grab von Artus und Guinevere in der Marienkapelle zu Glastonbury pilgern, um ihrem Urahn zu huldigen **|28|**.

1278 ließen König Edward I. und seine Frau Eleanor das Artusgrab in der Osterwoche öffnen und die Gebeine erneut erheben.[57] Sie stifteten einen prachtvollen Artusschrein, der im Chor der Klosterkirche vor dem Hochaltar aufgestellt wurde. Edward förderte zusätzlich den Kult um Joseph von Arimathea, dessen Grab ebenfalls in Glastonbury verortet wurde und dessen Gral in Glastonbury Tor verborgen liegen sollte. Die von Edward und seiner Gemahlin gestiftete Artusgruft wurde erst während der äußerst rabiaten Aufhebung des Klosters durch König Heinrich VIII. im Jahr 1539 zerstört. Die Gebeine gingen verloren.

Die gewaltige Dynamik, die der Grabmythos seit dem Fund der Gebeine entfaltete, erfordert einen genaueren Blick auf das ursprünglich artus- und gralsferne Avalon bzw. Glastonbury[58]: In der Artusgeschichte hatte die Insula Avallonis mit den Berichten in der „Historia regum britanniae“ des Geoffrey of Monmouth erst im 12. Jahrhundert beinahe kultische Bedeutung erhalten. Seit Geoffrey war Avalon der Ort, zu dem Artus nach seiner tödlichen Verwundung aus der Schlacht gegen Mordred gebracht wird. Geoffrey konnte sich bei seinen Ausführungen zu Avalon auf einige Hinweise in „Culhwch und Olwen“ (vor 1100) und die von William of Malmesbury in „De antiquitate Glastoniensis ecclesiae“ (Von der Herkunft der Kirche von Glastonbury, 1135) zusammengestellten Gründungsgeschichten des Klosters stützen. In der Tradition der ihm bestens vertrauten Heiligenviten hatte er aus Legenden und Erinnerungsfragmenten für den weltlichen Herrscher ein heiligentypisches Entrückungsmotiv konstruiert. Noch war Avalon aber eine unbestimmte Größe in der Artusgeschichte und hatte nichts mit dem Kloster Glastonbury zu tun. In der „Vita Merlini“ (Lebensgeschichte des Merlin) erläuterte Geoffrey um 1150, dass Avalon den Namen von der Sache her habe: insula pomorum – Insel der Äpfel. Weiter erläuterte er, dass der Name Insula Avallonis von keltisch Avallo = Apfelheim komme. Die Insel würde darüber hinaus auch Insel der Glückseligen genannt.[59] Gedacht hatte er offensichtlich an einen paradiesischen Ort. Weiterhin waren die Insel Avalon und das Kloster Glastonbury aber zwei verschiedene Orte.

Zum zweiten Ort des magischen Geschehens hatte Caradog von Llancarfan in seiner „Vita des heiligen Gildas“ (nach 1135) berichtet, dass Glastonia von alters her von den eingeborenen Briten Ynisgutrin oder Ynyswitrin genannt wurde und dass der Ort noch heute so genannt würde: *Ynis* in der britischen Sprache sei *insula* auf Lateinisch, und *gutrin* sei *vitrea*. Nach dem Muster des alten Namenwortes bekam der Ort den neuen Namen. Das englische *glas* sei *vitrum* auf Lateinisch und *beria* sei *civitas*, das ergäbe *glastiberia*, was ins Lateinische übersetzt *vitrea civitas* bedeutete. Das wiederum sei Glas-Insel. Einen entsprechenden Urkundenbeweis wollte auch schon William of Malmesbury in den Archiven des Klosters gefunden haben. Demnach soll eine Urkun-

|28| Marienkapelle in Glastonbury. Bis zur Zerstörung des Klosters im Jahr 1539 war die Marienkapelle die Grablege von König Artus und seiner Frau Guinevere.

de aus dem Jahr 601 den Ort bereits Yneswitrin bzw. Ynys Witrin (Glas-Insel) genannt haben. Die Urkunde ist nicht erhalten und in der Forschung wird angezweifelt, ob es sie überhaupt jemals gegeben hat.[60]

Aber erst Giraldus Cambrensis war es, der im Zuge der oben geschilderten Wiederaufbaubemühungen in seiner „Topographia Hibernica" (um 1186) die Gläserne Insel mit Avalon identifizierte. Giraldus führte weiter aus, dass dieses Land unter allen Ländern klimatisch am ausgewogensten sei (Kap. 33) und dass die Erde die giftigen Schlangen („vermes") vertilge (Kap. 30). Man fühlt sich an den Garten Eden erinnert. Als dann auf dem 1191 gefundenen – oder erfundenen – Bleikreuz auch noch der Name Avalonia auftauchte, war die Inszenierung perfekt. Aber noch war die Glorifizierung des Klosters nicht abgeschlossen.

Möglicherweise ebenfalls im Zuge der Grabungskampagne und der begleitenden propagandistischen Publikationen kam die Gralskomponente hinzu. Seit Robert de Borons „Roman de Saint Graal" (um 1180) war bekannt, dass Joseph bzw. sein Schwager Bron den Heiligen Gral im Jahr 63 n. Chr. mit in den Westen gebracht und in den Tälern von Avaron hinterlegt hatte. Im altfranzösischen „Prosa-Artuszyklus" wird der Ort präzisiert: Joseph und seine Anhänger bringen den Gral nach Britannien. Dort gründete Joseph nach wieder anderer Überlieferung auch das Kloster Glastonbury. Für den geneigten englischen oder walisischen Robert-von-Boron-Leser lag nun der Schluss nahe, dass sich der Autor bei dem Ortsnamen Avaron nur verschrieben und eigentlich Avalon = Glastonbury gemeint haben müsse.[61] In der im 13. Jahrhundert verfassten Prosavariante des Gralsromans, der „Estoire del Saint Graal", wurde dieser Namensirrtum stillschweigend korrigiert und die Genealogien der jeweils in oder bei Glastonbury beerdigten idealen Ahnherren König Artus und Joseph von Arimathea miteinander verwoben. Tafelrunde und Gral hatten ihren gemeinsamen Zielpunkt. Rund war die Geschichte freilich erst, als der Mönch John Seen of Glastonbury Ende des 14. Jahrhunderts im Auftrag von Abt John Chinnock in seiner Klostergeschichte „Cronica sive antiquitates Glastoniensis ecclesie" die komplette Geschichte Josephs von Arimathea in diejenige Glastonburys eingeflochten, d. h. ganz auf die Glastonbury-Perspektive ausgerichtet hatte. Nun war zu lesen, dass Joseph nach seiner Flucht aus Palästina nach Britannien gelangte[62] – den Gral im Gepäck – und dort im Jahr 63 n. Chr. das Kloster Glastonbury gründete. Oder waren es doch die Apostel Philippus und Jakobus, wie andere Geschichtsschreiber berichten? Später soll das heilige Gefäß irgendwo in der Nähe des Klosters versteckt worden sein. In der Sagenüberlieferung wird dieser Ort häufig mit Glastonbury Tor identifiziert. Noch gesteigert wurde dieser Mythos durch den Hinweis, dass selbst Jesus Christus auf einer seiner Reisen in Glastonbury vorbeigeschaut habe.[63] Die Wirkung dieser ganz eigenen Version der Josephs-Legende blieb jedoch begrenzt. Vielleicht war sie doch zu fantastisch?

Die von dem Archäologen C. A. Ralegh Radford († 1999) seit den 1950er Jahren in Glastonbury und Umgebung durchgeführten Ausgrabungsarbeiten erbrachten die Bestätigung für eine Gründung noch in römischer Periode und für keltische Gräber. Gefunden wurde auch ein großes unnatürliches Loch, das nach Beifunden um 1190 ausgegraben und kurze Zeit später wieder verfüllt worden sein dürfte. Es könnte das damals wirklich oder vermeintlich ausgehobene Artusgrab gewesen sein.[64]

Zeittafel
der mythischen und realen Geschichte des Klosters[65]

?	Nach legendarischer Überlieferung besucht Jesus Glastonbury.
63 n. Chr.	Joseph von Arimathea kommt (mit dem Gral) nach Britannien. Er oder die Apostel Philippus und Jakobus gründen das Kloster Glastonbury (legendarisch).
166	Phagan und Deruvian besuchen Glastonbury (legendarisch).
433	St. Patrick wird Abt in Glastonbury (legendarisch).
um 500	Erste urkundliche Belege.
563	St. David besucht Glastonbury (legendarisch).
940–957	St. Dunstan Abt in Glastonbury.
1077	Bau einer neuen Klosterkirche.
1129	William of Malmesbury: „De antiquitate Glastonie ecclesie".
1184	Am 25. Mai zerstört ein Feuer das Kloster nahezu vollständig.
1186	Wiederaufbau der Marienkapelle vollendet.
1191	Archäologische Grabungen und Fund des Artusgrabs.
1278	Besuch von König Edward und Königin Eleanor.
2. Hälfte 14. Jh.	John of Glastonbury: „Cronica sive antiquitates Glastoniensis ecclesie". Die Klostergeschichte wird mit den Grals- und Josephs-Legenden verknüpft.
1533	John Leland besucht und erforscht das Kloster.
1539	Abt R. Whiting wird gehängt, das Kloster von König Heinrich VIII. aufgehoben.

II Aventiure, Gral und Tafelrunde

1 Die Erfindung der Tafelrunde – Zeitvertreib in Friedenszeiten

Am englischen Königshof hatte zwischenzeitlich die „Historia regum britanniae" Geoffreys of Monmouth Furore gemacht. Artus war in aller Munde, aber es machte Mühe, sich zuverlässig über ihn zu informieren, denn Geoffreys Werk war in der Sprache der Gelehrten und Kleriker geschrieben: in Latein. Vermutlich waren es der seit 1154 regierende neue englische König Heinrich II. Plantagenet und seine Ehefrau Eleonore von Aquitanien, die – anlässlich der nach vielen Jahren Thronstreit überraschend friedlichen Machtübernahme – den literarisch versierten Geistlichen (*canonicus*) Wace damit beauftragten, die lateinische „Historia" in die am anglonormannischen Hof geläufige altfranzösische Volkssprache zu übertragen.[1]

Der um 1100 auf Jersey geborene Wace machte sich umgehend daran, die „Historia" nicht nur zu übersetzen, sondern gleich auch noch gründlich zu überarbeiten. Obwohl er literarische Erfahrungen zuvor ausschließlich mit legendarischen Stoffen gesammelt hatte – um 1130 verfasste er „La vie de sainte Marguerite" (Leben der heiligen Margareta), kurz darauf „La conception de Notre Dame" (Empfängnis Mariä) und „La vie de sainte Nicolaus" (Leben des heiligen Nikolaus) –, rückten bei seiner Geoffrey-Übertragung mehr denn je höfische Elemente in das Zentrum der Darstellung. Offensichtlich bemühte sich Wace auch um zusätzliches Quellenmaterial, um einerseits die Darstellung Geoffreys zu ergänzen und um andererseits die ihm wohlbekannten Zweifel an der Wahrheit der „Historia" zu entkräften. Das Unterfangen scheint schwierig gewesen zu sein. Wace klagt in seinem „Roman de Brut" (Volkssprachige Geschichte von den Briten) ausführlich darüber, dass das fabulöse Bei- und Blendwerk der mündlichen Tradition die wahre Geschichte um König Artus stellenweise überwuchert habe, und dass das Material deshalb nur einen Bericht, der nicht ganz Wahrheit, aber auch nicht ganz Fabel ist, erlaube (V. 9789 – 9798). Einige dieser sagenumwobenen Artusgeschichten bzw. Artusorte will Wace sogar höchstpersönlich auf Echtheit überprüft haben. Über den Wunderwald Broceliande, in den Chrétien kurz zuvor im „Yvain" die Wunderquelle des Brunnenreichs situiert hatte, berichtete er in seiner Normannenchronik „Roman de Rou" (um 1170) beispielsweise ziemlich ernüchtert, dass er bei einer Expedition nicht ein einziges Wunder in diesem Wald zwischen Dinan und Rennes gefunden habe: „Als Narr kam ich zurück, als Narr war ich gegangen."[2] Aus diesen Ausführungen Waces lässt sich ablesen, wie lebendig die Artustradition um 1150/70 in England und Nordfrankreich gewesen sein muss.

Diese allseits bekannten Erzählungen hatte der Geschichtsschreiber Wace wie viele seiner lateinischen Kollegen als fabulös und lügenhaft gebrandmarkt, was ihn aber nicht daran hinderte, sie sogar noch intensiver als sein Vorgänger Geoffrey zu nutzen. Grundsätzlich hielt sich Wace recht genau an seine Vorlage. Erheblich erweitert wurden in seinem rund 15 000 Elfsilbler umfassenden „Roman de Brut" nur die beiden Friedenszeiten zwischen den Eroberungs- und Kriegszügen des Königs Artus: Wace lässt Artus, den er im Sinn seiner höfischen Bearbeitung guter, herrlicher König („bons reis") nennt, während der zwei schon von Geoffrey bekannten Friedenszeiten als strahlenden König mit höfischem Benehmen und vorbildlicher Hofhaltung hervortreten. Beiläufig erwähnt Wace, dass sich am Hof des Königs Artus die Ritter anlässlich eines höfischen Festes an einem runden Tisch („table ronde") versammelt hatten, alle von gleichem Rang, alle von gleicher Ehre. Noch war dieser runde Tisch eine zufällige Marginalie, doch die Tafelrunde und die Ritter, die sich um sie versammelten, wurden innerhalb weniger Jahrzehnte das Personal einer völlig neuen Dimension von Artuskultur. Wace hatte soeben die Ritter der Tafelrunde erfunden.

An hervorragenden Rittern nennt er unter anderem König Urien mit seinem Sohn Yvain, Cadual aus Nordwales, Cador von Cornwall, Graf Baluc von Silchester, Peredur, den Sohn Elidurs, König Loth von Norwegen, Graf Keu von Angers, Bedoer aus der Normandie und Hoel aus der Bretagne. Außerdem anwesend sind die drei Bischöfe von London, York und Caerleon. Von Caerleon ist sogar der heilige Dubric an den Artushof gekommen. Da Wace nichts über den genauen Umfang der Tafelrunde bzw. die Zahl ihrer Mitglieder gesagt hatte, war der Fantasie Tür und Tor geöffnet. So versammelten sich im „Didot-Perceval" (um 1225) dreizehn Ritter um die runde Tafel. Die hölzerne Tafelrunde von Winchester Castle (um 1250) hatte 25 Plätze. Im „Merlin" Roberts de Boron (um 1195) waren es 50, in „Ly Myreur des Histors" des Jean D'Outremeuse (um 1350) schon 60, in „Erec" und „Iwein" Hartmanns von Aue (1180/1200) 140, im „Lancelot" (um 1220) 150 und im „Prosa-Merlin" (um 1225) 250 Tafelrunder. Den absoluten Höhepunkt erreichte die Zahl in Layamons „Brut" (Ende 12. Jahrhundert), wo sich sage und schreibe 1600 Ritter und mehr, so Layamon ausdrücklich (V. 11434), um die Tafelrunde versammelten.

Bei Wace selbst blieb die Tafelrunde eine Randerscheinung im Kontext des Hoffestes in Caerleon. Diese jetzt allmählich in den Handlungsmittelpunkt rückenden Feste sollten zukünftig in den Liedern und Romanen den Rahmen nahezu jeder Artushandlung abgeben: Festtermin ist Ostern bzw. bevorzugt Pfingsten; Teilnehmer sind die vornehmsten Fürsten des Artusreichs; das Fest selbst gliedert sich in den Besuch der Messe, das Festmahl im Palas – natürlich nach trojanischer Sitte –, höfische Spiele und Turniere, Schwertleite (Ritterschlag) und Belehnung, also die Begründung eines Lehnsverhältnisses. Die bei Geoffrey am Rande und nur mit schlechtem Gewissen erwähnten Attribute der höfischen Festkultur werden nun in den schillerndsten Farben ausgemalt. Dazu gehören eine bunte Pracht, kostbare Kleidung, das Minnerittertum, die edlen Damen, Spiele, Turniere und natürlich die keine Grenzen kennende königliche Freigebigkeit. In den Ausführungen Waces zur musikalischen und literarischen Unterhaltung am Hof scheinen dann auch die Situationen durch, in denen das Artuswissen und die Verbreitung eben dieses Wissens zu verorten sind: Spielleute, Dichter und Sänger, Musikanten und Gaukler präsentieren Lieder, Lais und Erzählungen – rund um König Artus.

2 Liebe, Kampf und Abenteuer – Die Artusromane Chrétiens de Troyes

Die bei Waces Schilderungen der arturischen Hoffeste beiläufig erwähnten Erzählungen und Lais zur Unterhaltung spiegelten ziemlich exakt das literarische Leben an den anglonormannischen Höfen um die Mitte des 12. Jahrhunderts wider. Dort hatte sich insbesondere im Umfeld des englischen Königshofs eine höfische Artuserzähl- und Artusliteraturtradition etabliert. Basis waren die ebenda entstandenen Geschichtswerke, allen voran die Chroniken Geoffreys und Wace'. Für das nicht geistliche Hofpublikum vielleicht noch attraktiver waren aber die mündlich verbreiteten, oft fantastischen Geschichten rund um Artus und seine Mitstreiter.

Bis dato hatten nur wenige dieser Geschichten als eher skeptisch beäugte Einsprengsel Eingang in die Chroniken und damit den Weg auf das Pergament gefunden. Dies änderte sich nun schlagartig. In den folgenden Jahrzehnten wurden mehrere Lais und Versepen mit arturischen Themen aufgezeichnet.

Diese wohl für die Unterhaltung bei den geschilderten höfischen Festen konzipierten Lais (Ton, Gesang, Lied) sind kurze Geschichten in achtsilbigen, paarweise gereimten Versen. Erzählt bzw. besungen werden Abenteuer- und Liebesgeschichten (afrz. *aventures*, mhd. *âventiuren*), die oft in eine mit märchen- bzw. feenhaften Elementen durchsetzte Artuswelt eingebettet sind. Die Lais wurden laut bei Hofe vorgelesen bzw. rezitiert und vermutlich mit Musik begleitet.[3]

Um 1155/60 brachte der Anglonormanne Robert Biket einen Artuslai aufs Pergament. Grundlage seiner Erzählung war eine aus weit älterer Artuserinnerung stammende Geschichte um eine Tugendprobe. Roberts Lai beginnt mit einer Replik auf die historische Realität des Artushofs und dem Hinweis, dass er von einem Ereignis singe, das sich am Hof des guten Königs zutrug, der einst unbestritten über Britannien herrschte. In der Manier des gelehrten Geschichtsschreibers fügt er hinzu: „So wie man es geschrieben findet." Und selbstverständlich ist der Rahmen ein großes Fest zu Pfingsten. In seinem „Lai du Cor", also dem Gesang vom Horn, berichtet Robert von einer Keuschheitsprobe mit einem Trinkhorn am Hof des Königs Artus[4]: König Artus veranstaltete, wie man sagte, an einem Pfingsttag in Carlion ein Fest, das viel kostete. Dieses Fest war sehr prächtig, so berichtet die Quelle. Zwanzigtausend Ritter saßen an diesem Tag dort beim Festmahl, und zwanzigtausend junge Damen, Frauen oder Jungfrauen. Nachdem Robert den historischen Rahmen erläutert hat, beginnt die Tugendprobe: Nur derjenige, dessen Gemahlin wirklich treu ist, kann aus dem Wunderhorn trinken. Artus scheitert bei dieser Prüfung kläglich. Der König ist schockiert und will seine folglich untreue Frau bestrafen. Als aber auch keiner der anderen Artusritter die Probe besteht, legt sich sein Zorn. Schließlich gelingt es nur dem Ritter Garadue aus Cirencester, das Horn zu leeren. Zur Belohnung erhält er das Horn als Geschenk für seine Frau. Dieser vorbildliche Garadue aus Cirencester taucht in Chrétiens „Erec et Enite" als Caradué Briebraz (V. 1689) wieder auf und spielt auch in Chrétiens „Perceval"-Roman eine Rolle. In der deutschen Artusliteratur kennt ihn erst Heinrich von dem Türlin in der „Krône".

Ein Lai der Marie de France erzählt von dem zu Unrecht in Ungnade gefallenen Ritter Lanval. Ihr „Lai Lanval"[5] ist Teil einer größeren Sammlung von Lais (um 1160), zu der auch der Tristanlai „Lai du Chèvrefeuille"[6] gehört. Wie Robert Biket wird auch Marie mit dem anglonormannischen Königshof in Verbindung gebracht. Vermutlich dichtet sie von 1160 bis um 1190 am Hof König Heinrichs II. Es wurde in der Forschung sogar diskutiert, ob sie eine illegitime Tochter Heinrichs gewesen sein könnte. Beweise für eine solche Vermutung gibt es allerdings nicht. Bemerkenswert ist das breite Œuvre Maries. Ihr zugeschrieben werden neben der Laissammlung eine 102 Fabeln umfassende Sammlung mit dem Titel „Ysopet" (um 1180) und die Legende von der Fegefeuerfahrt des Ritters Owen, „L'Espurgatoire de Saint Patrice" (um 1190). Bemerkenswert ist auch ihr dichterisches Selbstbewusstsein in einer von männlichen Autoren dominierten Hofkultur. Im Epilog ihres „Ysopet" erläutert sie, dass sie sich explizit nennen müsse, „damit man sich erinnert: MARIA heiße ich, ich bin aus FRANKREICH. Es kann nämlich sein, daß einige Schriftsteller [*clerk*] meine Arbeit für sich in Anspruch nehmen; ich möchte nicht, daß irgend jemand sie ihnen zuschreibt; der handelt schlecht, welcher seiner selbst vergißt."[7]

Maries „Lai Lanval" beginnt wieder zu Pfingsten, und zwar mit einem mittelbaren Zitat aus Wace' „Roman de Brut": An Pfingsten, zu Beginn des Sommers, weilte der König Artus nach den Kämpfen gegen die Schotten und Pikten in Cardoel. Dort veranstaltete er ein großes Fest. Zu diesem Fest verteilte er an seine Grafen und Barone reiche Geschenke. Den Rittern der Tafelrunde – auf der ganzen Welt war nichts Vergleichbares – gab er Länder und schöne Frauen, nur einem einzigen nicht, der ihm treu gedient hatte, das war Lanval. Der in Ungnade gefallene Ritter muss fernab des Artushofs zahlreiche Abenteuer bestehen. Eines Tages begegnet er zwei jungen Mädchen, die Lanval von ihrer schönen

Herrin erzählen. Die schöne Fremde, eine Fee, gesteht Lanval ihre Liebe. Er will ihr fortan zu Diensten sein. Dies gestattet die Schöne, allerdings mit der Bedingung, das Geheimnis ihrer Beziehung niemals zu verraten. Lanval kehrt schließlich an den Artushof zurück, wo die Königin Guinevere den strahlenden Ritter sofort für sich gewinnen will. Lanval wehrt dankend ab und berichtet von einer Schöneren, der er bereits diene. Die Königin ist erbost und denunziert Lanval bei ihrem Mann, König Artus. Er verurteilt Lanval daraufhin zum Tod. Kurz vor der Vollstreckung kann die schöne Fee das Liebesgeheimnis aufklären. Die Fee und Lanval flüchten aus der Welt gemeinsam nach Avalon.

Es war dieses literarisch hochinteressierte und versierte Milieu des anglonormannischen Königshofs, in dem sich jetzt die noch weitgehend historische Artuswelt verselbständigte. Neben die nüchterne historische Artuswahrnehmung, also die Artus-Geschichtswerke Geoffreys, Waces und die älteren Annalen und Chroniken, trat eine zunehmend literarisch geprägte Artuskultur. Die Lais zeigen zwar noch deutlich historische Rahmenelemente, aber die Abenteuergeschichten selbst sind weitgehend enthistorisiert.

Parallel zur schriftlichen Fixierung der ersten größeren Artusgeschichten in den Lais und den Reimchroniken gelangte ein zweiter großer, anfangs jedoch nur locker mit dem Artushof verwobener Stoffkreis auf das Pergament. Es handelte sich um die Geschichte des Liebespaares Tristan und Isolde.[8] Wie im Artusstoff scheinen sich auch hier über einen längeren Zeitraum diverse Einzelerzählungen, historische Erinnerungsfragmente und Motive allmählich zu einer größeren Erzählung zusammengefunden zu haben. Es finden sich Anklänge sowohl an orientalische als auch an germanische und keltische Erzählmotive. Die Beziehungen zur keltischen Erinnerungskultur sind dabei besonders eng. Den Sprung in die Literaturgeschichte schaffte der Stoff genau in der Zeit und genau in dem Umfeld, in dem auch die Artusgeschichten literarisiert wurden.[9] Die Indizien weisen auf den angevinischen Königshof und das englische Königspaar Heinrich Plantagenet und Eleonore von Aquitanien. Wann genau die mündlich tradierten Berichte auf das Pergament gelangten, ist unklar. Als einer der Väter dieser neuen Stoffgattung bringt sich der später für seine Artusromane berühmte Dichter Chrétien de Troyes selbst ins Spiel. In seinem in den 1170er Jahren vollendeten Artusroman „Cligès“ behauptet er von sich, einen Tristanroman (noch vor 1170?) geschrieben zu haben. In der Forschung wurde auch erwogen, dass um 1150 ein „Ur-Tristan“ in der Bretagne entstanden sein könnte. Ein solcher „Ur-Tristan“ ist allerdings ebenso wenig erhalten wie der ominöse Roman Chrétiens. Zwei schriftlich überlieferte Romanfassungen werden erst in den 1170er Jahren greifbar und stammen von anderen Dichtern.[10] Als Autor einer dieser beiden Fassungen nennt sich ein gewisser Beroul.[11] Über ihn ist weiter nichts bekannt, außer dass er in anglonormannischem Dialekt schreibt. Etwa zeitgleich entsteht eine kunstvollere Bearbeitung durch den Anglonormannen Thomas von England. Beide „Tristan“-Fassungen sind nur fragmentarisch erhalten.

Die Beroul-Fragmente[12] setzen mit der Erzählung von Tristans und Isoldes heimlicher Liebe am Hof von König Marke ein. Marke ist Tristans Onkel und Isoldes Ehemann. Die Entdeckung des Liebesverhältnisses zwingt das Paar zur Flucht. Nach Isoldes Verurteilung und ihrer Rettung durch Tristan leben die beiden alleine in einer Laubhütte im Wald. Es folgt die Rückkehr an den Hof. Marke nimmt Isolde wieder auf. Tristan geht ins Exil, erfährt aber durch einen Boten immer alle Neuigkeiten von Isolde. In einer vielleicht nicht mehr auf Beroul zurückgehenden Fortsetzung rückt dann der Artushof in das Zentrum der Erzählung: Ein Gottesgericht auf einem gemeinsam von Marke und König Artus abgehaltenen Hoftag trifft die drei Verräter, die Isolde und Tristan bei Marke denunziert hatten. Artus tritt als weiser Richter in Erscheinung. Am Schluss rächt sich Tristan an diesen Neidern.

Die verlorenen Passagen lassen sich durch den deutschen „Tristrant“ Eilharts von Oberge erschließen. Er hatte kurz nach Beroul entweder aus einem vollständigen Beroul-Manuskript oder einer gemeinsamen Vorlage seine deutsche Fassung übersetzt.

In den Grundzügen ähnlich erzählt Thomas von England bzw. Thomas von Britanje, wie ihn Gottfried von Straßburg in „Tristan und Isolde“ (V. 150) nennt, die Geschichte. Die Bedeutung des Artushofs ist in dieser *version courtoise* marginalisiert. Erhalten sind Passagen aus der Baumgartenszene, rund um die Hochzeit, aus dem Statuensaal, dem Reisezug und dem Schluss.[13] Eine Rekonstruktion der verlorenen Passagen erlaubt der „Tristan" Gottfrieds: Ausgangspunkt ist Tristans Weg zur Minne mit Isolde. Nachdem beide versehentlich vom Minnetrank getrunken haben, entbrennt eine unstillbare Liebessehnsucht. Aus der Minne entwickeln sich verschiedene Sequenzen von Ehebruchsepisoden, die die Liebenden in ihrem äußeren Schicksal abwärts führen. Am Markehof droht das Konfliktdreieck Marke – Isolde – Tristan das höfische Leben zu untergraben. Tristan verlässt den Markehof. Von auswärts sendet er das Hündchen Petitcreiu, ein Feengeschenk, an Isolde, und kehrt zurück. Nach kurzer Ruhe verbannt Marke in neuem Zweifel das Paar endgültig von seinem Hof. Beide gehen in den Wald. Die Einsamkeit dieses Waldlebens verwandelt Gottfried in eine Minneallegorie (Minnegrotte). Als Marke sie dort findet, schläft das Paar auf dem kristallenen Bett der Minne, zwischen ihnen Tristans Schwert. Marke ist beruhigt. Tristan und Isolde kehren an Markes Hof zurück, wo Marke wenig später das Liebespaar in verdächtiger Szene entdeckt. Tristan verlässt den Hof erneut und flieht zuerst nach Spanien, später in die Bretagne. Isolde bleibt unbehelligt bei ihrem Mann. In der Fremde sieht sich Tristan nun selbst in ein Konfliktdreieck zwischen Isolde und der Ehe mit einer zweiten Isolde Weißhand verstrickt. Die endgültige Vereinigung des Minnepaares – Gottfrieds „Tristan und Isolde" bricht vorher ab – ist erst im Tod bzw. im Grab vollzogen. Thomas' Werk schließt mit einem Appell an alle Liebenden: „Hier beendet Thomas sein Buch. Er verabschiedet sich nun von allen Liebenden, den traurigen und den verliebten, den eifersüchtigen und den sehnsuchtsvollen, den sich vergnügenden und den erregten und von allen, die diese Zeilen hören."[14]

Der Stoff in seinen je unterschiedlichen Ausformungen scheint um 1170 schon so prominent und verbreitet gewesen zu sein, dass er mit, neben und in der Artusliteratur zu einem bestimmenden Faktor des höfischen Kulturlebens werden konnte. Ob dies dem berühmten Chrétien de Troyes zu verdanken war oder ob er nur die Prominenz des Stoffs zur Vergrößerung des eigenen Ruhms nutzen wollte, tut letztlich nichts zur Sache. Entscheidend für die Erfolgsgeschichte von Tristan und Artus ist, dass beide Stoffkreise ineinanderfließen. In den Prosaversionen des 13. Jahrhunderts sind Artus- und Tristanwelt eine Einheit. In einigen späteren Bearbeitungen wird Tristan sogar als der beste aller Artusritter bezeichnet.

Aus dem Milieu der anglonormannischen Hofkultur fand der Stoff analog zur Artusgeschichte, mit der er über das Personal je nach Fassung mehr oder weniger intensiv verwoben war, in unglaublicher Geschwindigkeit den Weg in die Weltliteratur und in das kulturelle Gedächtnis einer europäischen Hofkultur. In schneller Folge entstanden einige deutsche Übersetzungen, so vielleicht noch in den späten 1170er Jahren von Eilhart von Oberge der „Tristrant"[15] – er arbeitete möglicherweise im Auftrag Herzog Heinrichs des Löwen und dessen Frau Mathilde von England – und zu Beginn des 13. Jahrhunderts Gottfried von Straßburgs „Tristan und Isolde".[16] Auch im französischen Ursprungsraum wird der Stoff noch im ausgehenden 12. Jahrhundert mehrfach grundlegend überarbeitet. Die Berner und Oxforder „Folie"-Versionen zeigen Tristan als Narren, um sich frei mit der Geliebten unterhalten zu können.[17] Es folgten Übertragungen in die kymrische, skandinavische, englische, spanische, italienische, slawische und sogar in die griechische Literatur. Überragende Wirkung erzielte die um 1230 aus den Versromanen und einzelnen Episoden des „Prosa-Artuszyklus" hervorgegangene altfranzösische Prosabearbeitung. Dieser „Tristan en Prose" floss später auch in Malorys „Morte d'Arthur" ein.[18]

Im anglonormannischen Milieu erreichte die Höfisierung des Artusstoffes schließlich bei Chrétien de Troyes[19] den Höhepunkt. Chrétien kreierte um 1165/1170 im Rückgriff auf die mündlichen Stofftraditionen, die Lais und die Artuschroniken eine ritterlich-höfische Artuswelt. Glaubt man seinen Ausführungen im „Cligès", könnte die Abfassung eines Tristanro-

mans so etwas wie eine Initialzündung für die Literarisierung der Artusgeschichte gewesen sein.[20] Fassbar sind allerdings nur seine arturischen Texte. Sie zeichnen sich durch einen ganz neuen Umgang mit einem historischen Stoff aus: Das beim Publikum präsente Wissen um eine reale Artushistorie sank zu einer im Hintergrund wirkenden Rahmenhandlung herab. Chrétien erhob expressis verbis Komposition („bele conjointure“) und Poetik, nicht Historizität und Faktizität zu seinem Prinzip. Friedrich Wolfzettel spricht von einer „natürlichen Affinität von *historia* und *fabula*“ und Walter Haug sogar von der „Erfindung der Fiktionalität“.[21] Chrétiens Themen sind nun Hof, Festkultur, Minne, Rittertum, Kampf, Ruhm und Ehre. Und alles findet in einer weitgehend der Historia entzogenen, konstruierten höfischen Kunstwelt statt. Doch wer war dieser bedeutendste französische Dichter des 12. Jahrhunderts?

Vom Leben Chrétiens de Troyes weiß man beinahe nichts. Irgendwann in den 1140er Jahren mag er in Troyes (so sein Namenszusatz) geboren worden sein. Gestorben ist er um 1190. Die Reihe seiner Werke und die darin sichtbar werdenden Bildungsinhalte lassen an eine klerikale Ausbildung denken. Ein bedeutender Geistlicher wie Geoffrey oder Wace war Chrétien aber vermutlich nicht, denn dann hätten sich Spuren in Zeugenlisten, Akten oder Urkunden erhalten. Von überragender Bedeutung für die weitere Literaturgeschichte sind aber seine literarischen Produkte: die im Zeitraum von ca. 1165 bis ca. 1190 entstandenen Artusromane „Erec et Enide“, „Cligès“, „Lancelot“, „Yvain“ und „Perceval“ bzw. „Conte du Graal“. Vermutlich stammt auch der um 1175 vollendete „Guillaume d'Angleterre“ von ihm. Über die im „Cligès“-Prolog für sich reklamierte Übersetzung von Ovids „Ars amatoria“ (Liebeskunst) herrscht ebenso Unklarheit wie über einen Tristanroman, einen völlig rätselhaften Roman um den Schulterbiss und diverse Wissenstexte. Keines der letztgenannten Werke ist erhalten, und vielleicht sind es überhaupt nur literarische Fiktionen Chrétiens, der sich damit seinem Publikum als größter Dichter aller Zeiten anpreisen wollte. Relativ sicher ist nur, dass er seine Mäzene einmal mehr am englischen Königshof suchte und fand. Anfangs dürften es Eleonore von Aquitanien und ihr Mann Heinrich II. Plantagenet gewesen sein. Später waren es deren Tochter Marie de Champagne, in deren Auftrag er den „Lancelot“ schrieb, und der um Marie buhlende Graf Philipp von Flandern († 1191), der kurz vor seinem Tod den „Conte du Graal“ in Auftrag gab.

Kulminationspunkt dieser neuen Art des literarischen Umgangs mit historischen Stoffen ist also der englische Königshof. Er ist das literarische Zentrum der Zeit und das Zentrum der Artusliteratur: Dass sich ab der Mitte des 12. Jahrhunderts eine moderne Artusliteratur in einer derart überwältigenden Dynamik entfalten konnte, hängt wesentlich mit den hervorragenden Rahmenbedingungen zusammen, die Gelehrte und Dichter dort vorfanden.

Die englische Königin Eleonore von Aquitanien war 1122 als Tochter Wilhelms X., des Herzogs von Aquitanien, in eine literarisch hoch interessierte Familie hineingeboren worden **|29|**. Ihr Großvater Wilhelm IX. von Aquitanien (1086 – 1127) gilt als der erste Troubador und der erste weltlich-volkssprachige Lyriker des christlichen Europa. Vermutlich hatte Eleonore ihr lebhaftes Interesse an der neuen höfischen Literatur von ihm in die Wiege gelegt bekommen. Ob die Berichte über drei Minnehöfe bei Andreas Capellanus, in denen auch eine – die? – Eleonore drei Urteile fällt, reale Bedeutung haben, ist zweifelhaft. 1137 heiratete Eleonore König Ludwig VII. von Frankreich. Nach der 1152 erfolgten Scheidung von Ludwig wegen zu enger Verwandtschaft bzw. Sohnlosigkeit heiratete sie noch im selben Jahr dessen Konkurrenten Heinrich Plantagenet, den Grafen von Anjou, Maine und Touraine und Herzog von der Normandie. Im Gefolge der Scheidung kamen Gerüchte um eine Liebesbeziehung zu ihrem Onkel Raimund I. von Antiochia und zu Geoffrey von Anjou (ihrem späteren Schwiegervater) auf. Danach wurde sogar von einem Verhältnis mit Sultan Saladin gemunkelt, und Anfang des 13. Jahrhunderts berichtet der Troubadour Bernart de Ventadorn von einer Liebesbeziehung mit Eleonore. Vermutlich handelte es sich um gezielt gestreute Indiskretionen aus französischen Kreisen. Berühmt war Eleonore für ihre Liebe zu Kunst und Literatur. Für den Artuszusammenhang besonders wichtig ist eine Aussage von Layamon[22], der in seiner englischen „Brut“-

|29| Grabmal der Eleonore von Aquitanien in der königlichen Abtei von Fontevraud. Am 1. April 1204 verstarb mit der englischen Königin Eleonore die bedeutendste Förderin von Kunst, Kultur und Literatur des 12. Jh.

Übersetzung um 1200 berichtet, Wace habe seinen „Roman de Brut" Eleonore gewidmet.

Eleonores Mann Heinrich Plantagenet wurde 1122 als Sohn von Gottfried Plantagenet, Graf von Anjou, und Kaiserin Mathilde geboren. Kurz nach der Heirat mit Eleonore von Aquitanien – gegen den Willen des ersten Ehemanns und Lehnsherrn, König Ludwig VII. von Frankreich – wurde Heinrich 1154 englischer König. Unter König Heinrich II. und Eleonore entwickelt sich der nach langem Thronstreit daniederliegende angevinische Hof zu dem literarischen und kulturellen Zentrum in Mitteleuropa. Sein neues Herrschaftskonzept gründete auf der höfischen wie heldischen Idealität seines ‚Urahns' Artus und dessen trojanischer Herkunft. Dies wird in den für den Hof erstellten Artuschroniken und Artusromanen, aber dann vor allem an den archäologischen Grabungen im Kloster Glastonbury sichtbar, die freilich erst sein Sohn Richard Löwenherz durchführen ließ. Trotz der erbitterten Auseinandersetzungen innerhalb der Familie, die 1188 zum offenen Krieg eskalierten, blieb das kulturelle Engagement so etwas wie eine Konstante. In der Forschung wird mit stichhaltigen Argumenten vermutet, dass überhaupt ein großer Teil der altfranzösischen höfischen Literatur des ausgehenden 12. Jahrhunderts für dieses Königspaar bzw. für den englischen Königshof geschrieben worden ist. Dies scheint für die Wilhelmsepik, für „Girart de Roussillon", die „Chanson de Roland", Benoît de Saint-Maures „Roman de Troie" sowie eventuell für den „Roman de Thebes" und den „Roman d'Eneas" zuzutreffen, aber vor allem für eine Fülle historischer und literarischer Artustexte. Hier wären neben Wace' „Roman de Brut" auch die Lais der Marie de France und Robert Bikets, Chrétiens Romane und schon zu den Zeiten der Söhne Layamons englische „Brut"-Übersetzung zu nennen. Auch der oder die Tristandichter scheinen am anglonormannischen Königshof die entscheidenden Förderer gefunden zu haben.

Die außergewöhnliche Liebe zu Kunst, Literatur und zu König Artus gab das englische Königspaar an seine Kinder, vor allem an die Töchter, weiter. Der aus der ersten Ehe mit dem französischen König stammenden Marie de Champagne werden Verbindungen zu Andreas Capellanus nachgesagt. In dessen „Tractatus de Amore“ (Von der Liebe) gibt es eine längere Artuspassage. Im „Lancelot“ nennt Chrétien de Troyes sie als Gönnerin |30|. Die aus der zweiten Ehe mit Heinrich stammende Mathilde zeichnete als Ehefrau Herzog Heinrichs des Löwen vermutlich für die Übersetzung der „Chanson de Roland“ durch den Pfaffen Konrad verantwortlich. Wahrscheinlich gab sie auch Eilhart von Oberges „Tristrant“ und eventuell eine „Erec“-Übersetzung in Auftrag.

Aber kehren wir zurück an den Hof Heinrichs und Eleonores. Bald nach der Krönung blühte das Hofleben auf. Im Mittelpunkt der höfischen Kurzweil standen Artus, Tristan und die Ritter der Tafelrunde. Zunächst priesen sie die kurzen Lais, doch schon bald sind es auch größere Artusromane, die entstehen. Im vermutlich ersten, in den 1160er Jahren wohl für diesen englischen Königshof verfassten Artusroman „Erec et Enide“ führte sich ein Dichter selbstbewusst als Crestiiens de Troies (V. 9) ein. Er erläuterte im Prolog ausführlich seinen neuen Ansatz des Erzählens und spricht vom guten Erzählen („bien dire“), um gut zu belehren („bien antandre“). Für die Belehrung dienten ihm aber keine der üblichen sakrosankten Heiligenviten oder wahre chronistische Berichte, sondern eine arturische Abenteuergeschichte („conte d’avanture“), die sehr schön geordnet zusammengestellt sein musste („mout bele conjointure“). Chrétien erklärte, warum er diese Geschichte aufzeichnen und veröffentlichen musste, denn „dadurch kann man beweisen und erfahren, daß einer nicht klug handelt, wenn er das, was Gott ihm an Wissen als Gabe verliehen hat, nicht preisgibt“ (V. 15 – 18).

Was folgt, ist die Geschichte des Artusritters Erec, le fil Lac. Chrétien versäumt vor dem Beginn der Handlung nicht, deutlich darauf hinzuweisen, dass diese Artusgeschichten zwar längst bekannt, aber bisher zusammenhanglos und falsch erzählt wurden, und zwar von denen, die vom Erzählen zu leben pflegten. Offensichtlich spielt er hier auf die Dichter und Rezitatoren der Lais an. Aber nun werde er, Crestiiens, diese Geschichte endlich richtig und gottgefällig erzählen. Wace hatte ja auch schon bedauert, dass im Wust dieser von Blend- und Beiwerk verderbten Geschichten rund um König Artus der wahre historische Gehalt nur noch zu erahnen sei. Aber wollte Chrétien im Sinne Wace’ wirklich ‚Wahrheit‘ erzählen? Eher das Gegenteil war der Fall. Natürlich beginnt Chrétiens Roman chronikkonform an einem Ostertag mit einem Fest auf der Artusburg Caradigan (V. 28). Aber dann wird eine nahezu vollständig von der historischen Überlieferung losgelöste – modern würde man sagen: fiktionale – Abenteuergeschichte um den Artusritter Erec und seine schöne Frau Enite erzählt. Das von Chrétien verwendete Personal, die Rahmenhandlung und das geografisch-historische Gerüst stammen aus dem am anglonormannischen Königshof ungemein dichten Artuswissen. Mit diesen Wissenselementen verfährt der Autor jedoch autonom. Er konstruiert eine eigene, von der historischen Realität losgelöste Artuswelt mit eigenen Regeln, eigenen Gesetzmäßigkeiten, eigenen Darstellungsmustern.

Anscheinend kam dieses neue Konzept beim Hofpublikum sehr gut an. In schneller Folge wurde diese literarische Artuswelt gleich um mehrere umfangreiche Artusromane erweitert, wobei der vielleicht ein Jahrzehnt später vollendete „Cligès“ weit mehr als der „Erec“ auf historische Belange Rücksicht zu nehmen scheint: Die Artuswelt wird explizit an die Geschichte zurückgebunden. Auch erhält der Held

|30| Historisierte Eingangsinitiale in der Pariser Handschrift des „Lancelot“ von Chrétien de Troyes. Die Initiale zeigt Chrétiens Auftraggeberin Marie de Champagne († 1198). Paris, Bibl. Nationale, Ms. fr. 794, fol. 27r, um 1220/30.

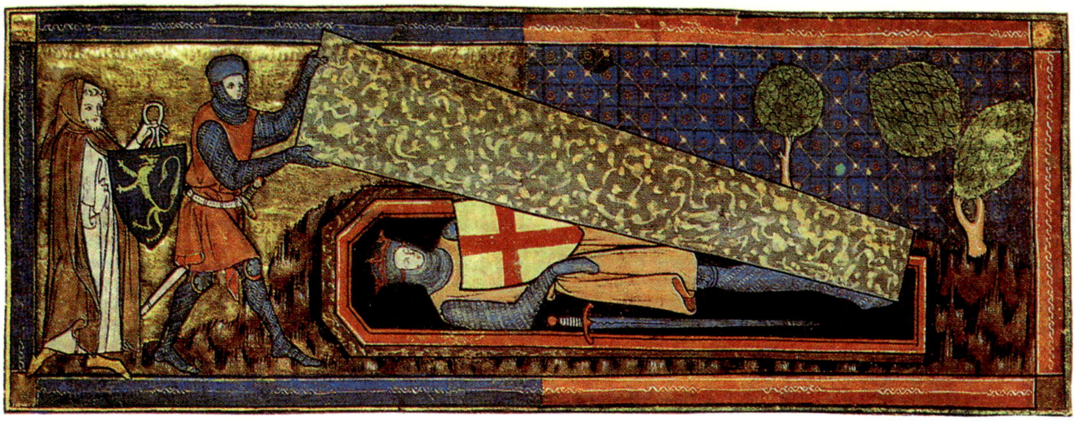

|31| Lancelot öffnet sein Grab. Auf der Suche nach der geraubten Königin Guinevere gelangt Lancelot zu einem Kloster mit drei Gräbern. Als er eines der Gräber öffnet, erkennt er, dass es sein eigenes ist. Bildleiste in einer französischen „Lancelot"-Handschrift. 1. Hälfte des 14. Jh.

Cligès selbst durch eine Elternvorgeschichte und eine Jugendgeschichte eine dezidiert historische Komponente. Vermutlich hatte Chrétiens revolutionäre Idee einer von der Realgeschichte weitgehend losgelösten Romanhandlung das Hofpublikum doch überfordert. Das würde erklären, warum Chrétien im „Cligès"-Prolog so große Akribie darauf verwendete – verwenden musste –, die Erzählung historisch zu fundieren. So führt er aus, dass er „diese Geschichte, die ich euch erzählen und berichten will", in einem der Bücher der Bibliothek der Kirche St. Peter in Beauvais („saint Pere a Bauvez") gefunden habe. „Diesem Buch wurde die Erzählung entnommen, aus der Chrétien diesen Roman machte. Das Buch ist sehr alt („anciiens"), was die Wahrhaftigkeit der Geschichte belegt, und deshalb ist sie besonders glaubwürdig. Aus den Büchern, die wir besitzen, kennen wir die Taten der Alten und der früheren Zeit."[23] Die Ausführungen lesen sich wie die Wahrheitsbeteuerungen eines gelehrt-lateinischen Chronisten. Zusätzlich nahm Chrétien die Anregungen aus den jetzt ebenfalls am anglonormannischen Königshof beliebten neuen Antikenromanen auf: dem um 1160 entstandenen „Roman de Thebes", dem um 1165 vollendeten „Roman d'Eneas" und dem „Roman de Troie" Benoîts de Sainte-Maure (um 1170). Die Antike und das Wissen um die Vergangenheit nehmen im „Cligès"-Prolog, vielleicht mit Blick auf die beliebten Antikenromane, eine zentrale Position ein, und sicher nicht zufällig beginnt der Held seine Abenteuerreise in eben jenem Griechenland, dem Chrétien den Primat („premier los") des Wissens und der Gelehrsamkeit zuweist. Freilich gilt dies nur für die Vergangenheit, denn jetzt, in der Gegenwart, kommt dieser Primat Frankreich zu. Was dann folgt, ist allerdings kaum weniger fiktional als „Erec et Enide".

Ohne solche historiografischen Schnörkel beginnen die in den 1180er Jahren entstandenen Artusromane um den Karrenritter Lancelot („Lancelot") und den Löwenritter Yvain („Chevalier au lion"). Es spricht viel dafür, dass dieser erneute Perspektivenwechsel etwas mit einem Gönnerwechsel zu tun hat. Im „Lancelot" nennt Chrétien erstmals Marie de Champagne, die Tochter Eleonores von Aquitanien aus erster Ehe mit dem französischen König, als Auftraggeberin. Sie hatte ihm Stoff und Sinn besorgt: „Da meine Herrin Marie de Champagne wünscht, dass ich einen Roman schreibe, will ich dies gerne tun, als einer, der ihr völlig ergeben ist in allem, was er auf der Welt unternehmen mag, ohne dass damit eine Schmeichelei beabsichtigt wäre. *matiere* und *san* stammen von Marie" („Lancelot", V. 25 ff.).

Hintergrund dieses Romans ist das altbekannte Motiv des Königinnenraubs. Lancelot und Gauvain ziehen vom Artushof aus, um die geraubte Königin Guinevere zu retten. Sie hatte der hinterlistige Méléagaut am Himmelfahrtstag mittels eines Tricks vom Artushof entführt. Méléagaut will die Königin nur zurückgeben, wenn er im Zweikampf besiegt wird. Gauvain und Lancelot nehmen sofort die Verfolgung auf. Lancelot verliert dabei aber sein Pferd und kommt nicht mehr voran. Er trifft auf einen Schandkarren, der von einem Zwerg gelenkt wird

|32| Figürliches Kapitell in St. Pierre in Caen, 13. Jh. Lancelot überquert auf dem Weg nach Gore die Schwertbrücke, um Königin Guinevere zu befreien.

und Verbrecher transportiert. Spränge er auf, ginge die Verfolgung sofort weiter. Wegen der drohenden Schande zögert er eine winzige Sekunde. Er springt dann doch auf und gelangt auf dem Schandkarren weiter. Eine Jungfrau hatte zuvor den Weg in das Land Gore beschrieben, wo die Königin gefangen gehalten wird. Lancelot erreicht schließlich ein Kloster und entdeckt dort drei Gräber: von Gauvain, Yvain und sich selbst |31|. Eine Inschrift auf dem dritten (seinem) Grabstein besagt, dass er in das Land Gore gelangen werde, wenn er das Grab öffnet. Nachdem er den Grabstein beiseite geschoben hat, öffnet sich der Weg nach Gore – ins Jenseits |32|. Der von Liebe zur Königin betäubte Lancelot besteht dort das Schwertbrückenabenteuer, besiegt im Zweikampf Méléagaut und befreit die Königin. Guinevere ist ihrem Retter gegenüber aber seltsam kühl und abweisend. Lancelot verzweifelt und will Selbstmord begehen. Im letzten Moment kann die Königin dies verhindern. Sie erklärt ihm, warum sie so abweisend war: Lancelot hatte vor dem Schandkarren eine Sekunde gezögert, war also damals nicht zu bedingungsloser Liebe bereit. Es folgt eine Liebesnacht zwischen Lancelot und Guinevere |33|.

|33| Erster Kuss von Lancelot und Guinevere. Dies ist der Beginn der idealen, aber die Gesellschaftsordnung bedrohenden Liebe zwischen der verheirateten Königin und dem Ritter. London, British Library, MS Add. 10293, fol. 78, nach 1300.

Die Reihe der Artusromane Chrétiens beschließt der „Perceval". Auftraggeber ist nun Graf Philipp von Flandern. Er spielt im Machtkampf zwischen Plantagenets (England) und Kapetingern (Frankreich) eine zentrale Rolle. Außerdem wirbt er im Jahr 1181 um Marie de Champagne, die gerade verwitwete Tochter König Heinrichs II. Die Werbung ist allerdings nicht erfolgreich. 1191 stirbt Graf Philipp auf dem Kreuzzug im Heiligen Land. Sein Leichnam wird aus Akkon nach Clairvaux überführt, wo man ihn in der Kapelle des Zisterzienserklosters beerdigt. In diesem Geflecht von Liebesavancen und Kreuzzugsidee ist der „Perceval" zu verorten, wobei vor allem der Kreuzzugsgedanke und Vorstellungen von Ritterheiligkeit diesem letzten Artusroman Chrétiens ein eigenes Gepräge verleihen. Die für die Artusromane bis dato prägenden ritterlichen Abenteuer werden zugunsten einer christlich-heilsgeschichtlichen Perspektive zurückgenommen. Neu ist vor allem, dass die Artuswelt mit der anderen Gesetzmäßigkeiten verpflichteten Gralswelt verflochten wird. Flucht- und Zielpunkt ist nun nicht mehr allein der Artushof, sondern auch die Gralsburg mit dem Heiligen Gral |34|. „Chrétien hat, vermutlich im Sinn seines Gönners, das Bild eines christlichen Ritters entworfen, der sich nicht nur im Kampf (Perceval hat sechzig Besiegte an den Artushof geschickt), sondern in einer Hinwendung zum Nächsten und in seinem Verhältnis zu Gott auszeichnet.“ [24]

Chrétiens Gralsritter Perceval erreicht das Ziel freilich nicht. Nachdem er bei seinem ersten Besuch auf der Gralsburg alles falsch gemacht hat und nicht Gralskönig werden konnte, endet die erneute Suche im Nichts. Das Werk bleibt unvollendet, der Gral unerreicht. Bei den Artushörern und -lesern scheint dies erhebliches Unbehagen ausgelöst zu haben. Nur wenige Jahre später ergänzten gleich mehrere Fortsetzer den Torso. Die Geschichte erhielt um 1200 zwei anonyme Prologe bzw. Vorgeschichten: „Elucidation“ und „Bliocadran“. Im „Bliocadran“-Prolog geht es im Wesentlichen um die Familie Percevals. Das gesamte Werk erhält damit den Charakter einer Chronik des Gralsgeschlechts. Der „Elucidation“-Prolog legt demgegenüber das Schwergewicht auf den Gral und dessen mythisch-märchenhafte Züge.

Etwa gleichzeitig machten sich mehrere Bearbeiter daran, die Geschichte ‚richtig‘ zu Ende zu erzählen. Insgesamt sind vier z.T. anonyme Fortsetzungen von insgesamt über 40 000 Versen Umfang überliefert [25]: Noch um 1200 entstand die „Erste“ oder „Gawain-Fortsetzung“. In unterschiedlichen Versionen wird hier in bis zu 19 600 Versen die Geschichte des zweiten Gralssuchers Gawain weitererzählt. Gawain erreicht zwei Mal die Gralsburg. Beim ersten Besuch soll er das zerbrochene Gralsschwert wieder zusammensetzen, was ihm allerdings nicht gelingt. Auch beim zweiten Besuch schafft er diese Prüfung nicht, stellt aber immerhin die notwendige Frage nach der Bedeutung der blutenden Lanze. Zwischenzeitlich vollbringt der Gral ein Speisewunder. Gawain ist neugierig, hat die erlösende Frage gleichsam auf den Lippen, aber er ist nicht der, der den Fischerkönig erlösen kann. Nach dem Essen schläft er vor dem Gral ein. Als er am nächsten Morgen aufwacht, ist der Gral verschwunden. Anschließend wird noch die Geschichte von Gawains Bruder Guerrehet erzählt. Der Gral ist und bleibt in weiter Ferne. Auch die „Zweite“, die sogenannte „Perceval-Fortsetzung“ – sie wurde wie die „Gawain-Fortsetzung“ Wauchier de Danain zugeschrieben –, dürfte noch um 1200 vollendet worden sein. Perceval muss viele Abenteuer bestehen, die sich meist nicht um den Gral drehen. Über das heilige Gefäß

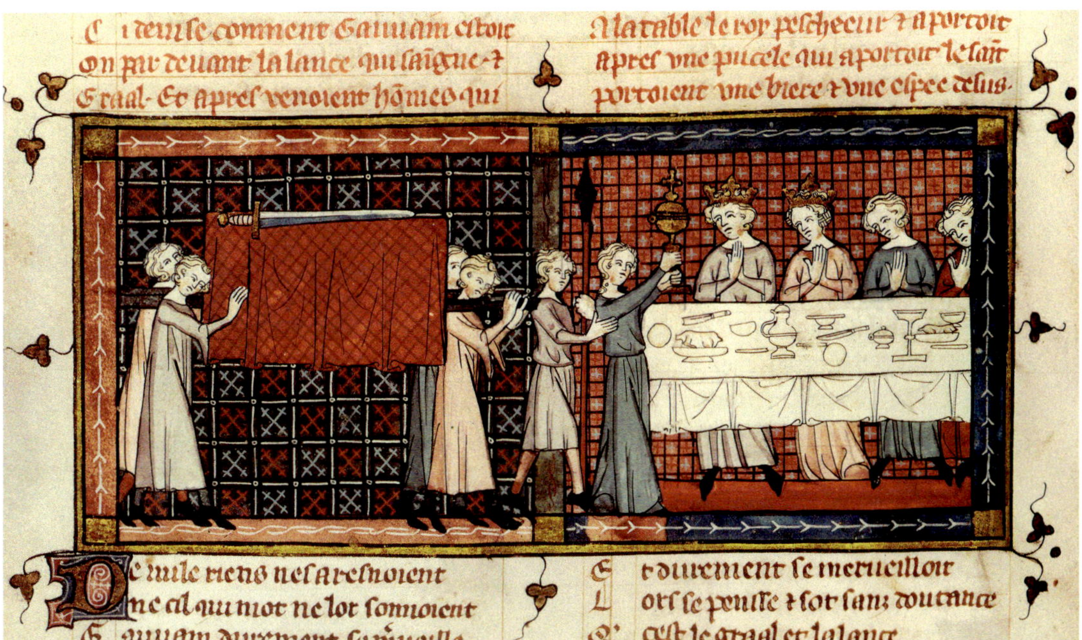

|34| Der Heilige Gral wird zum Tisch des Königs getragen. Im „Perceval“ des Chrétien de Troyes gelangt der Titelheld eher zufällig auf die Gralsburg. Beim Festmahl erkennt er die Bedeutung des Grals nicht. Paris, Bibl. Nationale, Ms. fr. 12577, fol. 74v, 14. Jh.

erfährt man jedoch sehr viel, als Gawain von seinen Erlebnissen auf der Gralsburg („Erste Fortsetzung") erzählt. Später erreicht Perceval die Gralsburg, erkennt den Gral aber nicht. Am Ende erreicht er ein zweites Mal die Gralsburg. Er fragt auch nach Gral und Lanze, aber der Gralskönig ist mehr an Berichten über seine ritterlichen Abenteuer interessiert. Perceval fragt anschließend nach dem Schwert, über das der Gralskönig zu berichten weiß, dass, wenn es Perceval gelänge, das zerbrochene Schwert wieder zusammenzusetzen, er die Geheimnisse des Grals erfahren würde. Perceval fügt die Einzelteile zusammen, aber ein feiner Haarriss im reparierten Schwert lässt Zweifel an Percevals Idealität bestehen. Der Text bricht hier ab, ohne dass das Rätsel gelöst würde. Die auf 1214 – 27 datierte „Dritte" oder „Manessier-Fortsetzung" umfasst rund 10 000 Verse. Manessier kompiliert mehrere Einzelepisoden aus diversen älteren Artuswerken. So nutzt er die „Joie de la Cour"-Episode aus Chrétiens „Erec et Enide" und die Erzählung zu Kalogrenants Tod aus der „Queste del Saint Graal". Im Zentrum steht wieder das zerbrochene Schwert. Und diesmal werden die Geheimnisse gelöst. Perceval macht anschließend alles richtig. Er stellt die Frage und die Gralsgeschichte endet damit, dass der alte Fischerkönig erlöst stirbt. Perceval kann den Gralsthron besteigen. Nach sieben friedvollen Jahren als Gralskönig verlässt Perceval die Welt und geht als Eremit in den Wald, wo er bald darauf als heiliger Mann stirbt. Den Gral und die heilige Lanze nimmt er mit in den Himmel: „und niemand wird ihn je auf Erden zu Gesicht bekommen".[26] In der etwa gleichzeitig (1226 – 30), aber unabhängig von Manessier entstandenen „Vierten Fortsetzung" des Gerbert de Montreuil wird in rund 17000 Versen eine andere Variante erzählt. Gerbert greift auf Robert de Boron zurück und interpoliert zusätzlich einen nahezu kompletten, sonst unbekannten „Tristan"-Roman.[27] In dieser Version gelangt Perceval ebenfalls zurück auf die Gralsburg, wo es ihm gelingt, das zerbrochene, bislang nur notdürftig zusammengesetzte Gralsschwert perfekt zu reparieren. Es zerbricht allerdings bald wieder, als er an einen eingefriedeten Garten gelangt und mit ihm vergeblich an das Tor hämmert. Perceval erfährt später, dass der Garten das irdische Paradies war. Nach gefährlichen Abenteuern mit Wesen aus der Anderswelt gelangt Perceval ein weiteres Mal auf die Gralsburg, wo er letztendlich das Schwert erneut und endgültig zusammenfügen kann.

Die Chrétienschen Artusromane wurden so etwas wie die ersten Artusbestseller des Mittelalters. Die Geschichten wurden vielfach kopiert und bis in die fernsten Länder weitergetragen. Übersetzungen entstanden u.a. in Deutschland, in Wales, in Norwegen und in den Niederlanden. Im französisch-anglonormannischen Ursprungsgebiet der neuen Artusbelletristik machte sich aber schon bald Unbehagen breit. Zahlreiche Auftraggeber, Redaktoren, Schreiber und Rezipienten empfanden Chrétiens Entscheidung gegen eine historische Verortung der Artusgeschichten offensichtlich als Manko. Sie nahmen die neuen – fiktionalen (?) – Versepen eben auch, über weite Strecken wahrscheinlich sogar vorrangig, als Geschichtsdichtung wahr. Sie wollten – nicht zuletzt aus dynastischen Gründen – ihre Artus-Ahnherren in ihrer Wahrheit und Historizität nicht diskreditiert sehen, zumal von französischer Seite gerade ein Propagandafeldzug gegen die anglonormannischen Erzfeinde begonnen hatte. Ziel war es, Artus und damit das Fundament der britisch-anglonormannischen Königsidee zu diskreditieren. Und Chrétiens Versepen boten mit ihren vielen fantastischen Geschichten ein lohnendes Ziel. Jean Bodel in der „Chanson des Saisnes" (Taten der Sachsen) und Nicolaus von Senlis im Vorwort zu seiner französischen Pseudo-Turpin-Übersetzung (Karlschronik) kamen im Gefolge dieser Diskussion um 1200 im Sinne ihrer französischen Auftraggeber zu dem vernichtenden Urteil, dass alles, was in Reimen geschrieben ist, gar nicht wahr sein kann! Und natürlich waren alle Romane Chrétiens in Versen geschrieben.

Artus schien so nachhaltig diffamiert, dass sich aufmerksame Rezipienten herausgefordert sahen, das gestörte historische Kontinuum wieder herzustellen, und zwar am besten in einer unverfänglichen Prosaversion. Allein sie versprach Wahrheit und Legitimität. Die Idee zum „Prosa-Artus-Gralzyklus" war geboren. Aber auch die Chrétienschen Versepen wurden in diesem Sinn runderneuert. Einige der großen Chrétien-Sammlungen des frühen 13. Jahrhunderts wurden chronikkonform gestaltet. Solche dezidiert historiografischen Textsymbiosen begegnen beispielsweise in zwei im 2. Viertel des 13. Jahrhunderts entstandenen Pariser Chrétien-Sammlungen:

In der Sammelhandschrift fr. 794 der Nationalbibliothek muss sich ein Leser durch entsprechendes Kombinationsgeschick noch weitestgehend selbst das historische Kontinuum zusammensuchen. Der Schreiber Guiot hatte einen Artusblock (Bl. 1 – 105) mit „Erec et Enide", „Lancelot", „Cligès" und „Yvain", einen Antikeblock (Bl. 106 – 286) mit „Athis et Prophilias", Benoîts „Roman de Troie" und einen historischen Gesamtüberblick (Bl. 286 – 433) mit Wace' „Roman de Brut" und „Les empereurs de Rome" aneinandergereiht. Die Sammlung beschließt Chrétiens „Perceval" samt Fortsetzung. Weiter geht der etwa zeitgleich arbeitende Redaktor der Pariser Sammelhandschrift fr. 1450. Die Chrétienschen Artusepen werden unmittelbar in den Lauf der Welt- bzw. Artusgeschichte eingebunden. Detailinformationen um die antike Vorgeschichte eröffnen die Sammlung in Form des „Roman de Troie" und des „Roman d'Eneas" (Bl. 1 – 112v). Noch auf derselben Seite (Bl. 112^{v}) folgt der Antike-Teil von Wace' „Roman de Brut". Um die arturischen Texte Chrétiens chronologisch korrekt in den Geschichtsablauf einzublenden, wird der „Roman de Brut" an der entsprechenden Stelle aufgeklappt (Bl. 139v/140r). Die Chrétienschen Artusepen sind dann während der Friedenszeiten in der Reihenfolge „Erec et Enide", „Perceval" samt Fortsetzungen, „Cligès", „Yvain" und „Lancelot" gleichsam historisch korrekt eingesetzt (Bl. 140r – 225r). Der Schluss mit dem Untergang der Artuswelt folgt dann wieder aus Wace' „Brut" (Bl. 225v – 238). Entstanden ist eine umfassende britische Geschichte von den trojanischen Anfängen bis zum Ende der Artuswelt.

Diese Rehistorisierungen konnten die grundsätzlichen Vorbehalte gegen die ahistorischen Versepen allerdings nur notdürftig kaschieren. In der ersten Hälfte des 13. Jahrhunderts formal und inhaltlich heftig angefeindet und als Lüge abgetan, verschwanden die Chrétienschen Erfolgstexte schnell von der literarischen Bühne. Chrétiens „Lancelot" ereilte dieses Schicksal noch im ausgehenden 13. Jahrhundert. Gegen den neuen „Prosa-Lancelot" konnte sich das Versepos nicht behaupten. Zu Beginn des 14. Jahrhunderts endete auch die Erfolgsstory der übrigen Artusepen Chrétiens. Auch sie wollte man nicht mehr kopiert haben. Der inhaltlich Chrétien direkt verpflichtete, jedoch formal (Prosa) und ideell (Geschichte/Heilsgeschichte) grundsätzlich anders konzipierte „Prosa-Artus-Gralzyklus" hatte die ehedem berühmten Versepen nahezu vollständig vom Buchmarkt verdrängt. Der moderne Prosazyklus schloss das von Chrétien in Frage gestellte historische Kontinuum von der Antike bis zu Artus' Tod wieder und ging sogar noch einige Schritte weiter: Endgültig integriert wurde die in einem parallelen geografisch-chronologischen Umfeld angesiedelte Tristangeschichte, fest integriert wurde auch der erst einige Jahrzehnte zuvor ‚erfundene' Gralsmythos. Die historisch-weltgeschichtliche Komponente wurde durch verstärkt hervortretende heilsgeschichtliche Aspekte erweitert bzw. neu akzentuiert. Vor allem in Form der weit verbreiteten Synthese mit Robert de Borons „Estoire del Saint Graal"[28] erscheint der „Prosa-Artuszyklus" nun geradezu als Paradebeispiel für ein historisch-heilsgeschichtliches Artus-Literaturmodell. Befremdlich ist, dass der Gral eine solche heilsgeschichtliche Wirkung trotz aller Bemühungen um Wahrheit und Historizität nur im Kontext des Artushofs bzw. der Artusliteratur entfalten konnte. Die seriöse Geschichtsschreibung der folgenden Jahrhunderte klammerte die Gralskomponente weitgehend aus. Im Gegensatz dazu wandte sich die schöne Artusliteratur verstärkt diesem Aspekt zu, um so die heilsgeschichtliche Dimension in die Artuswelt hineinzuholen.

Fasst man die Beobachtungen zusammen, wird deutlich, wie sehr die Historizität der Artuswelt in den Köpfen des höfischen Publikums verankert war – ungeachtet aller Literarisierungstendenzen. In eine solche latent gewünschte Rückbindung an die Historizität fügen sich die archäologischen Grabungen im Kloster Glastonbury (1191), der Bau der hölzernen Tafelrunde in Winchester Castle (um 1250) und die zweite Erhebung der Gebeine von Artus und Guinevere im Jahr 1278 ein.

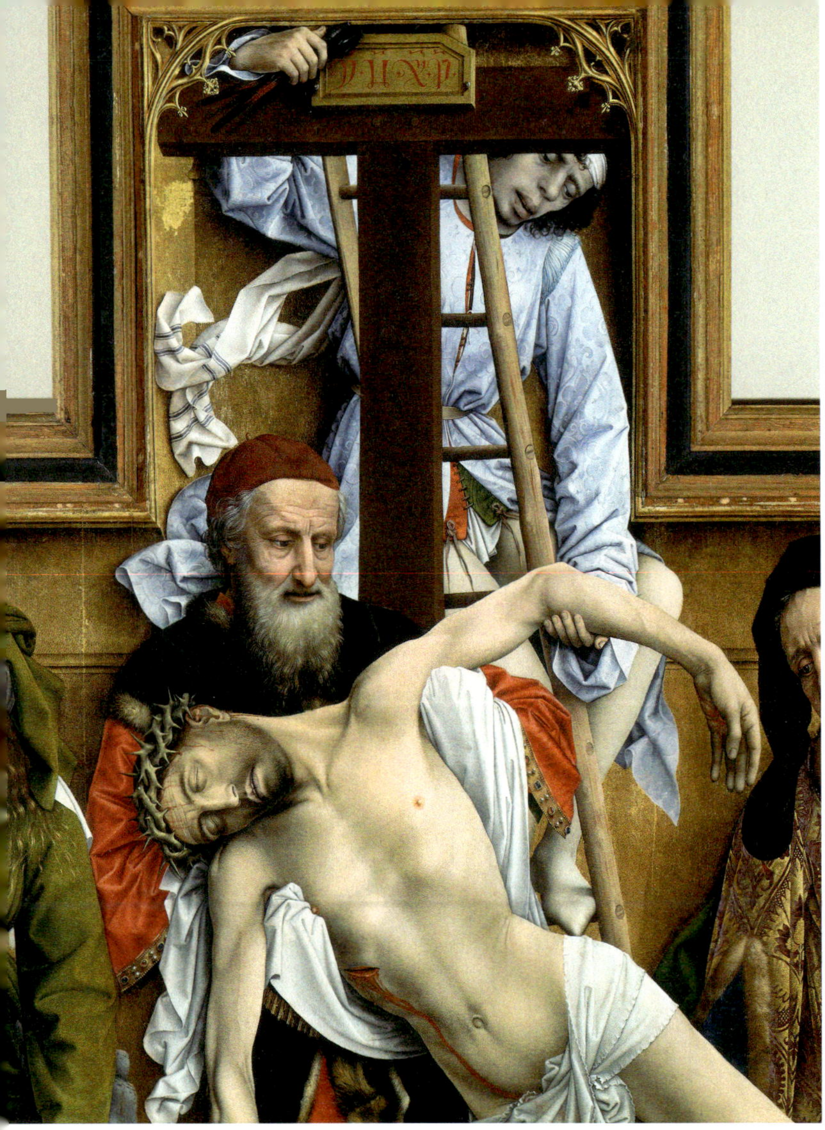

|35| Rogier van der Weyden, Kreuzabnahme (Ausschnitt), um 1436/37. Mittelgruppe mit dem Leichnam Christi und Joseph von Arimathea, der das Blut Christi im Gral aufgefangen und sich um den Leichnam Jesu gekümmert haben soll.

3 Die Ritter der Tafelrunde entdecken den Heiligen Gral

Irgendwann um die Mitte des 12. Jahrhunderts tauchte ein wundersames Gefäß in der Literatur- bzw. der Kulturgeschichte auf: der Heilige Gral.[29] Bis ins 8./9. Jahrhundert zurückreichende Elemente der christlichen Abendmahlsfrömmigkeit und die ebenfalls sehr alte und verbreitete Idee der Blut-Christi-Reliquien hatten sich in einem bis dato nur schemenhaft aus den Quellen hervorschimmernden heiligen Gegenstand materialisiert. Für die Popularisierung der Idee sorgte Robert de Boron mit seinem während der 1180er Jahre entstandenen „Roman de Saint Graal“ (Geschichte vom Heiligen Gral). Grundlage seiner Gralsgeschichte waren die im Mittelalter weit verbreiteten „Acta Pilati“ (Pilatusakten), besser bekannt unter dem Namen des vermeintlichen Übermittlers der Nachrichten als „Nikodemusevangelium“. Dort konnte man in einem heiligen Text nachlesen, wie Joseph von Arimathea nach der Kreuzigung das Blut Christi in einer Schale gesammelt hatte, die Christus beim letzten Abendmahl benutzte. Das Blut rann aus der Wunde, die der römische Hauptmann Longinus Jesus mit seiner Lanze (Longinus-Lanze/Heilige Lanze) zugefügt hatte. Entsprechende Darstellungen mit Kelch oder Gefäß tauchen in der Kreuzigungsikonografie ab dem 5./6. Jahrhundert auf. Meist ist es allerdings eine Frau, die den Kelch hält.[30] Joseph kümmerte sich der Legende nach auch um den Leichnam Jesu und beschuldigte die Juden des Christusmordes |35|, weshalb er von diesen des Leichenraubs bezichtigt und zu 40 Jahren Gefängnis verurteilt wurde. Man warf Joseph in einen fensterlosen Kerker, aus dem ihn Jesus aber umgehend befreite.

Robert de Boron hat diese von alters her reich belegte Josephs-Legende mit den ebenfalls alten ikonografischen Traditionen verknüpft, die in zaghaften Anspielungen eine wunderspendende Schale andeuten. Mit dem Gefäß identifizierte er schließlich seinen Heiligen Gral. Im „Roman“ erläutert er, dass der Name des heiligen Gefäßes „Graal“ sei (V. 2659), ein Begriff, der sich eventuell aus mittellateinisch *gradalis* – großer tiefer Teller, Platte – erklärt. Weiter führt Robert aus, dass nach Joseph fortan sein Schwager Bron, der reiche Fischer („Le Riche Pescheeur“, V. 3345), den Gral behütete. Gott verkündete ihm, dass er in den Westen ziehen solle und dass dort sein Enkel Alain[31] der dritte Gralshüter werde |36|. Bron und seine Getreuen verließen daraufhin der Weisung Gottes folgend Palästina und nahmen den Gral mit. In den Tälern von Avaron („es vaus d'Avaron“, V. 3123) erwarteten sie dann die Ankunft von Brons Enkel.

Bis dahin spielten Artus und seine Tafelrunder im Gralsgeschehen keine Rolle. Robert hatte nur die Geschichte des Grals und seiner Translation in den

|36| Joseph von Arimathea an der Tafel mit dem Heiligen Gral. Nach dem „Roman de Saint Graal“ wird der kniende Alain als Nachfolger des Joseph von Arimathea künftig den Gral bewahren. London, British Library, MS Add. 10292, fol. 101 r, nach 1300.

Westen, das Abendland, erzählt. Ob er es auch war, der die Artusritter ins Spiel brachte, ist unklar. Unklar ist auch, ob dieser wie auch immer geartete Gegenstand etwas mit den in der kymrischen Tradition verbreiteten Wunderkesseln und Wundergegenständen zu tun hat. Die auf das Blut Christi fokussierte Darstellung bei Robert de Boron spräche eher gegen kymrische Einflüsse. Die in der folgenden Artusüberlieferung oft mit einem Speisewunder verbundenen Gralsszenen zeigen dann jedoch auffällige Parallelen etwa zum kymrischen Kessel des Überflusses in „Preiddeu Annwn“, dem Kessel der Wahrheit, dem Kessel der Wiedergeburt und dem Speisewunder rund um eine Platte („mwys“) in „Culhwch und Olwen“.[32]

Es dauerte nur wenige Jahre, bis sich die besten Ritter der Welt auf die Suche nach dem Heiligen Gral machten.[33] Fassbar wird eine solche unmittelbare Verquickung von Artushof und Gral erstmals um 1190 bei Chrétien de Troyes. Sein im Auftrag des Kreuzritters Philipp von Flandern entstandener „Conte du Graal“ zeigt die Artusritter Perceval und Gawain auf der Suche nach dem heiligen Gegenstand. Bei Chrétien wird der Gral als kostbare, mit Gold inkrustierte und juwelenbesetzte Schale, wenige Jahre später bei Wolfram von Eschenbach als Edelstein mit Speisewundereigenschaften und direkter Verbindung in den Himmel beschrieben. Bei beiden noch deutlich sichtbar ist das alte Eucharistie-Motiv. Letztlich bleiben aber die genauen Konturen des Grals schemenhaft. So recht wusste um 1200 wohl niemand, was es mit dem sagenumwobenen Gegenstand auf sich hatte. Bezeichnend für die allgemeine Konfusion mag sein, dass in den deutschen „Parzival“-Handschriften die Schreiber mit Wolframs scheinbar eindeutiger Gralsbezeichnung „lapsit exillîs“ nichts Rechtes verbinden konnten. Viele verschiedene Schreibvarianten mit möglichen Bedeutungen von ‚Stein der Weisen‘, ‚kleiner Stein‘, ‚Stein aus dem Himmel‘, ‚auffahrender Stein‘, ‚Stein der Verbannten‘ bis hin zu ‚Stein des Exils‘ und ‚Stein aus Kiesel‘ sind in den Handschriften überliefert oder lassen sich erschließen.[34] Augenscheinlich hatten weder das französische Publikum Chrétiens noch das deutsche Wolframs jemals den oder einen Gral gesehen.

Das vielleicht von Chrétien erfundene Modell der Verquickung von idealem Artusrittertum mit einem heilig-heilsgeschichtlichen Gralsrittertum fiel in der von Kreuzzugsgedanken und heils-

|37| Miniatur aus „L'Estoire de Saint Graal“. Der Heilige Gral erscheint der versammelten Artusrunde. Sehen können den Gral allerdings nur sündenreine Ritter. Paris, Bibl. Nationale, Ms. fr. 116, fol. 610v, 15. Jh.

geschichtlichen Erfahrungen durchdrungenen Zeit um 1200 trotzdem auf fruchtbaren Boden. Geradezu selbstverständlich verschmolzen die mit christlichen Aspekten durchsetzten höfisch-ritterlichen Ideen der Tafelrundenritter mit den mit höfisch-ritterlichen Elementen durchsetzten christlichen Idealen der Gralskonzeption. Die besten Ritter und das heilige Gefäß fanden in einer gleichsam natürlichen Symbiose zusammen. Parallel waren entsprechende Ideen in den neuen Ritterorden sogar in praktisches Tun umgesetzt worden. Das von Bernard von Clairvaux im Jahr 1128 für die Templer verfasste „De laude novae militiae“ (Lob des neuen Rittertums) lässt Vorstellungen von Rittertum aufscheinen, wie sie in der Gralsgemeinschaft skizziert sind. Und vermutlich heißen die Gralshüter in Wolfram von Eschenbachs „Parzival“ nicht zufällig „templeisen“.

Was in Robert de Borons „Roman de Saint Graal“ bzw. der „Estoire del Saint Graal“ allenfalls angedacht, in Chrétiens „Conte du Graal“ nur ansatzweise durchgespielt war, wurde im altfranzösischen „Prosa-Artus-Gralzyklus“ endgültig in die Artuswelt integriert **|37|**. In dieser innerhalb weniger Jahrzehnte zu einem alle Artusgeschichten vereinenden Textkonglomerat erweiterten Artussumme nahm die Gralshandlung vielleicht schon in der Grundkonzeption einen festen Platz ein. In der Wahrnehmung des Publikums war die „Queste del Saint Graal“, die Suche nach dem Heiligen Gral, zu einem zentralen Baustein des gesamten Artusgeschehens aufgerückt, ohne dass sie ursprünglich auch nur das Geringste mit den Artushelden zu tun gehabt hätte. Die Gralssuche mutierte ab dem beginnenden 13. Jahrhundert zu einer stets latent präsenten Parallelhandlung, in die einige der vornehmsten Artusritter permanent eingebunden bzw. verstrickt waren. Der Gral konnte ab jetzt immer und überall in jeder Artusgeschichte auftauchen.

Roberts und Chrétiens Gralsromane regten aber nicht nur das französisch-angevinische Publikum zu zahlreichen Ergänzungen, Fortsetzungen und Überarbeitungen an. Die Idee wurde zu einem europaweiten Erfolgsmodell. Sogar in der zeitgenössischen Realität sah man bald leibhaftige Gralssucher am Werk. Der gerade erst erfundene Gral war Wirklichkeit geworden. So berichtet Helinandus Frigidimontis († 1229) in seinem um 1200 entstandenen „Chronicon“[35] von dem angeblich historisch verbürgten Ereignis, dass ein in Britannien lebender Einsiedler eine Vision von dem Hüter eines Kelches hatte und dass mit diesem Kelch Joseph von Arimathea das Blut Christi am Kreuz aufgefangen haben solle. Helinand liefert auch eine exakte Begriffsdefinition, wonach ein Gral eine große, ziemlich tiefe Schüssel genannt werde, und zwar zum Auftragen von Speisen für Reiche. In der Volkssprache („in vulgari“) hieße ein solches Gefäß „graal“.

Obwohl sich die Gralsidee weder in der zeitgenössischen Geschichtsschreibung noch in der christlichen Reliquientradition durchsetzen konnte, entfaltete sie in der Welt des Rittertums eine ungeheure Faszination. Kaum dass die Tinte auf dem Pergament getrocknet war, entwickelte sich die Artus-Gralsgeschichte auch im Deutschen Reich zu dem erfolgreichsten Artusmodell überhaupt: Wolfram von Eschenbach hatte um 1210 in seinem „Parzival“ die Chrétiensche Vorlage übertragen und kongenial bearbeitet.[36] Er fügte eine umfangreiche Vorgeschichte hinzu: Gahmuret von Anschouwe zieht in den Orient und bewährt sich dort im Dienst des Baruc. Er rettet die Königin Belakane, heiratet sie, verlässt aber vor der Geburt ihres gemeinsamen Sohnes Feirefiz das heidnische Land. In Waleis nimmt er an dem Turnier vor Kanvoleiz teil. Dieses Turnier hatte die Königin des Landes, Herzeloyde, veranstaltet. Gahmuret siegt und sieht sich plötzlich zwischen drei Frauen: Herzeloyde beansprucht den Turniersieger als Ehemann; Königin Ampflise von Frankreich will ihn ebenfalls heiraten, während Gahmuret sehnsüchtig an seine heidnische Ehefrau Belakane denkt. Das Problem wird durch einen Richterspruch gelöst, der Gahmuret zwingt, Herzeloyde, die Tochter des Gralskönigs Frimutel, zu heiraten. Nach kurzer Ehe zieht Gahmuret erneut in den Orient und fällt dort im Kampf. Zwischenzeitlich wird in der Heimat sein Sohn Parzival geboren. Um ihn vor den Verlockungen und Gefahren des Rittertums zu beschützen, geht seine Mutter Herzeloyde mit dem Kind in die Wildnis von Soltane. Dort wächst Parzival ohne Kenntnis seiner hohen Herkunft und ohne ritterliche Erziehung auf. Als er bei einer zufälligen Begegnung im Wald vier Artus-

|38| Dreigliedrige Bildseite der Münchner „Parzival"-Handschrift. Oben: Ankunft von Parzival und seinem Halbbruder Feirefiz im Zeltlager des Königs Artus. Mitte: Während des Festmahls kniet Kundrie vor Parzival nieder. Unten: Kundrie mit Parzival und Feirefiz auf dem Weg zur Gralsburg Munsalvaesche. München, Bay. Staatsbibliothek, Cgm 19, fol. 50r, um 1230.

rittern begegnet, deren Rüstungen im Sonnenschein in göttlichem Licht zu strahlen scheinen, steht sein Entschluss fest, Ritter zu werden.

– Hier setzt die Geschichte bei Chrétien ein. – Herzeloyde versucht vergeblich ihren Sohn zurückzuhalten. Als er aufbricht, fällt Herzeloyde tot um. Auf seinem Weg ins Rittertum begegnet Parzival der Herzogin Jeschute, der er einen Kuss raubt, und seiner Cousine Sigune. Von ihr erfährt er seinen Namen. Nach kurzer Einkehr am Artushof, wo man ihn wegen seiner fehlenden Erziehung und Ausrüstung als Narren verspottet, tötet er den Roten Ritter Ither und legt dessen Rüstung an. In der Folge wird Parzival von Gurnemanz ritterlich ausgebildet. Er erweist sich als vortrefflicher Schüler, versteht allerdings nicht den tieferen Sinn des Gelernten. In Belrapeire heiratet er die Königin Condwiramurs. Er bleibt nicht lange zu Hause, sondern sucht weiter Aventiure. Zufällig gelangt er auf die Gralsburg Munsalvaesche. Die Gralsburg ist eigentlich nur Auserwählten zugänglich, aber Parzival bemerkt nicht, dass er auserwählt ist. Er sieht den Gral, die Heilige Lanze, aber er versteht nichts von dem, was er sieht. Parzival versäumt, den todwunden Gralskönig Anfortas durch die Mitleidsfrage zu erlösen und selbst den Heiligen Gral zu erlangen. Nachdem er die Gralsburg wieder verlassen hat, trifft Parzival Sigune wieder, von der er erfährt, was in Munsalvaesche auf dem Spiel stand. Zurück am Artushof wird er feierlich in die Tafelrunde aufgenommen. Auf dem Höhepunkt seiner Ritterlaufbahn trifft ihn dort der Fluch der Gralsbotin Kundrie, weil er in Munsalvaesche die Erlösungsfrage nicht gestellt hat. Anschließend verlassen Parzival und Gawan den Artushof, um den Gral zu suchen (Parzival) und die Aventiure von „schastel marveile" (Gawan) zu bestehen. In den sogenannten Gawan-Partien wird nun die Geschichte des besten Artusritters Gawan erzählt. Nach vielen Abenteuern und Kämpfen kann er das Abenteuer erfolgreich bestehen, Orgeluse erlösen und eine Anklage gegen seine Person entkräften. Auf dem Hoffest vor der Stadt Joflanze gelingt es Artus mit Gawans Hilfe, alle Konflikte unblutig zu lösen. Eingeschoben ist eine zweite Parzival-Episode, in der der Einsiedler Trevrizent Parzival über die Geheimnisse seiner Herkunft, des Grals und Gottes aufklärt. In der abschließenden dritten Episode erreicht Parzival erneut die Gralsburg **|38|**. Die Gralsbotin Kundrie verkündet seine Berufung nach Munsalvaesche, wo er Gralskönig wird.[37] Auch seine Frau Condwiramurs und sein Halbbruder Feirefiz, der Sohn der Heidenkönigin Belakane, kommen nach Munsalvaesche. Feirefiz kann den Heiligen Gral als Heide jedoch nicht sehen. Er lässt sich aber taufen und heiratet die Gralsträgerin Repanse de Schoye. Mit ihr kehrt er in sein Heimatreich nach Indien zurück, wo Repanse einen Sohn bekommt, der später Priester Johannes („priester Jôhan") genannt werden wird. Auch der Gral wird dereinst nach Indien in das Reich des legendären Priesterkönigs Johannes kommen. Parzivals Sohn Loherangrin geht als Gralsritter nach Brabant, heiratet dort die Landesherrin, hat Kinder mit ihr, muss sie jedoch wieder verlassen, als er nach seiner Herkunft gefragt wird.

Wolframs „Parzival" wird der populärste Ritterroman des deutschen Mittelalters. Selbst als Chrétiens „Perceval" in Frankreich und England längst aus der Mode gekommen war, kopierte man in Deutschland noch immer „Parzival"-Handschriften. Im 15. Jahrhundert hatte Diepold Lauber in seiner Schreibmanufaktur ebenso „Parzivale" im Buchsortiment wie einige Jahre später der Straßburger Buchdrucker Johann Mentelin. Mögliche Gründe für den Erfolg seiner Chrétien-Übertragung erläutert der Autor Wolfram von Eschenbach in der sogenannten Kyot-Episode selbst. Seinen vermeintlichen Gewährsmann Kyot lässt Wolfram sich bitter beschweren, dass Chrétien die Gralsgeschichte falsch und vor allem am Ende völlig unzureichend erzählt habe. Erst jetzt sei die Geschichte richtig erzählt:

> Ob von Troys meister Cristjân
> disem maere hât unreht getân,
> daz mac wol zürnen Kyôt,
> der uns diu rehten maere enbôt.
> endehaft giht der Provenzâl,
> wie Herzeloyden kint den grâl
> erwarp, als im daz gordent was,
> dô in verworhte Anfortas.
> von Provenz in tiuschiu lant
> diu rehten maere uns sint gesant,
> und dirre âventiur endes zil.

(„Parzival", V. 827,1 – 11)
(Wenn der Magister Christian von Troys diese Geschichte mit Willkür behandelt, dann hat Kyôt ganz recht, sich zu empören: Er hat uns die wahre Geschichte treu überliefert. Die Sache kommt, in der Fassung des Provenzalen, dann an ihr rechtes Ende, wenn er berichtet, wie das Kind der Herzeloyde den Gral gewann, der ihm bestimmt war, nachdem Anfortas ihn verwirkt hatte. Aus der Provence haben wir in den deutschen Ländern die richtige Geschichte bekommen und auch das Ende, auf das diese Abenteuer zielen.[38])

Tatsächlich bietet Wolfram für sein deutsches Publikum eine bis zum perfekten Ende, nämlich dem Erlangen des Grals, erzählte Geschichte. Wenn Wolfram schließlich auf die Translation des Grals nach Indien in das Reich des Priesterkönigs Johannes anspielt und den Parzival-Sohn Loherangrin aus der Gralsgesellschaft heraus die Herzogin von Brabant heiraten lässt, öffnet er das Werk einer reichshistorischen Komponente. Beide Geschichtsstränge weisen dezidiert aus der romanhaften Artuswelt Chrétiens, aber auch aus der britannischen Artusgeschichte heraus.

Verwirrend bei all diesen gleich im Dutzend entstehenden Gralsgeschichten ist, dass man in diversen Texten völlig unterschiedlichen Gralsvorstellungen begegnet. So ist der Gral bei Robert und Chrétien ein Gefäß, bei Helinand eine Schüssel, bei Wolfram ein Stein und im „Prosa-Artuszyklus" die Trinkschale beim letzten Abendmahl. Auch die Schicksale des Grals bzw. seiner Träger sind höchst unterschiedlich. Roberts Gralshüter bringen ihn aus dem Heiligen Land nach Westen, ins Abendland. Bei Chrétien und Wolfram befindet er sich auf einer Burg und wird dann gegebenenfalls sogar nach Indien in das Reich des Priesterkönigs Johannes gebracht (im „Parzival" und im „Titurel"). Im „Perlesvaus", einem weiteren um 1200 vermutlich in Flandern entstandenen altfranzösischen Gralsroman, erscheint der Heilige Gral nur ab und an in einer Kapelle. Er ist quasi transzendent. Als der Gralsritter Perlesvaus stirbt und von Engeln in den Himmel geleitet wird, verschwindet mit ihm auch der Gral aus der Welt: „Josephus erzählt uns, daß Perlesvaus auf diese Weise von hinnen ging, und von dieser Zeit an wußte kein Irdischer, was aus ihm wurde, und die Geschichte berichtet nichts mehr darüber."[39] Ähnliches berichtet auch die „Dritte Fortsetzung" des „Perceval", in der Gral und Heilige Lanze mit Perceval in den Himmel auffahren. Die Glastonbury-Tradition bietet eine wieder andere Variante, nach der der Gral nach Avalon-Glastonbury gebracht wurde und sich noch immer irgendwo in den Tälern von Avalon – bei Glastonbury Tor – befinden soll.

In den folgenden Jahrhunderten verselbständigten sich die im „Perceval“, im „Perlesvaus“, im „Prosa-Artuszyklus“, im „Parzival“ und vielen anderen Artusüberlieferungen ausformulierten Gralsideen schließlich so weit, dass der Gralsmythos Ritterbünde inspirieren und romantische Sehnsuchtsmomente bedienen konnte |39|. Letztlich wirkt der Gralsmythos in, mit und neben dem Artusmythos bis in die Moderne weiter. Man vernimmt sogar bis in unsere Tage immer wieder, dass der Heilige Gral entdeckt und sein Geheimnis entschlüsselt sei.[40] Entsprechende Legenden ranken sich etwa um eine Grotte in der Nähe des Pyrenäenortes Ussat und um den Montségur in den französischen Pyrenäen, wo der Schatz der Katharer verborgen sein soll; um Glastonbury Tor in Somerset, wo Joseph oder seine Nachfolger den Gral deponiert haben sollen; um das Bergkloster San Juan de la Peña in den spanischen Pyrenäen oder um die Kathedrale von Valencia, wo in einer Seitenkapelle ein Kelch aus Achat (Santo Cáliz) als Reliquie aufbewahrt und von den Gläubigen als der Heilige Gral verehrt wird. Welche Blüten die Gralsfaszination treiben kann, erlebte die Welt am 20. Juli 1907. Archidiakon Wilberforce aus Westminster präsentierte der staunenden Weltöffentlichkeit einen angeblich ein Jahr zuvor in den Ruinen von Glastonbury entdeckten ‚echten‘ Gral mit den Worten: „It is the Holy Grail!“ Mark Twain, der anwesend war, berichtet von diesem denkwürdigen Ereignis:

Ich bin glücklich, diese halbe Stunde erlebt zu haben – diese erstaunliche halbe Stunde. Auf ihre Weise steht sie einzigartig da unter den Erfahrungen meines Lebens. Nach Ansicht zweier anwesender Personen war es genau dieses Gefäß, das nächtens und in Heimlichkeit dem Nikodemus gebracht und ausgehändigt wurde, vor beinahe neunzehnhundert Jahren, nachdem der Schöpfer des Universums sein Leben am Kreuz hingegeben hatte für die Erlösung des Menschengeschlechts; dieselbe Schale, die der makellose Sir Galahad mit ritterlicher Hingabe gesucht hat in den weiten Gefilden von Gefahr und Abenteuer zu Artus’ Zeiten, vor vierzehnhundert Jahren; dieselbe Schale, für die fürstliche Ritter in anderen verflossenen Zeitaltern ihr Leben weihten in langen und geduldigen Bemühungen, sie zu finden und enttäuscht aus dem Leben schieden – und hier war sie nun, ausgegraben von einem Getreidehändler ohne Rücksicht auf Blut und Mühen, und offenbar wurde keine andere Reinheit von ihm verlangt als die durchschnittliche Reinheit eines Händlers des zwanzigsten Jahrhunderts für Getreide-Termingeschäfte; nicht einmal ein imposanter Name wurde verlangt – nicht Sir Galahad, nicht Sir Bors de Ganis, nicht Sir Lancelot vom See – nicht mehr als Mr. Pole.[41]

|39| „Der heilige Gral“, Fresko von Wilhelm Hauschild, Schloss Neuschwanstein, um 1882. In romantischer Verklärung wird der Gral zu einer beliebten Requisite für Haus und Schloss.

Bleibt nur anzumerken, dass die in den 1890er Jahren in Italien gekaufte Schale erst 1898 von einem gewissen Goodchild in einem alten Brunnen des Klosters Glastonbury deponiert und wohl nicht ganz zufällig von Wellesley Tudor Pole noch einmal acht Jahre später ebenda ‚entdeckt‘ worden war.

Unzählige pseudowissenschaftliche Bücher, Dokumentarfilme, aber auch Romane, Abenteuerspiele, Comics, Fernsehserien und Kinofilme nutzen diese bis heute lebendige, in der 2. Hälfte des 12. Jahrhunderts erfundene Gralsfaszination. Erwähnt seien nur die 1882 uraufgeführte Wagner-Oper „Parsifal“ und die Filme um die „Indiana Jones“-Saga. 1981 eröffneten die „Jäger des verlorenen Schatzes“ (Raiders of the Lost Ark) die Suche. Sie ging 1984 in „Indiana Jones und der Tempel des Todes“ (Indiana Jones and the Temple of Doom) und 1989 in „Indiana Jones und der letzte Kreuzzug“ (Indiana Jones and the Last Crusade) weiter. Einen – vorläufigen – Schlusspunkt setzte 2008 „Indiana Jones und das Königreich des Kristallschädels“ (Indiana Jones and the Kingdom of the Crystal Skull). Eine regelrechte Gralshysterie entfachte auch die verquere Gralsfantasie in der Verfilmung von Dan Browns „The Da Vinci Code – Sakrileg“ (2005/2006).

4 Artus in England, Frankreich, Wales, Deutschland, Norwegen

Der Ruhm Chrétiens, seiner Werke und seiner Helden verbreitete sich ungeachtet der geschilderten Vorbehalte wie ein Lauffeuer durch ganz Europa. Wie es Artus schaffte, aus den literarischen Zentren in England und Frankreich so schnell auch noch in den letzten Winkel Mitteleuropas zu gelangen, lässt eine kleine Episode im „Lanzelet“ Ulrichs von Zatzikhoven erahnen: Ulrich nennt um 1194 für seinen deutschen Lancelotroman den Besitzer der altfranzösischen Vorlage: Hugo von Morville. Auch weiß er genau über den Nutzungshintergrund und die Umstände Bescheid, die das altfranzösische Buch von „Lanzelet“ aus dem Westen nach Deutschland geführt haben:

> Hûc von Morville
> hiez der selben gîsel ein,
> in des gewalt uns vor erschein
> daz welsche buoch von Lanzelete.
>
> („Lanzelet“, V. 9338 ff.)
> (Hugo von Morville hieß eine der Geiseln, in deren Besitz uns das altfranzösische Buch von Lanzelet bekannt wurde.)

Desagter Hugo von Morville war als Geisel für den englischen König Richard Löwenherz an den Hof Kaiser Heinrichs VI. gekommen: Richard hatte 1192 den 3. Kreuzzug abgebrochen und einen Waffenstillstand mit Saladin abgeschlossen. Im Oktober 1192 machte er sich auf die Heimreise. Für die Fahrt über das Mittelmeer galt dies wegen der gefährlichen Winterstürme als extrem spät. Auf der Fahrt erfuhr Richard Löwenherz südlich von Sizilien, dass der mit ihm verfeindete französische König Philipp II. die französischen Häfen hatte sperren lassen. Richard wählte deshalb den Weg durch die Adria, um auf dem Landweg durch das Reich an die Kanalküste zu gelangen. Er musste inkognito reisen, denn auch im Deutschen Reich hatte er keine Freunde: Bei der Eroberung von Akkon hatte er Herzog Leopold von Österreich tief beleidigt, als er dessen Standarte in den Burggraben werfen ließ, und Kaiser Heinrich VI. war erbost darüber, dass der Engländer seinen Schwager Herzog Heinrich den Löwen trotz Bannung weiter unterstützte. Kurz vor Weihnachten 1192 wurde Richard enttarnt. Herzog Leopold konnte ihn bei Wien gefangen nehmen. Leopold verhandelte in den nächsten Monaten mit Kaiser Heinrich VI. über die Lösegeldforderungen. Es kam schließlich ein Vertrag zustande, in dem der Kaiser sich verpflichtete, Richard Löwenherz erst wieder freizulassen, wenn dieser 100 000 Mark Silber (rund 23 000 kg) Lösegeld zahlen würde. Nach langwierigen Verhandlungen erklärte sich Richard zur Lösegeldzahlung bereit. Für die Zeit, in der das Geld aufgetrieben wurde, stellte England 200 Adelige als Geiseln, die erst freigelassen wurden, als die gesamte Summe gezahlt war. Eine dieser Geiseln war besagter Hugo von Morville und vermutlich hatte er seinen altfranzösischen „Lancelot“-Roman als Reiselektüre mit in den wilden Osten genommen. Über interessierte Adelskreise vermittelt, gelangte dieses Artusbüchlein in die Hände Ulrichs von Zatzikhoven, der es als Vorlage für seinen deutschen „Lanzelet“-Roman nutzte.

Fluchtpunkt des Literaturtransfers ist einmal mehr der englische Königshof, an dem die Ritter offensichtlich völlig selbstverständlich Zugriff auf die modernste Artusliteratur hatten. Der Literaturtransfer selbst steht dann unmittelbar im Zusammenhang mit Reisen, die die Grenzen des jeweiligen Kulturkreises überschreiten. Der Stoff wird persönlich und nur in höchsten Adelskreisen weitergegeben, denn Bücher waren selten und kostbar. Kein Problem bereiteten die unterschiedlichen Sprachen. Fremd-

|40| Historisierte Initiale im „Flateyjarbók“. Die Initiale zeigt König Hákon Hákonarson von Norwegen († 1263), der auch zahlreiche Übersetzungen des Artusromans in seine Muttersprache in Auftrag gab. Reykjavík, The Árni Magnússon Institute (bis 1997: Kopenhagen, Kgl. Bibliothek), GkS 1005, fol. 164r, Ende 14. Jh.

sprachenkenntnisse waren in hohen geistlichen und höfischen Kreisen verbreitet. Französische Sprachkenntnisse konnte man bei Besuchen, Turnieren, Festen, „höfischen Austauschprogrammen“, in Folge einer Heirat oder – selten – beim Studium in Paris erwerben. Von entsprechend bi- oder sogar trilingual gebildeten Personen wird häufiger berichtet. In Hartmann von Aues „Iwein“ erwecken Kenntnisse von Französisch geradezu den Eindruck von Normalität:

> und vor in beiden saz ein maget,
> diu vil wol, ist mir gesaget,
> wälhisch lesen kunde:
> diu kurzte in die stunde.
>
> („Iwein“, V. 6455 – 6458)
> (Und vor ihnen beiden saß eine Jungfrau, die sehr gut, wie mir gesagt wurde, Französisch lesen konnte. Die verkürzte ihnen die Stunden.)

Mit den französischen Texten importierte man die poetisch-literarische Meisterschaft Chrétiens. Außerdem übernahm man den zu einer idealen Folie höfischer Ritterkultur mutierten Artushof, die Tafelrunde und die ritterlichen Ideale. Dies ging letztlich so weit, dass man höfische Moden, Regeln, Gebräuche, Inhalte und zu einem erheblichen Teil sogar die entsprechenden französischen Fachtermini gleich mit übernahm. Entsprechende Übernahmemuster lassen sich nun in ganz Europa beobachten. Ob Artusgeschichten nach Norwegen, Wales, ins Reich, nach Italien oder in das Heilige Land gelangten, überall hatten die Artusritter höfisch-ritterliche Ideale im Gepäck. Die Chrétienschen Artushelden waren in aller Munde, wobei sich vor allem die Nachbarn im Deutschen Reich, in den Niederlanden, in Island und in Norwegen sowie die aus dem Kernraum der Artusmemoria stammenden Waliser für die neuen französischen Romane interessierten. Bei der Übernahme des Artusstoffs zeichnen sich allerdings deutliche Unterschiede ab: In Wales, Island und Norwegen interessierte man sich fast ausschließlich für den historischen Artus. Übertragen wurden allesamt lateinische Geschichtswerke: Gunnlaugr Leifsson übersetzte für seine isländische „Merlinuspá“ (um 1200) Geoffreys „Vita Merlini“. Geoffreys „Historia regum britanniae“ war die Vorlage für die kymrische „Brut y Brenhinedd“ (um 1200) und die norwegische „Breta sögur“ (um 1220).

Das historische Interesse an den Artushelden erklärt sich daraus, dass in Wales fast alle und in Island sowie in Norwegen wenigstens einige der arturischen Helden beheimatet und wichtige Geschehnisse dort lokalisiert waren. So ist König Loth von Norwegen nach Geoffrey der Schwager von Artus und Loths Sohn Gawain erreicht als bester Ritter das höchste Ansehen aller Tafelrundenritter. Für die zeitgenössischen norwegischen Könige bestand damit die verlockende Aussicht, sich direkt an die Artusgenealogie anbinden zu können. Einige Zeit später fielen die Ritter der Tafelrunde auch durch ihre höfische Idealität auf. Da es damit im Norden nicht zum Besten stand, holte man sie sich einfach per Buch ins Land. Artus und die Tafelrunde wurden umgehend in den Norden importiert.

Für Norwegen lassen sich die Wege und Mechanismen dieses Artustransfers übrigens sehr genau nachzeichnen. Es ist der norwegische König Hákon Hákonarson (1204 – 1263)[42], der von der französischen Literatur an sich und von der Artusliteratur im Besonderen begeistert ist. König Hákon – Matthew Paris nennt ihn nicht zufällig gut gebildet („bene litteratus“)[43] – lässt in der ersten Hälfte des 13. Jahrhunderts zunächst die bereits zuvor von isländischen und norwegischen Mönchen übersetzten Artustexte „Breta sögur“ und „Merlinuspa“ für seinen Hof beschaffen **|40|**. Vor allem aber richtet er sein Augenmerk auf die neuen, von höfischer Lebensführung durchdrungenen Artusepen Chrétiens und den „Tristan“. Als Bindeglied zur anglonormannischen Hofkultur stand dem König der englische Geschichtsschreiber und Gelehrte Matthew Paris († 1259) aus dem Kloster St. Albans in Herfordshire zur Seite. Der hervorragende Kenner der literarischen Szene pflegte enge Kontakte mit den Königshäusern. Auf einer seiner Visitationsreisen ins norwegische Benediktinerkloster Holm könnte Matthew den norwegischen König nicht nur persönlich beraten, sondern ihm auch die französischen Bücher vom anglonormannischen Hof mitgebracht haben. Für den Literaturtransfer standen freilich auch andere norwegische wie englische Priester und nicht zuletzt die spätestens seit 1229 in größerer Zahl nachweisbaren Handlungsreisenden[44] bereit. Die altnorwegische Prosaauflösung „Tristrams saga ok Ìsöndar“ des Versromans des Thomas von England wurde laut Prolog im Jahr 1226 von Bruder Robert vollendet.[45] Sie war noch vor „Erec“ und „Yvain“ die erste altfranzösische Rittergeschichte, die Hákon in den Norden holen ließ. Von der „Tristrams saga“, der „Ivens saga“ nach Chrétiens „Yvain“ und der „Möttuls saga“ nach dem „Lai Mantel“[46] ist belegt, dass der König die Übersetzungsarbeiten sogar persönlich überwachte.[47]

Bei der Übernahme der modernen französischen Literatur ging es Hákon darum, Exempla für die richtige höfische Lebensführung und für ein nordisches Ritterideal nach französischem Muster bei der Hand zu haben. Geraldine Barnes rückt die aus dieser Initiative entstehenden Riddarasögur (Rittergeschichten) in die Nähe der Fürstenspiegelliteratur.[48] Hákon wünschte sich einen gradlinigen Heldentypus in einer idealen höfischen Welt als Vorbild für seine Landsleute. Auch den Unterhaltungsaspekt wird man nicht außer Acht lassen dürfen. Trotzdem tragen die Übersetzungen unverkennbar nordische Züge. Dem nordischen Geschmack geschuldet ist in der „Erex Saga“ beispielsweise die Tatsache, dass kriegerische Hochtaten mehr gelten als die Minne. Entsprechend werden Minnepassagen rigoros zusammengestrichen, sexuell-erotische Szenen – wo möglich – sogar komplett entfernt. So durfen Erex (Erec) und Evida (Enite) zwar heiraten, aber der Hörer/Leser erfährt mit keinem Wort etwas über den körperlichen Genuss der Ehefreuden. Der Übersetzer vermerkt lapidar: „Diese Hochzeit dauerte einen Monat.“ Auch das bei Chrétien de Troyes und Hartmann von Aue so fein herauspräparierte Motiv des zu intensiven Liebens wird entsexualisiert.[49] Ähnlich steht es um übernatürliche Dinge. Sie müssen einem unbedingten Realismus weichen. Das galt freilich nicht für den heimischen Flugdrachen (*flugdreki*), den Bruder Robert selbstverständlich in die „Erex Saga“ einbauen musste.[50] Untragbar waren dagegen das erzählerische Pathos und alle den Verlauf der Handlung hemmenden Reflexionen, Moralisierungen, Beschreibungen, Nebenhandlungen und Erzählerkommentare. Das Werk wird auf eine strikte Folge der Abenteuer mit dem unbedingt idealen Helden im Zentrum reduziert,[51] wobei ein didaktischer Anspruch weit stärker als in den altfranzösischen Vorlagen herausgestellt wird. Für die Rittergeschichten ebenfalls typisch ist, dass König Artus und seine Gemahlin eine erhebliche Aufwertung erfahren. Der in den französischen Epen mehr und mehr zu einer statischen Randfigur verkommene König wird wieder selbst zum Handlungsträger. Den König und die Integrität seiner Macht in Frage zu stellen, käme dem nordischen Bearbeiter anders als Chrétien nie in den Sinn. Der norwegische Übersetzer versäumt ganz im Gegenteil an keiner Stelle, Macht und Pracht des Artushofs gebührend herauszustellen.[52] Und das „idyllische Bild des höfischen Lebens wäre nicht vollständig, wenn die Saga nicht oft genug von der Frömmigkeit der verschiedenen Protagonisten Zeugnis ablegte“.[53] Die Übersetzer waren schließlich Geistliche und Hákons Königtum ein durch und durch christliches. Dieses in der „Erex Saga“ wie in den Rittergeschichten allgemein entworfene Idealbild des Artushofs avancierte im Reich der Wikinger zu einem Idealbild des höfischen Lebens schlechthin. Innerhalb kürzester Zeit erhielten Artus, seine heldenhaften Gefährten Perceval, Erec, Gauvain und die anderen Tafelrunder ihren Platz im kulturellen Gedächtnis der ‚Nordmänner‘.[54]

Ähnlich enthusiastisch wurden die Romanhelden der Artusliteratur in Wales empfangen. Zahlreiche Motive und Personen aus dem Artuskreis konnten ihre keltischen Wurzeln sowieso nicht verhehlen. Auch scheint es um/nach 1200 in Wales eine weiter lebendige heimische Artuserzähltradition gegeben zu haben. Die vielen Artusepisoden in den bereits skizzierten Heiligenviten, Genealogien, Triaden und nicht zuletzt in den erst jetzt entstehenden großen kymrischen Sammelhandschriften belegen dies eindrücklich. Neben diesen heimischen Traditionen dominierten schon bald externe Artusbearbeitungen. So waren kymrische Übersetzungen der „Historia regum britanniae" Geoffreys of Monmouth schnell zur grundlegenden Quelle allen walisischen Artuswissens geworden. Gemeinsam mit den im frühen 13. Jahrhundert importierten und ins Kymrische übersetzten altfranzösischen Artusromanen Chrétiens prägen sie fortan die walisische Artuswahrnehmung.[55]

Wie im Norden durchlaufen die literarisch – zu – anspruchsvollen Artusromane dabei eine bisweilen radikale kulturanthropologische Anpassung. Sie werden außerdem mit heimischen Motiven und Helden verwoben und ‚trivialisiert'. Auch in Wales war man primär an einem linear-eindimensionalen Handlungsstrang, reduziert auf den ritterlichen Kampf, interessiert. Exkurse über Minne, Reflexionen des Helden oder des Erzählers, Wortgefechte, Traumsequenzen, ehebrecherische Liebesverhältnisse und andere Verwicklungen auf und hinter der primären Handlungsebene wurden eliminiert. Übrig blieb in den drei auf Chrétien basierenden Romanzen, d. h. in der „Ystoria Gereint uab Erbin" („Erec und Enide"), in „Owain" bzw. „Chwedyl Iarlles Y Ffynnawn" („Yvain" bzw. „Geschichte der Gräfin vom Brunnen") und der „Historia Peredur vab Efrawc" („Perceval"), eine sich oft pyramidal steigernde, relativ formelhafte Reihe von Aktionseinheiten, wobei die Bedeutung des Höfischen durch ausladende Stoff- und Ausstattungsbeschreibungen noch vergrößert wurde. In der „Geschichte der Gräfin vom Brunnen" setzt die Handlung wie üblich mit einem höfischen Fest ein:

Der Kaiser Arthur war in Caerleon am Usk. Eines Tages saß er in seinem Gemach zusammen mit Owein, dem Sohn des Uryen, und Kynon, dem Sohn des Clydno, und Kei, dem Sohn des Cynyr, und Gwenhwyvar und ihren Jungfrauen, die beim Fenster nähten. Und wenn auch gesagt wird, dass ein Torwächter am Hofe Arthurs war, es gab dennoch keinen. Hingegen war Glewlwyd da, um die Fremden und Weitgereisten zu empfangen, und um ihnen als erster Ehre zu erweisen und ihnen die Sitten und Gewohnheiten des Hofes bekannt zu machen: um es jedwedem kundzutun, der ein Recht darauf hatte, in die Halle oder das Gemach zu gehen, und einem jeden, der ein Anrecht auf eine Herberge hatte. Und inmitten des Gemachs saß Kaiser Arthur auf einem Haufen frischer Binsen mit einem Überwurf aus gelbrotem Seidenbrokat, und unter seinem Ellbogen ein Kissen, mit roter Paliseide überzogen.[56]

Augenscheinlich wollte man den Glanz der französisch-anglonormannischen Hofkultur einerseits über das faktische Nacherzählen der französischen Romane[57] und andererseits über die noch ausgeweiteten Sachbeschreibungen direkt und unmittelbar für die eigene Hofkultur fruchtbar machen. Korrigierende Fundamente einer solchen Adaption waren dabei das eigene, mit vielen Wunderelementen durchsetzte Artuswissen, dessen Konturen in den neuen höfischen Epen französischer Prägung vage durchscheinen. Um 1400 werden in einer zweiten Adaptionswelle Elemente aus dem jetzt auf dem Festland populären „Prosa-Artus-Gralzyklus" übertragen. Interessiert war man an der im „Peredur" nur angedeuteten Gralsgeschichte. Sie wurde in der „Ystoryaeu Seint Greal" völlig neu nacherzählt. Die kymrischen Übersetzer schöpften dazu aus der „Queste del Saint Graal" und dem „Perlesvaus".

Noch früher als in Norwegen (und in der Romanvariante wohl auch früher als in Wales) hielt König Artus Einzug an die Höfe in den sogenannten *nideren landen*.[58] Dieses Gebiet erstreckte sich über die heutigen Benelux-Länder mit einigen linksrheinischen Gebieten. Dort erlangten die Chrétienschen Erfolgstexte jedoch zunächst keine größere Bedeutung für die Übersetzungskultur. Sie wurden im altfranzösischen Original gelesen bzw. waren überhaupt im Auftrag Graf Philipps von Flandern entstanden: Der flämische Hof Philipps war französisch orientiert und in dieser frühen Zeit bilingual.[59] Die „Vlaamse en Brabantse aristrocratie" griff direkt auf die französischen Originaltexte zurück. Früh in Übersetzung vorhanden war allein Chrétiens „Conte du Graal".[60] Im Verlauf des 13. Jahrhunderts ging die französische Sprachkompetenz verloren. Gleich mehrfach wurde nun der altfranzösische „Prosa-Artuszyklus“ zunächst in Teilen, später komplett, übersetzt, bearbeitet und erweitert. Zahlreiche Lancelotbearbeitungen lassen vermuten, dass dabei der erste Teil mit dem „Lancelot en prose“ bevorzugt wurde.[61] Um 1260 entstand der „Lantsloot van der Hagedochte“ (Lancelot aus der Höhle/Wildnis). Etwa gleichzeitig übersetzte Jacob van Maerlant (um 1230 – 1290) für Albrecht van Voorne, den Burggrafen von Seeland, Roberts „Joseph d'Arimathie“ und den „Merlin“. In seiner „Historie van den Grale“ (Geschichte des Grals) und dem „Boek van Merline“ (Buch von Merlin) hielt sich Maerlant prinzipiell an Robert de Boron, misstraute ihm aber. Besonders bei der Gralsgeschichte verstand er keinen Spaß. Der hochgelehrte Jacob van Maerlant konnte zahlreiche Abweichungen von der Bibel bzw. dem „Nikodemusevangelium“ ausmachen. Er stellt fest:

> Dat ick de historie vele valsch
> Ge vonden hebbe in dat walsch
> Dar se van gode onse heren sprak.
>
> („Historie van den Grale“, V. 21 - 23)
> (dass ich die französische Geschichte dort, wo sie über Gott, unseren Herrn, erzählte, sehr oft als unwahr erkannt habe.)

Mit der Heiligen Schrift unter Zuhilfenahme der Apokryphen und Flavius Josephus machte sich Maerlant daran, das Unwahre der Vorlage zu korrigieren. Er verstand die Artus-Gralsgeschichte dabei konsequent christlich-heilsgeschichtlich. In seinem historiografischen Standardwerk „Spiegel historiale“ arbeitete er diese kritischen Überlegungen zur Grals- und zur Artuswelt einige Jahrzehnte später wissenschaftlich auf. Im Prolog nimmt er als „Historiker“ dezidiert Stellung zur Historizität der Artus- und Gralswelt. Er geißelt die vielen zweifelhaften Geschichten und Gestalten in ihrem Umfeld:

> Dien dan die boerde vanden Grale,
> Die loghene van Percevale
> Ende andere vele valscher saghen
> Vernoyen ende niet en behaghen,
> Houde desen Spiegele Ystoriale
> Over die truffen van Laenvale.[62]
>
> („Spiegel historiale“, I, I Prolog, V. 55 - 60)
> (Diejenigen, die irritiert sind und sich ärgern über den Quatsch vom Gral, die Lügen über Perceval und viele andere unwahre Geschichten, sollen diesen ‚Spiegel der Geschichte‘ höher schätzen als den Unsinn über Lanval.)

Als historisch wahr bestätigte Maerlant nur das, was in der lateinischen Historiografie, also dem ihm vorliegenden „Speculum historiale“ des Vinzenz von Beauvais und der „Historia regum britanniae“ des Geoffrey of Monmouth belegt war.[63] Verifizieren konnte er in den genannten Geschichtswerken „den wilden Merlijn, coninc Aurelius Ambrosius, coninc Uter Pendragoen, coninc Artur, den valscen Mordret [und] den hertoge Keyen“ („Spiegel historiale“, III, V, 13 f., 19,31 – 34, 49 – 54 u. III, VI). Aber Lancelot, Perceval und Agravain blieben ihm suspekt. Sie fand er in den historischen Quellen nicht. Von ihren so entlarvten Lügengeschichten wollte er folglich auch nicht berichten:

> Van Lancelote can ic niet scriven,
> Van Parchevale, van Eggraveine.
>
> („Spiegel historiale“, III, V, V. 49,19 f.)
> (Von Lancelot kann ich nicht schreiben, auch von Perceval und Agravain nicht.)

In Maerlants „Historie van den Grale“ (Geschichte vom Gral) und in seinem „Spiegel historiale“ wird ein feines Gespür für historisch fundiertes Artuswissen und fabelhafte Artusmythen sichtbar. Der Literat, Chronist und Universalgelehrte zeigt damit, dass man dem Mittelalter getrost diese Unterscheidungsfähigkeit zutrauen darf.

Obwohl er den historischen Rahmen des wahren Artuswissens abgesteckt hatte, faszinierten gerade die als unhistorisch entlarvten Artushelden das höfische Publikum am meisten. So verfasste um 1320 Lodewijk van Velthem in Brabant eine weitere „Lancelot-Compilatie“ samt aller von Maerlant disqualifizierten Artusritter.[64] Neben den Eckpfeilern „Roman van Lancelot“ (Geschichte von Lancelot), „Queeste vanden Grale“ (Suche nach dem Gral) und „Arturs doot“ (Artus' Tod) aus dem französischen „Prosa-Artuszyklus“ enthielt die gewaltig gewachsene Sammlung jeweils an den entsprechenden Stellen in den Kontext eingebaut den „Roman van Percheval“ (Geschichte von Perceval), eine Fassung der alten Übersetzung des Chrétienschen Versromans „Perceval", sowie zahlreiche weitere, den Handlungsverlauf ergänzende nachklassische Artusepen nach französischen Vorlagen. Im „Roman van Moriaen" (Geschichte von Moriaen), in „Wrake van Ragisel" (Racheengel von Ragisel), im „Roman van den riddere metter mouwen" (Ritter mit dem Ärmel), in „Walewein ende Keye" (Gawain und Key), in „Lancelot en het hert met de witte voet" (Lancelot und der Hirsch mit den weißen Füßen) und im „Roman van Torec" (Geschichte von Torec) erhielt fast jeder noch so unbedeutende Artusritter seine eigene Geschichte.[65] Bezeichnend für die niederländische Artuswahrnehmung ist, dass man bei der Auswahl der französischen Vorlagen nicht zimperlich war. Egal ob Prosa- oder Versepen, egal ob wahr oder unwahr, man war einfach an allem Arturischen interessiert.

Im späten 14. und dann im 15. Jahrhundert verblasste jedoch die Faszination um König Artus und die Tafelrunde. Neue mittelniederländische Übersetzungen und Bearbeitungen entstanden nicht mehr. Allerdings behielten die alten Artushandschriften und die arturischen Helden ihren Wert. In Adelskreisen wurden die Artusbücher weiter gelesen und als kostbare Familienerbstücke innerhalb der Familie weitergereicht. So kam eine um 1330 in Westflandern entstandene Prachthandschrift des „Lantsloot van der Hagedochte" (Lanzelot aus der Höhle/Wildnis) Mitte des 15. Jahrhunderts als Hochzeitsgeschenk in die Grafschaft Waldeck, als Johanna von Nassau, die jüngste Tochter Marias von Loon und Jans IV. von Nassau, den Grafen Philipp I. von Waldeck († 1475) heiratete. Die Existenz dieser prachtvollen Artus-Handschrift sprach sich bis an den bayerischen Herzogshof herum, wo Ulrich Füetrer im Auftrag des Herzogs gerade dabei war, eine noch viel gewaltigere, neue Artussammlung zusammenzuschreiben. Noch einmal einhundert Jahre später waren die Prachthandschrift und ihre Artushelden aber dann doch aus der Mode gekommen. Das kostbare Buch kam auf den Müll, wurde jedoch nicht weggeworfen, sondern Blatt für Blatt in Form von Briefumschlägen und Bucheinbänden wiederverwertet. Zahlreiche dieser ‚Artus-Briefumschläge' sind noch heute in Archiven und Bibliotheken erhalten.

Lässt man den Blick weiter durch das spätmittelalterliche Europa schweifen, stößt man fast überall auf solche buchgewordenen Artusritter. Mehrere spanische, mallorquinische und portugiesische Artusbearbeitungen lassen vermuten, dass dem britischen König auf der Iberischen Halbinsel ein ähnlich triumphaler Einzug gelang wie in Mitteleuropa. Auf der Iberischen Halbinsel wurden zunächst mehrere Tristanepisoden und einzelne Stücke aus dem „Prosa-Artuszyklus" übersetzt.[66] Um 1313 legte der Mönch João Bivas dann eine mehr oder weniger komplette Übersetzung vor. Beliebt waren die Geschichten um den Gral und um Merlin. Erhalten sind einige aus dem 14. Jahrhundert stammende „Merlin"-Fragmente, mehrere portugiesische und spanische Varianten der Geschichte des Joseph von Arimathia und einige Gralsepisoden aus dem „Prosa-Artuszyklus". Bekannt war auch die lateinische „Historia regum britanniae" von Geoffrey of Monmouth. Bemerkenswert ist, wie schnell sich die Artusgeschichten verselbständigten. Viele Motive und Personen wurden in die iberische Literatur und das kulturelle Gedächtnis der Iberischen Halbinsel übernommen. Zahlreiche arturische Elemente finden sich beispielsweise schon in dem um 1300 entstandenen „Libro del Caballero Zifar" (Buch von Ritter Zifar) und in einem dreigliedrigen Balladenzyklus um das Rittertum. Die Balladen sind bekannt als „Tres hijuelos había el rey" (Der König hatte drei geliebte Söhne), „Nunca fuera caballero" (Kein Ritter wurde jemals so gut bedient) und „Herido está don Tristán" (Der verletzte Sir Tristan). Aus dem arturischen Stofffundus geschöpft sind außerdem die Berichte über gemalte Artusszenen in „La faula d'en Torrelha" (Die Fabel von einem aus Torrelha, um 1370) des Guillem de Toroella. Dort wird auch von der Zauberinsel, auf die König Artus nach der Schlacht von Salisbury entrückt wurde und von der er dereinst in die Welt der Lebenden zurückkehren werde, berichtet. Guillems Erzähler behauptet zudem, er sei Artus und der Fee Morgain persönlich begegnet. Im frühen 16. Jahrhundert wird auch der „Perceforest" als „Historia del noble rey Persefores" ins Spanische übersetzt und 1508 eine Version des auf dem „Prosa-Artuszyklus" und „Prosa-Tristan" beruhenden „Amadís" gedruckt. Später werden alle diese Rittergeschichten in Cervantes' „Don Quixote" (1605, 1615) wieder hervorgeholt. Offensichtlich kannte Cervantes aber nicht nur die spanischen und portugiesischen Übertragungen, sondern auch die französischen Originalerzählungen und die lateinischen Chroniken. Der Artushof und seine Ritter dokumentieren bei ihm in schöner Erinnerung allerdings nur noch den Verfall der höfischen Werte und den Niedergang des Rittertums.

Schon früh waren die Artusgeschichten mit den Normannen auch in Italien und auf Sizilien gelandet. Eine autonome Artusliteratur entfaltete sich dort aber zunächst nicht. Nur einige wenige mündlich tradierte Erinnerungsbruchstücke wurden in Stein gehauen. Anders als sonst üblich, ging man nur sehr verhalten daran, die von Chrétien und seinen Kollegen episierten Artusgeschichten in die eigene Literatur zu übertragen.[67] Zum einen war dies in den südlichen Regionen und auf Sizilien kaum nötig, weil die dort regierenden Normannen die französischen Schreibdialekte natürlich lesen und verstehen konnten, zum anderen scheinen vor allem in den großen städtischen Zentren die Rittergeschichten eher Befremden ausgelöst zu haben. Im toskanischen Gedicht „Detto del Gatto Lupesco" aus dem 13. Jahrhundert findet sich bezeichnenderweise eine Episode um Ritter aus Britannien, die am Berg Ätna nach Artus gesucht haben sollen. Der Ätna war damals mit der Vorhölle konnotiert. Mit Begeisterung rezipiert wurde dagegen das in diversen Fassungen bekannte Liebesdrama um Tristan und Isolde. Im späten 13. Jahrhundert übersetzte man aus dem französischen „Prosa-Tristan" den „Tristano Riccardiano". Einige Jahrzehnte später kompilierte man aus vielen Bruchstücken der Artus- und Tristangeschichte die „Tavola Ritonda" (Tafelrunde).[68] Dieser Tafelrundenzyklus rückte Tristan ins Zentrum des gesamten arturischen Geschehens. Charakteristisch für die italienische Artuspräsenz scheinen immer wieder die engen Beziehungen nach Britannien. So wird in der Tristangeschichte eigens auf den häufig in England weilenden Vorbesitzer der Vorlage hingewiesen: „Das gute Buch, [...], das zuerst Graf Piero von Savoy gehörte und nun im Besitz des Messer Garo oder Gaddo de' Lanfranchini aus Pisa ist."[69] Dieser 1268 verstorbene Graf Piero von Savoy besuchte häufig König Heinrich III. von England, der ihn zum Earl von Richmond gemacht hatte. Die Beziehungen reichen direkt in das Milieu des englischen Königshofs hinein, der unter Heinrich III. die Artuskultur auf höchstem Niveau zelebrierte.

Bekannt waren auch die Merlin-Figur, die Artusepisoden aus dem „Tractatus de amore" von Andreas Capellanus, einzelne Aspekte des „Perceval" und Geschichten aus dem „Prosa-Artuszyklus". Auch wenn großflächige Übersetzungen der Werke Chrétiens oder des „Prosa-Artuszyklus" nicht angefertigt wurden, lässt sich die Präsenz entsprechenden Textwissens aus vielen kleineren, im 14. Jahrhundert gedichteten Liedern (*cantari*) wie „I Cantari di Tristana",[70] „I Cantari di Carduino", „Li Chantari di Lancelotto", „Quando Tristano e Lancielotto combattero al petrone di Merlino" (Als Tristan und Lancelot am Grab des Merlin kämpften) und „La vendetta che fe messer Lanzelotto de la morte di mister Tristano" (Die Rache des Sir Lancelot für den Tod von Sir Tristan) ableiten. Auch in Giovanni Boccaccios „Decamerone" (1349 – 1351) sowie vor allem in Dantes „La Comedia" (Die Göttliche Komödie, ca. 1307 – 20) wird ganz selbstverständlich etwa im 5. Höllengesang auf den ehebrecherischen Kuss zwischen Lancelot und Guinevere und im 22. Höllengesang auf die alles vernichtende Schlacht gegen Mordred angespielt. Auch wird Tristan mit Paris verglichen.

Trotz aller Unterschiede folgten die niederländischen, kymrischen, nordischen, iberischen und italienischen Übersetzer in ihren volkssprachigen Bearbeitungen grundsätzlich den lateinischen (Chronik) bzw. den altfranzösischen (Roman) Vorbildern. Meist wurden nur „nationale" Empfindlichkeiten beseitigt und die Darstellung mäßig regionalen Besonderheiten angepasst.

Teilweise anders stellte sich die Situation im Deutschen Reich dar, wo man sich bei der Rezeption auf die weitgehend ahistorischen Romane Chrétiens de Troyes konzentrierte und diese auch zunächst recht vorlagennah übersetzte. Doch schon bald begann man sich von den französischen Vorlagen zu emanzipieren und im fortschreitenden 13. Jahrhundert sogar bevorzugt eigene Artusromane zu verfassen. Exemplarisch für eine erste, noch ganz auf die altfranzösischen Vorlagen konzentrierte Übernahmephase stehen um 1180 bzw. um 1190/1200 Hartmann von Aues „Erec“ und „Iwein“, um 1194/1203 Ulrich von Zatzikhovens „Lanzelet“ sowie um 1204/12 Wolfram von Eschenbachs „Parzival“. Kaum war die Tinte Chrétiens auf dem Pergament getrocknet, waren die spannenden Artusgeschichten in Deutschland präsent. Und die Geschichten trafen mit ihrem ritterlichen Inventar, dem höfischen Ambiente, den spannenden Abenteuern und den strahlenden Heldenfiguren genau in das Herz einer neuen, sich gerade erst formierenden deutschen Hofkultur. An den großen deutschen Fürstenhöfen wollte man sie augenblicklich hören und lesen.

Hartmann von Aue machte um 1180 mit Chrétiens „Erec et Enide“ den Anfang und übersetzte erstmals einen Text des neuen Genres *matière de bretagne* (Stoff von/über Britannien) ins Deutsche. Hartmanns Übertragung begründete eine bis zum Ende des Mittelalters produktive Literaturtradition. Wohl dem anderen Kulturkreis und der realhistorischen Artusferne im Reich geschuldet waren erhebliche Veränderungen gegenüber der Vorlage. Weit mehr als bei Chrétien rückte bei Hartmann ein exemplarisch-didaktisches Moment in das Zentrum des Werks. Auch fühlte sich Hartmann verpflichtet, mittels ausladender Erzählerkommentare das neue Personal und vor allem die hochmoderne Ritterkultur dem deutschen Publikum zu erklären. An den Protagonisten Erec und Enite sowie am Artushof insgesamt wurden grundlegende Ideen der Hofkultur exemplifiziert und diskutiert. Zu nennen wären der *ordo*-Gedanke bzw. das Herkunftsprinzip, Antagonismus und Zusammenspiel von inneren Werten und äußeren Attributen (Kleidung), die Ideale eines auf christlichen Eckpfeilern ruhenden Rittertums, Liebesdiskurse, das höfische Werte- und Tugendsystem insgesamt sowie die schwierige Synthese von gesellschaftlichen Verpflichtungen und persönlichem Glück bzw. Liebesglück. Auch scheinen tagesaktuelle Diskussionen und Entwicklungen ins Werk eingeflossen zu sein. Reflektiert wurden Herrschafts- und Konsensehe, Minne- und Ehetheorie und die Entwicklungen hin zu einem modernen landesherrlichen Herrschaftssystem. Zur Sprache kamen aktuelle rüstungs- und kampftechnische Entwicklungen sowie bautechnische Neuerungen, höfische Moden, naturhistorische Erkenntnisse, Geografie und medizinische Fragen. Die Gleichheitsidee der Tafelrunde, historisch-dynastische Aspekte rund um das Artusreich und der für Chrétien so typische, beinahe blutrünstige Detailrealismus spielten demgegenüber nur eine untergeordnete Rolle. Weit mehr als bei Chrétien spitzte sich alles auf den Zielpunkt einer idealen Herrschaft zu, die die beiden Protagonisten Erec und Enite nach einem langen, oft gefährlichen und entbehrungsreichen Lernprozess in Karnant als Landesvater („landesvater“) und Landesmutter („landesmuoter“) auch verwirklichten: Der erste Teil des Werks mündet nach der strahlenden Heirat am Artushof, dem glanzvollen Turniersieg Erecs und der Herrschaftsübergabe im Heimatreich Karnant denn auch nicht in Glück und Zufriedenheit, sondern in der Katastrophe des „verligens“, d. h. sich ohne Kampf und Mühe der Liebe, der Frau und den häuslichen Aufgaben hinzugeben. In zahlreichen, typologisch aufeinander bezogenen Abenteuern des zweiten Teils müssen Erec und seine Frau Enite das Wesen des Rittertums und die Idee der idealen Herrschaft in einem Revisions- und Reifungsprozess erlernen und erkennen. Kurz vor dem Ziel nimmt das Abenteuer im geheimnisvollen Baumgarten des Mabonagrin (*Joie de la curt*-Episode) retrospektiv die Hintergründe des vormaligen Scheiterns noch einmal auf: Die katastrophalen Folgen eines allein auf individuelles Glück zugeschnittenen Lebens für die auf Kommunikation und Gemeinschaft angewiesene höfische Gesellschaft werden drastisch vor Augen geführt. Erec meistert aber auch diese letzte Aventiure mit Bravour, lässt gegenüber dem besiegten Ritter Mabonagrin Erbarmen walten und empfindet Mitleid mit den erlösten Witwen der 80 von Mabonagrin getöteten Ritter. Er handelt – erst jetzt – ideal-vorbildlich im Sinne des *miles christi*. Nach der Rückkehr in das Heimatreich Karnant werden er und seine ebenfalls zur Idealität gereifte Frau Landesherr und Landesherrin. Gott schenkt ihnen das Königreich und das ewige Leben.

|41| Iweinfresken auf Schloss Rodenegg, Anfang des 13. Jh. Die Fresken gehören zu den frühesten Artusdarstellungen überhaupt und zeigen den ersten Teil der Iweingeschichte.

Wenige Jahre nach dem „Erec" legte Hartmann von Aue mit dem „Iwein" eine zweite Chrétien-Übersetzung vor. Deutlich sichtbar rechnete Hartmann jetzt schon damit, dass das deutsche Publikum vertraut war mit der neuen Materie und der anfangs noch ungewohnten französischen Rittersprache. Er verzichtete nun auf die für den „Erec" typischen Erläuterungen, Ergänzungen und Umarbeitungen: Berichtet wird von einer Geschichte aus längst vergangener, ruhmreicher Zeit. Hartmanns Erzähler macht deutlich, dass er lieber in der Gegenwart als damals in der glorreichen Vergangenheit lebe, denn heute könne er von den Taten hören und aus den Geschichten lernen. Es folgt dann die Geschichte, aus der man lernen soll: König Artus hat zu einem großen Pfingstfest geladen. Im Kreis der edlen Ritter der Tafelrunde erzählt der Ritter Kalogrenant von seiner misslungenen Brunnenaventiure im Wald Breziljan (Broceliande). Er war dort vom Brunnenritter schändlich besiegt worden. Die Hofgesellschaft will die Schmach des Artusritters korrigieren. Aus Angst, Keie könnte ihm die Aventiure streitig machen, bricht Iwein heimlich vom Artushof auf und erreicht wie in den Schilderungen Kalogrenants den Zauberbrunnen. Iwein löst die Aventiure aus, bleibt siegreich und tötet den fliehenden, schwer verwundeten Brunnenritter auf dessen Burg. Bei der Aktion wird Iwein durch einen geheimen Mechanismus im Burgtor von zwei Fallgittern eingeschlossen und sein Pferd in der Mitte durchgeschnitten. Durch die Hilfe von Lunete, der Zofe der Burgherrin, gelingt die Flucht. Lunete ist es auch, die ihrer Herrin, also der Frau des getöteten Brunnenritters, klarmacht, dass sie nach dem Tod des Landesherrn dringend einen neuen Mann zur Landesverteidigung brauche. Sie erläutert, dass niemand besser geeignet sei als eben der, der ihren Mann erschlagen habe. Auf Vermittlung von Lunete finden Iwein und die Witwe des Brunnenreichs schließlich zusammen. Als die übrigen Artusritter bei der Wunderquelle erscheinen und Artus selbst die Aventiure auslöst, erscheint der neue Herr des Brunnenreichs zu dessen Verteidigung. Es ist Iwein, der unerkannt Keie besiegt, sich dann aber zu erkennen gibt. Es kommt zu einem großen Wiedersehensfest. Als der Abschied naht, mahnt der Artusritter Gawein seinen Freund Iwein, nicht zu „verligen". Iwein nimmt den Rat an und bittet seine Frau um „urloub", um durch Turniere Ruhm und Ehre zu bewahren. Laudine gewährt schweren Herzens genau ein Jahr, mahnt ihren Mann aber eindringlich, die Frist nicht zu versäumen, denn nach einem Jahr und einem Tag stünde das Brunnenreich auf dem Spiel.

Iwein versäumt die Frist. Lunete erscheint am Artushof als Anklägerin und bezichtigt Iwein der Treulosigkeit und des Verrats. Iwein erkennt sein Versäumnis, wird wahnsinnig und flüchtet aus der Gesellschaft. Er lebt fortan nackt wie die Tiere im Wald. Eines Tages finden drei Damen den Wilden schlafend an der Straße. Eine der drei, die Gräfin von Narison, verfügt über die Zaubersalbe der Fee Morgane. Iwein wird mit dieser Salbe eingerieben. Er erwacht und sieht sein ganzes vorheriges Ritterleben im Traum vorüberziehen. Hier beginnt der zweite Aventiureweg. Iwein rettet zunächst die Gräfin vor dem zudringlichen Grafen Aliers. Anschließend hilft er einem edlen Löwen gegen einen bösen Drachen. Der Löwe ist für diese Hilfe so dankbar, dass er fortan Iwein als treuen Freund begleitet. Er gibt Iwein eine neue Identität. Als Löwenritter besiegt Iwein den Riesen Harpin, gewinnt für Lunete den Gerichtskampf gegen den Truchsess des Brunnenreichs, befreit die gefangenen

bei Bozen sowie die Artusszene auf dem Freiburger Maltererteppich belegen eine gewaltige Präsenz dieses Artushelden vornehmlich im Süden und in der Mitte des deutschen Sprachraums |41, 42, 43|.

Schon mit diesen ersten Übersetzungen wurden Artus, seine Tafelrunde, die ritterlichen Ideale und die neue höfische Fachsprache in das kulturelle Gedächtnis der deutschen Hofkultur eingeprägt. Auch die poetisch-literarische Meisterschaft Chrétiens übernahm man bereitwillig. In der Folgezeit dienten diese und die bald folgende „Perceval"-Übersetzung Wolframs von Eschenbach sowie die Übersetzungen anderer arturischer Texte etwa durch Eilhart von Oberge („Tristrant"), Gottfried von Straßburg („Tristan und Isolde") und Ulrich von Zatzikhoven („Lanzelet") einer sich verselbständigenden deutschen Hofkultur als Identifikationsmuster. Noch bevor wir überhaupt nennenswerte Stückzahlen französischer und deutscher Artushandschriften fassen können, setzte beispielsweise Thomasin von Zerklaere das gesamte Artuspersonal bei seinem Publikum schon als bekannt voraus. Seine um 1215 für Lehrzwecke zusammengestellte Liste der vorbildlichen Artushelden im „Welschen Gast" umfasst neben Artus, Iwain und Parcival auch Gawan, Clies, Erech, Tristande, Saigrimors, Kalogriande und Kay („Welscher Gast", V. 1041 – 1078). Etwa dasselbe Vorbildpersonal nennt Hugo von Trimberg in seinem didaktisch-enzyklopädischen Grundlagen-

|42| Artusfresken auf Burg Runkelstein bei Bozen, nach 1388 vollendet. Die Fresken dokumentieren das auch in bürgerlichen Kreisen fortdauernde Interesse an der Ritterkultur.

Frauen auf der Burg zum schlimmen Abenteuer und kämpft für die jüngere Gräfin vom Schwarzen Dorn in einem weiteren Gerichtskampf gegen Gawein. König Artus fällt in dieser Sache schließlich ein salomonisches Urteil. Trotz seiner großen Erfolge sehnt Iwein sich zurück nach seiner Frau Laudine. Und erneut ist es Lunete, die mit einem Trick die beiden wieder zusammenführt. Als liebendes Herrscherpaar gelingt es beiden schließlich, persönliches Glück und Herrscherpflichten in idealer Weise zu vereinen.

Mit 32 erhaltenen Handschriften und Fragmenten scheint Hartmanns „Iwein" viel erfolgreicher als sein nur dünn überliefertes Erstlingswerk „Erec" gewesen zu sein. Allerdings finden sich „Erec"-Zeugnisse in derart vielen deutschen Artusromanen, dass die Präsenz auch dieses Artushelden überragend gewesen sein muss. Vermutlich wurden die Geschichten nicht nur gelesen oder vorgelesen, sondern auch mündlich, erzählend von Hof zu Hof weitergetragen. Beim „Iwein" fällt darüber hinaus auf, dass er auch in der bildenden Kunst Furore machte. Fresken auf Schloss Rodenegg (Anfang 13. Jahrhundert), im Hessenhof in Schmalkalden (Mitte 13. Jahrhundert), in Grafenstein und auf Burg Runkelstein

|43| Liebesszene mit Iwein und Laudine. Maltererteppich (Ausschnitt), um 1320/30. Der von Johannes und Anna Malterer für das Freiburger Frauenkloster St. Katharina gestiftete Teppich zeigt, wie populär der „Iwein" Hartmanns von Aue selbst im geistlichen Umfeld war.

werk, dem um 1300 entstandenen „Renner“: „Parcifâl und Tristrant, / Wigolais und Enêas, / Erec, Iwân und swer ouch was / Ze der tafelrunne in Kardiôl“ („Renner“, V. 21640 – 21643).

Grundsätzlich muss allerdings deutlich zwischen der realpolitischen Relevanz des Artusstoffs im französisch-anglonormannischen Raum, in Norwegen[71] und in Wales sowie dem Fehlen gleicher Anbindungsmuster in Deutschland unterschieden werden. Außerhalb dieses direkt an der historischen Artuswelt interessierten Rezipientenkreises spielten die dort für Erfolg und Status so wichtigen historiografisch-politisch-dynastischen Aspekte keine Rolle. Der deutsche Artus ist latent unhistorisch. Eine Ahnung von der Historizität der Artuswelt war allerdings auch in deutschen Kreisen präsent. Im geistlich-gelehrten Milieu verfügte man sogar über Detailkenntnisse, denn Geoffreys lateinische „Historia regum britanniae“ stand als Standardwerk zur britischen Geschichte mittlerweile in jeder besseren Klosterbibliothek. Lateinische Geschichtsschreiber rezipierten die „Historia“ denn auch völlig selbstverständlich als historische Quelle. Der für Kaiser Friedrich Barbarossa arbeitende Gelehrte Gottfried von Viterbo nimmt im 18. Kapitel seines „Pantheon“[72] (1185/87) unter der Überschrift „De Anglis et Saxonibus“ (Von den Angeln und den Sachsen) allerdings kritisch Stellung zu Geoffreys Arbeitsmethode. An der historischen Existenz des Königs Artus lässt er aber keinen Zweifel. Der in Diensten Kaiser Ottos IV. stehende Gervasius von Tilbury berichtet wenig später in seiner Enzyklopädie „Otia imperialia“ (Kaiserliche Mußestunden) ebenfalls ausführlich aus Geoffreys „Historia“ von Artus.[73] Dass Gervasius so detailliert über Britannien berichtet, dürfte jedoch weniger mit einem genuin deutschen Interesse als mit seinem Auftraggeber, dem Welfenkaiser Otto, zu tun gehabt haben. Der war nämlich seit 1182 am englischen Königshof seines Onkels Richard Löwenherz erzogen worden. Auf Geoffrey gehen auch die Artuskenntnisse bei Caesarius von Heisterbach († nach 1240) zurück. In seinem in die 1220er Jahre zu datierenden „Dialogus Miraculorum“ (Gespräch über die Wunder) kennt er König Artus („rex arcturus“) und Merlin als Prophet der Briten („propheta Britannorum“),[74] und er weiß um die Attraktivität dieser Gestalten bei seinem deutschen Publikum. Caesarius berichtet von einer Predigt in seinem Kloster Heisterbach: Als beinahe alle Mitbrüder eingeschlafen sind, hebt der Abt die Stimme und lässt das Wort ‚Artus‘ fallen. Da erwachen plötzlich alle Schläfer und die Schieler und Träumer machen helle, scharfe Augen. Alle Zuhörer beugen sich vor, blicken aufmerksam und brennen vor Lust und Begierde, eine Anekdote von König Artus zu hören. Der Abt aber sieht sie an und liest in ihren Augen, und dann sagt er mit gütigem Vorwurf: „Ach, wenn ich euch eine Geschichte vom Hofe des Artus erzählen will, da macht ihr die Ohren auf und seid begierig. Aber wenn ich mit euch von Gott reden will, dann schlaft ihr!“

Wenige Jahrzehnte später beutete der Dominikaner Martin von Troppau († 1278) die „Historia regum britanniae“ für seine knappen Berichte zu den Geschehnissen im freilich marginal gelegenen Britannien aus. In Martins „Chronicon“, dem historiografischen Standardwerk des Spätmittelalters schlechthin, ist die Artusgeschichte mit dem ausdrücklichen Hinweis auf Geoffreys „Historia“ im Papstteil unter „Hylarius“ in den 460er/470er Jahren[75] eingeordnet: „In den selben Zeiten regierte, wie man in der Historia liest, in Britannien Arthurus. Der König war für seine Freigebigkeit und seine Tapferkeit so berühmt, dass ihm Frankreich, Flandern, Norwegen, Dänemark und andere Reiche an dem Meer dienen mussten. Derselbe König wurde in einer Schlacht tödlich verwundet, und er fuhr auf eine Insel, um seine Wunden zu heilen. Danach hörten seine Leute nichts mehr von ihm.“Artus ist hier Zeitgenosse von Odoaker, der im Kaiserteil erscheint.

Einen höheren Stellenwert erhielt Artus im 14. Jahrhundert in den auf Martin basierenden „Flores temporum“ (Blumen/Blütenlese der Zeiten). Hinzuweisen wäre ferner auf ein aus dem 12. Jahrhundert stammendes „Brut“-Exemplar des Klosters Tegernsee[76] und auf einen um 1260 in der Passauer Dombibliothek befindlichen „libellus in Gallica lingua de Artusio“.[77] Bei diesem kleinen Büchlein in altfranzösischer Sprache über Artus könnte es sich um Chrétiens „Yvain“ gehandelt haben.

Für die Reichsgeschichte, die großen Dynastien und die Städte (Gründungslegenden) blieben Artus und seine Tafelrunder jedoch bedeutungslos. Es handelte sich um Ereignisse vom fernen Rand der Welt.[78] Eine historische An- oder Einbindung der Artusfiguren in die deutsche Geschichte fand nicht statt. Wohl aber wurden die arturischen Helden samt Gral, Tafelrunde, Artushof etc. zu Idealmustern einer eigenen deutschen Hof- sowie später auch Patrizierkultur. Die Zahl entsprechender Artushandschriften erreichte schon im 13. Jahrhundert dreistellige Werte. Auch Berichte von deutschen Tafelrunden und Gralsfesten begegnen während des 13. Jahrhunderts in Chroniken, Annalen und in literarischen Werken wie Ulrich von Lichtensteins „Frauendienst". Darin bestreiten Ulrichs Minneritter des 13. Jahrhunderts unter arturischem Pseudonym ein großes Ritterturnier. Ulrich lässt alles antreten, was Rang und Namen hat in der Artuswelt: Als Ywan kämpft ein gewisser „Erchenger von Landeser ze Hohenwanc", als Segremors „her Alber von Arnstein" und als Lanzelot der „her Heinrich von Spiegelberc". Auch Tristram, mit richtigem Namen „her Nycola von Bebenberc", Gawan, das ist Ulrich selbst, Parcifal, Erec und natürlich „chünic Artus" sind dabei, wenn es in Lied 38 um die Tafelrunde geht.[79] Ganz ähnlich wie hier Ulrich von Lichtenstein in der Literatur ein solches Artusturnier entwirft, wird man sich auch die Turniere in der Realität vorstellen dürfen. Die bestens bekannten Namen des Personals der Artusepen nutzte man aber nicht nur zu solchen Turnierspielen, sondern gerne und häufig auch als ‚echte' Vornamen für Söhne und noch häufiger Töchter. Mit Beginn des 14. Jahrhunderts wurden zudem in zahlreichen nordostdeutschen Städten reihenweise Artushöfe (*curia regis Arthuri*) gegründet.[80]

5 Wahrheit oder Lüge? – Artuswissen und Artusliteratur

Im Streit um die richtige Aufzeichnungsform für Wahrheit und Geschichte – und so wurde der Artusstoff im französisch-angevinischen Westen in weiten Kreisen begriffen – waren Chrétiens Versromane ins Gerede gekommen. Ungeachtet bestehender Vorbehalte wurden seine Werke und Helden weiter intensiv tradiert und rezipiert. Mehr noch, Chrétiens Helden wirkten über die Werkgrenzen hinaus. In enger Anlehnung an seine Artusepen und explizit in seiner Nachfolge entstanden um einzelne von ihm mit Nebenrollen bedachte Protagonisten umfangreiche Erweiterungen. Typisch für diese sogenannten nachklassischen Artusepen war ihr Ergänzungscharakter. Sie nahmen Figuren Chrétiens auf, erweiterten das Handlungsspektrum, boten Nebenhandlungen, Vorgeschichten und Fortsetzungen. Beinahe jeder Artusritter erhielt in „L'âtre périlleux" (Der gefährliche Friedhof), „Le Bel Inconnu" (Der schöne Unbekannte), „Chévalier as deus espees" (Der Ritter mit den zwei Schwertern), „Chévalier à l'éspée" (Der Ritter mit dem Schwert), „Durmart", „Les Enfances Gauvain" (Die Kindheit von Gawan), „Escanor", „Fergus", „Gliglois", „Hunbaut", „La Mule sanz Frein" (Das Maultier ohne Zaumzeug), „Lai du cort mantel" (Mantel), „Meraugis", „Meliador", „Melion", „Rigomer", „Tyolet", „Yder" und „La Vengeance Raguidel" (Die Rache des Raguidel) seinen eigenen Roman.[81] Mit der gewaltigen Inflation von Artushelden wuchsen die Zweifel an der Wahrheit der Artusgeschichte weiter, was die Hörer, Leser und Schreiber nicht daran hinderte, einzelne, besonders schillernde Artusritter in ihre Festsäle oder ihre Bücher ‚einzuladen'.

Besondere Faszination ging von „Le Bel Inconnu", dem schönen Unbekannten, aus. Unzählige Bearbeitungen in diversen Sprachen sind bekannt. Der Typus bzw. das Motiv und die Figur blieben etwa in der deutschen „Krône" (um 1220), im englischen „Lybeaus Desconus" (um 1340), in Thomas Malorys „Morte d'Arthur" (Buch 7 der Druckausgabe von 1485), Ulrich Füetrers „Wigoleis" (1478–81) und Claude Platins französischer „Hystoire de Giglan" (1530) bis ins 16. Jahrhundert produktiv. Letztlich wurde der schöne Unbekannte neben den Chrétienschen Artusrittern[82] zum wohl populärsten Artusritter des Mittelalters: Dieser Ritter mit dem Namen Gingalain, auch bekannt als Guinglain, Gingalin, Gliglois, Wigalois, Wigoleys, ist der Sohn von Sir Gawain und der Fee Blanchemal. Er wächst bei Blanchemal ohne Kenntnis seiner Herkunft auf. Früh erwacht in ihm der Wunsch, Ritter zu werden. Als er einen Ritter im Wald findet, macht er sich auf in die

Welt. Er reist an den Hof des Königs Artus, wo er als Sir Le Bel Inconnu zum Ritter geschlagen wird. Als eine Nachricht am Hof eintrifft, dass die Prinzessin von Wales Hilfe brauche, übernimmt er sofort die Aufgabe. Nachdem er Prinzessin Esmerée vor dem gewalttätigen Mabon gerettet hat, bietet sie ihm die Ehe an. Vorher hatte der schöne Unbekannte auch schon Pucelle aux Blanches Mains, eine Feengestalt und Herrin der Ile d'Or, aus einer ähnlichen Lage gerettet. Auch sie bot die Ehe an, doch kurz vor der Hochzeit verließ der Ritter das Land. Als er, um sich für die überstürzte Abreise zu entschuldigen, Pucelle wieder besucht, trifft eine Nachricht vom Artushof ein. König Artus hat ein Turnier vorbereitet, um den schönen Unbekannten zurück an seinen Hof zu holen. Der will auch, egal was für Opfer es verlangt, am Turnier teilnehmen. Dafür müsste er aber Pucelle erneut und für immer verlassen. Pucelle bietet ihm selbstlos ihre Hilfe an, rüstet ihn für das Turnier aus und lässt ihren Geliebten ziehen. In einigen Versionen heiratet Gingalain nach dem Turnier die Prinzessin von Wales und erfährt, dass Gawain sein Vater ist. Renaut de Beaujeu, der den Stoff um 1190 bearbeitet, merkt in seiner Fassung an, dass der Ritter die Ehe mehr aus dynastischen Gründen denn aus Liebe eingeht.

Im frühen 14. Jahrhundert verschwanden diese nachklassischen Artusepen in Analogie zu den als unwahr und fabulös diskreditierten Versepen Chrétiens nahezu vollständig aus dem französischen Literaturkanon. Vereinzelt sicherte allerdings die bereits vorher erfolgte Rezeption in anderen Kulturkreisen ein durchaus erfolgreiches Weiterleben der Artushelden der zweiten Reihe in anderen Literaturen. Dies gilt auch für zahlreiche französische Texte in mittelniederländischen Artusepen wie „Wrake van Ragisel", „Walewein ende Keye", „Roman von Moriaen" oder „Roman von Torec".

Im Deutschen Reich rückten die arturischen Helden der zweiten Reihe mit dem Erfolg des Genres ebenfalls in den Blickpunkt des höfischen Publikums. Doch anders als im französischen Sprachraum und den *nideren landen*, wo man auch bei den nachklassischen Texten den französischen Vorbildern verpflichtet blieb, wurden bei der Konzeption neuer deutscher Artustexte eigene Wege beschritten.[83] Überhaupt scheint man sich im Reich schnell von französischen Mustern emanzipiert zu haben. Mit dem „Lanzelet" Ulrichs von Zatzikhoven[84] und dem „Wigalois" Wirnts von Grafenberg[85] begegnen schon um 1200/1215 Artusritter eigenen Typs. Für den „Wigalois", der sich vage an „Le Bel Inconnu" anlehnt, ist charakteristisch, dass die literarische Welt der Artusgesellschaft mit Anderswelt-Episoden um einen Drachen und den Teufelsbündler Roaz sich einerseits fantastischen Berichtshorizonten annähert. Andererseits öffnet sich das Werk mit der am Schluss angehängten Namurepisode hin zu einer realhistorischen Wahrnehmung. Bei der wie eine Chronik konzipierten Schlussepisode fühlt man sich unwillkürlich an den Schluss von Wolframs „Parzival" erinnert, wo über den Schwanritter und den Priesterkönig Johannes ähnlich reichsrelevante Realien in die Artuswelt hineinzitiert werden.

Völlig ahistorisch gibt sich der „Lanzelet". Die Vervielfachung des Rettungs- und Heiratsmotivs lässt satirische Züge erkennen: Nach einer kurzen Elternvorgeschichte wird der Königssohn Lanzelet als Kind von einer Meerfee („merfeine") entführt und in deren Insel-Frauenreich aufgezogen. Er erlernt dort alle ritterlichen und höfischen Tugenden und Fertigkeiten. Fünfzehnjährig will er ausziehen, um Ritterschaft zu lernen und seinen Namen zu erfahren. Den kann er allerdings erst dann erfahren, wenn er Iweret von Beforet, den Feind der Fee, besiegt hat. Lanzelet wird mit Pferd, Rüstung und Schwert prachtvoll ausgestattet. In zwei Aventiuren gewinnt er jeweils Frau und Landesherrschaft, und zwar die Tochter des Galagandreiz auf Moreiz und Ade auf Limors. Die erste Frau verlässt Lanzelet heimlich um seines Zieles willen. Der Zauber von Schastel le mort führt zur Trennung von der zweiten Frau. Artus hat zwischenzeitlich von Lanzelets Taten gehört und lässt ihn durch Walwein zu sich bitten. Lanzelet lehnt wegen seiner Namenlosigkeit ab, ergreift jedoch die Gelegenheit, gegen den berühmten Walwein zu kämpfen. Beide werden von einem Knappen getrennt, der von einem Turnier bei Djofle berichtet. Dort findet sich die ganze Tafelrunde ein. Lanzelet bleibt Sieger des dreitägigen Turniers. Artus' Einladung lehnt er erneut ab. Darauf folgt die Begegnung mit dem Sohn der Meerfee, Mabuz dem Schwachen, auf Schastel le mort. Diese Burg des Todes ist überaus gefährlich, denn wer sie betritt, wird zum Feigling und kann mühelos von Mabuz in den Kerker geworfen werden. Iweret war es trotzdem geglückt, Mabuz sein Land zu rauben. Seither sinnt die Meerfee darauf, dass Iweret getötet werde; jedoch kann dies nur Lanzelet vollbringen. Aber Lanzelet wird auf Mabuz' Burg wie alle Vorgänger zum Feigling, von Mabuz aber schließlich freigesetzt, damit er eine neubegangene Untat Iwerets räche. Wieder in Freiheit erfährt Lanzelet von einem Abt die Regeln der Aventiure von Belforet: Am Ort der Herausforderung hängen Zimbel und Hammer. Wird die Zimbel dreimal geschlagen, erscheint Iweret zum Kampf. Wer ihn besiegt, erhält dessen Tochter Iblis zur Frau. Lanzelet handelt wie vorgeschrieben, kämpft, erschlägt Iweret und heiratet Iblis. Wiederum tritt Lanzelet seine Landesherrschaft nicht an, sondern begibt sich mit Iblis auf Fahrt. Bei ihrer ersten Rast erscheint eine Botin der Meerfee, um Lanzelet Namen und Abstammung zu verkünden. Jetzt kann Lanzelet an den Artushof ziehen. Dort setzt er sich zufällig auf den Ehrenstein. Eine für die Artusüberlieferung typische Tugendprobe wird in Gang gesetzt. Sie kann nur ein Ritter ohne „falsch oder haz" bestehen. Selbstverständlich gelingt Lanzelet dies. An Walweins Stelle, der ihm den Kampf überlässt, tritt Lanzelet nun gegen Valerin an, der Ginover für sich beanspruchte, weil sein Anspruch älter sei als der von König Artus. Lanzelet besiegt Valerin, lässt ihn aber gegen „sicherheit" frei. Der Artushof feiert anschließend ein vierwöchiges Fest, und Lanzelet gewinnt „durch sîne wirde den stuol zer tavelrunde". Danach zieht Lanzelet nach Pluris und besteht die Aventiure von Pluris: 100 Ritter sind an einem Tag zu besiegen. Er gewinnt dadurch die Hand der Frau von Pluris und muss bei ihr auf der Burg bleiben. Iblis ihrerseits stellt bei einer Mantelprobe am Artushof ihre einzigartige Tugendhaftigkeit unter Beweis. Walwein, Tristan, Erec und Karjet brechen auf, um Lanzelet von Pluris zu befreien. Der befreite Lanzelet und seine Gefährten erfahren unterwegs von der Entführung Ginovers durch Valerin. Um den Zauber, der Valerins Burg umgibt, zu durchbrechen, bedarf es der Hilfe des Zauberers Malduk, der jedoch Artus und seinen Rittern feindlich gesinnt ist. Schließlich wird Ginover befreit und Valerin und seine Leute werden getötet. Ein Fest am Artushof schließt sich an. Lanzelet erfährt durch Iblis von einem großen Drachen, der einen Ritter angefleht habe, ihn um Gottes Willen („durch got") zu küssen. Zusammen mit neun Rittern bricht Lanzelet auf, wagt als Einziger den Kuss und qualifiziert sich so als „der beste ritter, der nu lebet". Der Drache verwandelt sich augenblicklich in eine wunderschöne Frau, Elidia von Thile. Sie war zur Strafe für falsche Liebe („valsche minne") in einen Drachen verwandelt worden. Lanzelet tritt schließlich die Herrschaft in seinem eigenen Erbland und im Reich Iwerets an. Zu seiner Krönung im Land der Iblis erscheint der ganze Artushof. Lanzelet und Iblis haben vier Kinder, sind das ideale Herrscherpaar und sterben in hohem Alter am selben Tag. Im Epilog folgt ein Ausblick auf das weitere Leben von Lanzelet und Iblis und der Hinweis, woher die Vorlage, „daz welsch buoch von lanzelete", stammte.

Der Erfolg des „Lanzelet" scheint bei nur fünf erhaltenen Textzeugen zwar nicht so groß wie bei den Werken Hartmanns und Wolframs gewesen zu sein, eine kleine Episode in einem Bild des „Codex Manesse", der um 1310 in Zürich entstandenen berühmten „Großen Heidelberger Liederhandschrift", belegt allerdings, dass man im städtischen Milieu Zürichs um 1300 noch selbstverständlich mit der Kenntnis dieses alten Artusromans rechnete. Der Miniator fügte in das Titelbild zu Alram von Gresten in eine typisch höfische Leseszene die ersten Verse des „Lanzelet" ein: „Swer rehtiu wort gemerken kan, / der gedenke wie ein wîse man". Sie sind im aufgeschlagenen Buch der Dame zu entziffern, die also im „Lanzelet" liest |44|.

Was sich im „Lanzelet" mit fünf ritterlich gewonnenen, aber meist wieder verlassenen Frauen streckenweise wie eine Parodie der arturischen Schemata liest, wird im „Wigalois" auf ein ernstes, vielleicht sogar historisches Artusrittertum zurückgeführt. Wie Lanzelet muss sich Wigalois mit andersweltlichen Mächten abplagen. Die für die Chrétienschen

|44| Autorbild des Alram von Gresten in der „Großen Heidelberger Liederhandschrift“. Eine Dame liest dem Minnesänger Alram aus dem „Lanzelet“-Roman Ulrichs von Zatzikhoven vor. Heidelberg, UB, Cpg 848, fol. 311r, nach 1300.

Artusromane typischen Bewährungsmuster fehlen. Der Held ist und bleibt ideal: Der Gawain-Sohn Wigalois wird ohne Kenntnis seiner Herkunft von Feen aufgezogen. Als er an den Artushof kommt, erkennt er seinen Vater nicht. Wie zufällig besteht Wigalois die Tugendsteinprobe. Seine Idealität wird offenbar. Erfolge im Turnier und die Aufnahme in die Tafelrunde sind obligatorisch. Vorübergehende Schwächen oder das vorläufige Scheitern des Helden sind in der Übermacht oder Übernatürlichkeit des Gegners begründet. Die erste Aventiure-Sequenz ist mit der zweiten durch die Einkehr in Roimunt verknüpft; die Zäsur akzentuiert die Stilisierung der Fahrt nach Korntin als Jenseitsreise, den Helden als Erlöser und Heilsbringer. Wo immer unlösbare Aufgaben warten, kann der Held mit Gottvertrauen und göttlichen Hilfsmitteln die Gefahren überstehen. Die Aventiuren der zweiten Sequenz gruppieren sich um die Erlösung Korntins, die Ruel-Episode sowie die Überwindung und Vernichtung des Teufelsbündlers Roaz. Dessen Heidentum und Teufelsverfallenheit bieten die Folie, Liebestreue und Gottesverbundenheit zu reflektieren. Auf den typuskonformen Abschluss der Aventiuren mit Sieg, Heirat und Landesherrschaft folgt die eigentümliche Namurepisode. Im Zentrum stehen realhistorische Motive wie Friede („vride“), Recht („reht“) und Herrschaft. Die arturische Welt öffnet sich in präzisen Zug- und Schlachtschilderungen sowie eingestreuten realhistorischen Elementen der historischen Wirklichkeit.

Es scheint bezeichnend für die deutsche Artuswahrnehmung, dass gerade dieser besonders weit von den Chrétienschen Vorbildern und der Artushistoria abgelöste Artusroman den am längsten andauernden Erfolg im deutschen Sprachraum feiern konnte. Unter den über 40 erhaltenen mittelalterlichen Handschriften und Fragmenten sticht eine für den Welfenherzog Albrecht II. von Braunschweig-Grubenhaben bestimmte, prachtvoll illuminierte Bilderhandschrift hervor. Sie wurde im Jahr 1372 von einem Mönch des Zisterzienserklosters Amelungsborn angelegt. Mit 47 meist halbseitigen Miniaturen und einer besonders farbenfrohen Tafelrunde gehört sie zu den kostbarsten deutschen Artushandschriften überhaupt **|45|**. Die Ausgestaltung erinnert an die wenig älteren Wienhäuser Tristanteppiche, an französisch-flämische Artus-Bilderhandschriften und einige wenige „Parzival“-Manuskripte. Warum gerade dieser Artusheld so kostbar auf das Pergament kam, erklärt sich durch seine Idealität und seine Gottesnähe. Er konnte und sollte Vorbild sein für den ritterlichen Nachwuchs. Für das 15. bis 18. Jahrhundert ist der „Wigalois“ schließlich der bekannteste Artusritter überhaupt. Seine größten Erfolge erlebte er freilich in Form einer radikal trivialisierten Prosabearbeitung. Sie wird nach dem Erstdruck im Jahr 1493 bis ins 18. Jahrhundert oftmals nachgedruckt.

Die Erfolge von Hartmann, Wolfram und Wirnt regten zahllose Nachfolger an, sich dem Artushof und seinen Rittern zu widmen. Die jetzt entstehenden sogenannten nachklassischen deutschen Artusepen erweisen sich dabei vielfach als vollständig losgelöst von etwaigen französischen Quellen. Dies gilt beispielsweise für „Wigamur“[86], „Edolanz“[87] und den nur fragmentarisch erhaltenen „Loccumer Artusroman“.[88] Typisch für diese Romane ist, dass sie sich aus dem Fundus der Klassiker bedienen. So finden sich im „Wigamur“ beispielsweise Bezüge zu Wolframs „Parzival“ und zu Wirnts „Wigalois“: Wigamur, der Sohn des Königs Paltriot von Lendrie, wird als Kind von der Meerfrau Lespia entführt, als seine Eltern an einem Fest am Hof des Königs Artus teilnehmen. Von der Fee wird er in einer Höhle im Meer aufgezogen (V. 167). Eines Tages fängt Lespia ein Meerungeheuer und will ihre Brüder um Rat fragen, wie sie mit diesem umgehen soll. Auf dem Weg zu ihnen wird sie von Paltriots Jägern aufgegriffen. Der König verlangt von ihr die Rückgabe Wigamurs. Währenddessen befreit sich das Meerungeheuer, tötet Lespias Töchter und nimmt Wigamur mit sich auf den Meeresboden. Als die Meerfrau davon erfährt, bringt sie sich vor Kummer um (V. 336). In den kommenden Jahren bringt das Meerungeheuer Wigamur höfische Fertigkeiten bei und führt ihn schließlich als Volljährigen an Land. So ganz erfolgreich war die Ausbildung allerdings nicht: Der Königssohn kann sich anfangs noch nicht einmal auf dem Pferd halten. Selbst wenn nur ein Vogel an ihn geflogen wäre, wäre er heruntergefallen (V. 547 f.). Auch hat er keine Ahnung, wie er sich als Ritter zu verhalten hat. Nachdem er endlich einen Ritter besiegt hat, lässt er jedoch vorbildlich Gnade walten, als sein Gegner um sein Leben bittet und ihm versichert: „Ich werde dir immer untertänig sein und will dein *man* [im Sinne von ‚Gefährte‘] werden.“ Er stellt ihm eine entlarvende Frage: „Jetzt erkläre mir aber“, sagte der Königssohn, „wie du das tun willst, dass du mein *man* sein willst, wo ich doch gar keine Frau bin?“ (V. 671 ff.). Es folgen dann die üblichen Abenteuer, Kämpfe, Turniere und tragischen Verwicklungen um edle Damen, bis am Ende der strahlende Held eine schöne Königstochter rettet, heiratet und glücklich wird. Einem ähnlichen Muster scheint auch der „Loccumer Artusroman“ verpflichtet, aber das stark verstümmelte Romanfragment lässt vom Erzählinhalt nur Umrisse erkennen: Es geht um Kämpfe zwischen orientalischen Helden und Rittern aus dem Umkreis von Artus’ Hof. Obwohl der Text durch eingestreute französische Redensarten eine gewisse Nähe zu den französischen Artusromanen verrät, konnte keine entsprechende Vorlage nachgewiesen werden. Namen von Rittern und Orten wie Gamuret, Anyowe, Isenhart und Punturtois deuten eher auf enge Bezüge zu Wolframsvon Eschenbachs „Par-

|45| Eingangsminiatur mit Tafelrunde in Wirnt von Grafenbergs „Wigalois“. Albrecht II. von Braunschweig-Grubenhaben war von den Rittern der Tafelrunde so begeistert, dass er sich eine Handschrift des „Wigalois“ mit kostbaren Miniaturen ausstatten ließ. Leiden, UB, ms. Ltk. 537, fol. Iv, vollendet 1372.

|46| Parzival besucht die Gralsburg, Lauber-Handschrift. In der Hagenauer Schreibmanufaktur von Diebold Lauber entstanden zahlreiche nahezu identische Kopien dieser illustrierten Handschrift. Heidelberg, UB, Cpg 339, um 1445.

zival". Direkt zitiert sind auch Verse aus Hartmann von Aues Legendenroman „Der arme Heinrich".

Trotz der zum Teil engen Bezüge zu den jetzt schon berühmten Klassikern Hartmann, Gottfried und Wolfram konnte keiner dieser genuin deutschen Nachklassiker größere Erfolge verzeichnen. Obwohl das Interesse am Artusstoff weiter groß gewesen sein muss, blieben sie von der Gunst des Publikums ausgeschlossen. Zeitgleich wurden „Iwein", „Parzival", „Wigalois", „Tristan" und „Titurel" bzw. „Jüngerer Titurel" unzählige Male kopiert. In der Schreibmanufaktur Diepold Laubers gehörten die Artusklassiker zum Standardsortiment. In einer Buchhändleranzeige aus den 1440er Jahren werden „der Ritter herr Wigoleis" und der „Parcifal" angepriesen. Im Angebot waren auch Gottfried von Straßburgs „Tristan", „Tristan als Mönch" und die „Tristan"-Fortsetzung Ulrichs von Türheim. Es hatte sich allerdings einiges verändert. Reichte den Interessenten früher der Text, so sollten jetzt reichlich Bilder die Käufer anlocken. Fast alle Handschriften im Sortiment wurden mit dem Prädikat „hubsch gemolt" versehen. Das heißt, die Bücher waren mit schönen Bildern ausgestattet. Angesichts zahlreicher erhaltener Exemplare steht zu vermuten, dass sich die zum Teil über 200 Jahre alten Artusromane im 15. Jahrhundert weiter bestens verkauften. Vor allem in Adelskreisen – sie waren die Hauptabnehmer Laubers – gehörte es nach wie vor zum guten Ton, einen Artusritter auf dem Lesepult zu haben **|46|**. Wer es sich leisten konnte, ließ sich Artusgeschichten neu dichten. Ein erster Interessent dieses neuen Typs lässt sich bereits im 4. Jahrzehnt des 14. Jahrhunderts identifizieren: Ulrich V. von Rappoltstein gab den beiden Straßburger Goldschmieden Philipp Colin und Claus Wisse in den 1330er Jahren den Auftrag, Wolframs „Parzival" nicht nur zu kopieren, sondern gleich auch noch grundlegend zu überarbeiten und zu ergänzen. Als Schreiber seines „Rappoltsteiner Parzifal" wurden der Jude Samson Pine und zwei weitere Schreiber engagiert. Das Bemerkenswerte bei diesem innerhalb von fünf Jahren (1331 – 1336) realisierten Buchprojekt ist, dass neben Wolframs „Parzival" auch der französische „Perceval" Chrétiens herangezogen und für die neue Parzivalsumme auch eigens aus dem Französischen übersetzt wurde.[89] Die Faszination der alten Klassiker war nach wie vor groß und überwand mühelos selbst kulturelle bzw. Sprachgrenzen.

Rund 150 Jahre später können wir am bayerischen Herzogshof ein ähnlich lebendiges Interesse an der Artuswelt ausmachen. Ulrich Füetrer verfasste in den Jahren 1471 – 1495 für den Herzogshof in München gleich ein ganzes Bündel neuer Artusromane, die er im „Buch der Abenteuer" zu einem umfassenden Artuszyklus vereinigte.[90] Wie der Rappoltsteiner beließen es auch die Münchner nicht dabei, eine simple Kopie zu bestellen. Was entstand, war eine umfangreiche, auf diversen Quellen und Ergänzungstexten beruhende Neubearbeitung. Außerhalb des Münchner Hofs war das Echo auf Füetrers Artusbearbeitungen allerdings verhalten. Es

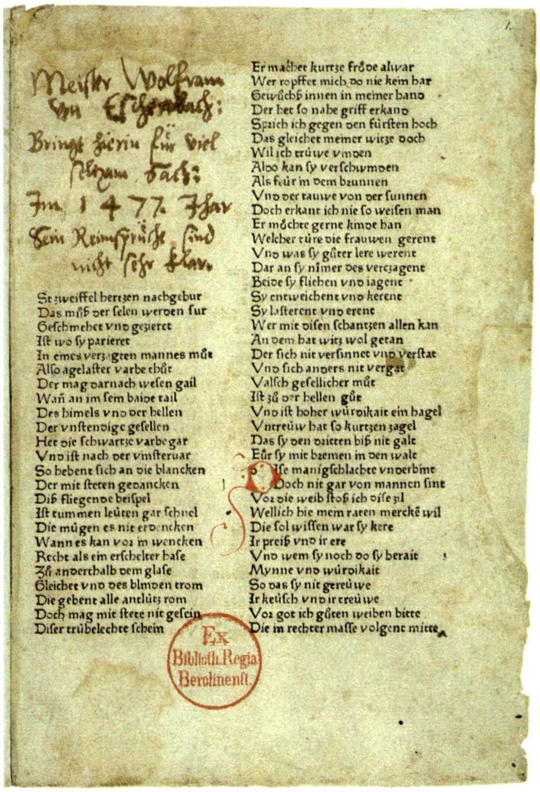
Meister Wolfram von Eschenbach:
Im 1477 Jhar
Sein Reimsprüche sind nicht sehr klar.

Sy zweiffel hertzen nachgebur
Das müß der selen werden sur
Geschmehet vnd gezieret
Ist wo sy parieret
In eines verzagten mannes můt
Also agelaster varbe thůt
Der mag darnach wesen gail
Wañ an im sein baide tail
Des himels vnd der hellen
Der vnstendige gesellen
Het die schwartze varbe gar
Vnd ist nach der vinsteruar
So hebent sich an die blancken
Der mit steten gedancken
Diß fliegende beispel
Ist tummen leüten gar schnel
Die mügen es nit erdencken
Wann es kan voꝛ im wencken
Recht als ein erschelter hase
Zů anderthalb dem glase
Gleichet vnd des blinden trom
Die gebent alle antlütz rom
Doch mag mit stete nit gesein
Diser trübelechte schein

Er machet kurtze fröde alwar
Wer ropffet mich do nie kein har
Gewüchß innen in meiner hand
Der het so nahe griff erkand
Spꝛich ich gegen den fürsten hoch
Das gleichet meiner witze doch
Wil ich trüwe vinden
Also kan sy verschwinden
Als feür in dem bꝛunnen
Vnd der tauwe von der sunnen
Doch erkant ich nie so weisen man
Er möchte gerne kinde han
Welcher türe die frauwen gerent
Vnd was sy güter lere werent
Dar an sy nimer des verzagent
Beide sy fliehen vnd iagent
Sy entweichent vnd kerent
Sy lasterent vnd erent
Wer mit disen schantzen allen kan
An dem hat witz wol getan
Der sich nit versinnet vnd verstat
Vnd sich anders nit vergat
Valsch gesellicher můt
Ist zů der hellen gůt
Vnd ist hoher würdikait ein hagel
Vntreüw hat so kurtzen zagel
Das sy den dꝛitten biß nit galt
Für sy mit bꝛemen in den walt
Dise manigschlachte vnderbint
Doch nit gar von mannen sint
Voꝛ die weib stoß ich dise zil
Wellich hie mein raten mercken wil
Die sol wissen war sy kere
Ir preiß vnd ir ere
Vnd wem sy noch do sy berait
Mynne vnd würdikait
So das sy nit gereüwe
Ir keüsch vnd ir treüwe
Voꝛ got ich gůten weiben bitte
Die in rechter masse volgent mitte

|47| Eingangsseite des „Parzival"-Drucks von Johann Mentelin, Straßburg 1477, mit einem handschriftlichen Eintrag. Der Schreiber beschwert sich über die dunkle, unverständliche Sprache Wolframs von Eschenbach.

war wohl nur ein lokales (Münchner) Artusrevival. Auch die bei Johann Mentelin in Straßburg erschienenen großformatigen Druckausgaben des Wolframschen „Parzival" (1477) und des „Titurel" (1477) waren keine Verkaufsschlager. Es blieb jeweils bei einer Druckauflage. Zeitgenossen beklagten sich, dass das, was Wolfram zusammengeschrieben habe, schlicht unverständlich sei **|47|**.

Diese vereinzelten Misserfolge bedeuteten jedoch keinesfalls, dass man an Artus und seinen Rittern kein Interesse mehr hatte. Es waren nur die sprachlich, stilistisch und darstellungstechnisch veralteten Versepen der sogenannten höfischen Blütezeit, die mittlerweile zu kompliziert und literarisch zu anspruchsvoll waren. Das Massenpublikum verstand die auf höchstem stilistischen Niveau gedichteten Klassiker einfach nicht mehr. Waren die Texte allerdings entsprechend aufgearbeitet, konnten Ritterabenteuer – nicht zuletzt der strahlenden Artusritter – weiter ein großes Publikum begeistern. So wurde ein „meister vngenant" im Jahr „Als man zalt von der gepurd Criſti .M.cccclxxij" (1472) von „etlich edel vnd auch ander personen/ man vnd frawen gebeten" (Bl. 2^r), den „Wigalois" gründlich zu überarbeiten. Seine extrem verkürzte, trivialisierte und schon in den ersten Druckausgaben comicartig mit einfachen Holzschnittbildchen ausgestattete Prosafassung erschien am 18. Januar 1493 bei Johann Schönsperger in Augsburg. Das kleine Ritterbändchen um den Gawain-Sohn Wigalois, der wegen seines Rad-Wappens den Beinamen vom Rade trug, traf den Geschmack des Publikums: Der Ritter zieht vom Artushof aus, kämpft gegen einen schrecklichen Drachen, befreit ohne Furcht und Tadel das Land Korotin/Korntin von dem heidnischen Usurpator Roaz, bis er schließlich am Schluss das Land und die Hand der Erbin Larie gewinnt **|48|**. In schneller Folge erlebte dieser trivialisierte „Herr Wigoleys vom Rade" bis ins 17. Jahrhundert hinein mindestens acht Neuauflagen.[91] Er war für ein zahlungskräftiges adliges und städtisches Publikum zu

Herꝛ Wigoleys vom Rade der
hochberiempt vnd edel Ritter von der tafel runde.

Es man zalt von der geburt Chꝛiſti.
M.cccc. vnd lxxij. Jar bin ich vnge=
nant. Durch etlich edel vnd auch an
der perſonen/ mañ vnd frawen gebet
ten wordē/ inen zů lieb die hiſtory/ vō
dem hochberiemptē ritter herꝛn Wy=
golois vom Rad/ auß rymen in vngerymbt beſchꝛi=
ben/ darinnen ſie mir ir gunſte vnd dienſte hoch ge=

|48| Eingangsseite des „Wigalois"-Drucks von Johannes Knoblauch, Straßburg 1519. Nach der Augsburger Erstausgabe von 1493 erschienen bis in die Neuzeit zahlreiche weitere Druckauflagen. Typisch ist die Ausstattung mit comicartigen Holzschnitten.

|49| Merlin in der „Schedelschen Weltchronik“, Nürnberg 1493.

einem Standardritterroman der Moderne geworden. 1587 wurde der Roman in das viel beachtete „Buch der Liebe“, eine große Sammlung von Liebesabenteuergeschichten, aufgenommen. Im 16. Jahrhundert entstand der jiddische „Ritter Widuwilt“, der 1699 gedruckt und ins Neuhochdeutsche rückübertragen wurde.[92] Als letzter Ausläufer dieses Überlieferungszweigs brachte Johann Ferdinand Roth im Jahr 1786 die satirische Prosaerzählung „Vom König Artus und von dem bildschönen Ritter Wieduwilt. Ein Ammenmährchen“ heraus.[93] Parallel zur noch aktiven Rezeption als Ritter- bzw. Abenteuerbuch setzte mit der 1819 von Georg Friedrich Benecke bei Reimer in Berlin veranstalteten Edition und den von Karl Lachmann 1820 für seine „Auswahl aus den Hochdeutschen Dichtern des dreyzehnten Jahrhunderts“ gewählten „Wigalois“-Abschnitten die wissenschaftliche Beschäftigung mit Wirnts „Wigalois“ ein.[94] Eine ähnliche Erfolgsstory erlebte die Prosavariante von Eilharts „Tristrant“. Die „Hystori von Tristrant und Ysalden“ erschien erstmals 1484 bei dem Augsburger Erfolgsdrucker Anton Sorg und 14 Jahre später noch einmal bei seinem Augsburger Kollegen Hans Schönsperger. Wie vier weitere französische „Tristan“-Drucke aus den Jahren 1489, 1496, 1499 und 1506 verraten, riss das Publikum sich förmlich um die Abenteuer und die vertrackten Liebesgeschichten der Artusritter.

Für die Wirkung der arturischen Welt als Vorbild und Leitmuster einer höfisch-adligen, aber mehr noch einer städtisch-pseudohöfischen Erinnerungskultur waren diese Druckausgaben ein kaum zu unterschätzender Multiplikator. Dass König Artus seine herausragende Exemplarizität bis in die Neuzeit bewahren bzw. mancherorts sogar noch erweitern konnte, verdankte sich aber auch der zeitgenössischen Geschichtsforschung. In den gängigen Weltchroniken hatte der britische König schon vor langer Zeit seinen Platz gesichert. Nun wurde dieses Artuswissen in den Druckausgaben tausendfach vervielfältigt. Konsequent chronologisch in die spätrömische Geschichte eingeordnet, konnte man nun leicht nachschlagen, wer Artus war und wann er wo regierte. Das größte Druckwerk der Dürer-Zeit, die nach ihrem Initiator benannte „Schedelsche Weltchronik“, enthielt selbstverständlich auch eine solche Artuspassage: Die Merlin- und Artusabschnitte in der 1493 in Nürnberg erschienenen und bis 1500 mehrfach nachgedruckten „Weltchronik“ zeichnen allerdings ein eher holzschnittartiges Bild des arturischen Britannien: Nach „vortigerius“ übernahm laut Schedels Kenntnis „sein bruoder des großen arturi vater“ die Herrschaft **|49|**. Das Brustbild zeigt den „namhafftigen weissag auß Engelland Merlinus“, zu dem Schedel ausdrücklich anmerkt, dass sie von ihm „erlich sagen“ (Bl. 138r). Historisch korrekt eingeordnet folgt einige Blätter, d. h. Jahre später „Arturus der britannier könig“. Er ist mit dem für wichtige Personen üblichen Brustbild markiert und gemäß seiner Position als König mit Krone und Zepter dargestellt. Die wesentlichen Angaben scheint Schedel aus Geoffreys „Historia regum britanniae“ und dessen „Merlin“ geschöpft zu haben. So weiß Schedel zu berichten, dass Artus „ein weitberuͤmbt streithaftig vnd fast starcker man vnd ein merer cristenlichs glawbens gewesen“ ist. Als Wappentier trug er auf dem goldenen Helm einen Drachen. Außerdem soll er „ein schwert gehabt vnd gefuͤert haben mit dem er vierhundert vnd sechtzig man hab erschlagen in einem streit“ (Bl. 143v). Führt man sich die Verbreitung der „Schedel-Chronik“ vor Augen, durfte ein rudimentares Artuswissen jetzt überall in der Welt leicht zugänglich gewesen sein. Etwaige Zweifel an der historischen Wahrhaftigkeit des Königs Artus waren sowieso schon längst ausgeräumt – oder?

III Artusmythen von der Neuzeit bis heute

1 Kult und Kultfigur – Artusfeste, Artushöfe, Artusturniere, Artusnamen

In die literarische und chronistische Artusüberlieferung verschränkt, entwickelte sich seit dem 12. Jahrhundert eine aktiv gelebte Artuskultur. Die arturische Fest- und Turnierkultur hatte sich ausgehend vom englischen Königshof sehr schnell auf den Britischen Inseln und in weiten Teilen des englisch beherrschten bzw. beeinflussten französischen Sprachraums in Aquitanien, in der Bretagne, in der Normandie, in Brabant, in Flandern und im Heiligen Land etabliert. Überall gehörten Artusturniere und Gralsfeste zum höfischen Ambiente. Die ältesten Berichte über die Ausrichtung einer festlichen Tafelrunde datieren aus dem Jahr 1223 und stammen bezeichnenderweise aus Zypern, wo sich die Ritterelite des ganzen Abendlandes traf. Gleichzeitig reisten die Artusgeschichten mit den Normannen und letztlich mit allen Rittern, die mit dem ‚Artusvirus' in Berührung gekommen waren, durch die Welt. Episoden aus dem arturischen Stofffundus tauchten mehr oder weniger unvermittelt in Spanien, Italien, Sizilien und im Heiligen Land auf. Die erfolgreiche Literarisierung des Stoffs vornehmlich in den Artusromanen Chrétiens de Troyes und seiner Übersetzer potenzierte die Wirkung. Nicht zuletzt die vielen beiläufigen Erwähnungen in der Weltliteratur – etwa bei Boccaccio, Petrarca, Dante, Ariost und Cervantes – lassen die internationalen Dimensionen einer solchen Artuspräsenz erahnen. Überall im Abendland verehrte man König Artus und seine Ritter der Tafelrunde. Und die Konturen dieses arturischen Rittertums waren derart beeindruckend, dass man sich vielerorts eben diese Artusritter als Vor- und Leitbilder in die eigenen Höfe, Burgen, Häuser und sogar Kirchen hineinholen wollte.

Einen ersten arturischen Bildraum skizzierte Lambert von St. Omer um 1120 in seinem „Liber Floridus". Er führte aus, dass Artus selbst einen Palast besessen habe, der reich mit herrlicher Kunst und kostbaren Kunstgegenständen ausgestattet gewesen sei. Das literarische Modell eines solchen prächtigen Artushofs, angereichert durch die höfisch-idealen Schilderungen der Artusromane, stand Pate für die Artuswahrnehmung der folgenden Jahrhunderte. Im ausgehenden 12. Jahrhundert entstanden dann erste prachtvoll illustrierte Historia- und wenig später auch Romanhandschriften. Es dauerte nicht lange, bis sich mannigfaltige Artusdarstellungen auf Wänden höfischer Repräsentationsbauten, auf Teppichen, Stickereien, Bechern, Kästchen, Porträts und in Form von Statuen fanden.[1] Die geografische Verbreitung entsprechender Kunstgegenstände, aber auch Inszenierungen von Artusturnieren, Tafelrunden und Artusfesten reichten von den Britischen Inseln und Frankreich über Mallorca, Spanien, Sizilien, Zypern, das Heilige Land, das Heilige Römische Reich bis nach Polen und in den hohen Norden.

|50| Tristan und Isolde entdecken im Brunnen das Spiegelbild von König Marke, der sich im Baum versteckt hat, um das Liebespaar zu beobachten. Konsole in der Schatzkammer des Palais Jacques-Cœur in Bourges, um 1450.

Zu den bliebtesten Motiven gehörten die Erzählungen rund um den von Chrétien erfundenen Löwenritter Yvain/Iwein. Zur enormen schriftlichen Verbreitung seiner Abenteuer kamen bald zahlreiche Bildzeugnisse, etwa auf Schloss Rodenegg (um 1210/20), im Hessenhof in Schmalkalden (Mitte 13. Jahrhundert), auf dem Maltererteppich in Freiburg (um 1320/30), in den Fresken auf Burg Runkelstein bei Bozen (zwischen 1400 und 1413), auf Burg Grafenstein (14./15. Jahrhundert), im Chorgestühl der Kathedrale von Lincoln (1380), in Bosten (1385) und in der Kirche des New College in Oxford (1480).[2] Auffällig ist die überproportionale Präsenz des Löwenritters im deutschen Sprachraum. Ähnlich verhält es sich mit Perceval bzw. Parzival. Auch hier finden wir entsprechende Bildzeugnisse bevorzugt auf deutschen Mauern und Teppichen, so im Haus zur Kunkel in Konstanz (um 1300), im Haus des Lübecker Patriziers Johannes Saffran (1323/1339) und auf dem Braunschweiger Gawan-Teppich (14. Jahrhundert).[3]

Im französischen Sprachraum waren Lancelot, Gawain sowie vor allem das skandalträchtige Liebespaar Tristan und Isolde beliebter |50|. Sie finden sich auf Torbögen in Kirchen, auf Wandgemälden, Teppichen und unzähligen Kästchen – bei Tristan und Isolde bevorzugt Minnekästchen[4]. Herausgehoben seien die ins 13. Jahrhundert zu datierende, in Stein gemeißelte Schwertbrücken-Episode in der Kathedrale von Caen und die um 1325 entstandenen, heute in London und New York aufbewahrten Pariser Tristan-Elfenbeinkästchen.[5] Zu einem gängigen Darstellungsmuster entwickelte sich auch die Reihe der neun idealen Herrscher, in die König Artus seit den Berichten Geoffreys aufgerückt war: Artus stand in einer Reihe mit den antiken Helden Alexander, Hector, Cäsar, den alttestamentarischen Vorbildfiguren David, Josua und Judas Maccabaeus sowie den christlichen Idealherrschern Karl der Große und Gottfried von Bouillon. Sich mit diesem Idealherrscher Artus zu identifizieren, hieß, sich in die Reihe der idealen Herrscher einzuordnen. Natürlich machte man von dieser Möglichkeit rege Gebrauch. Artus im Verbund mit den acht anderen idealen Herrschern wurde zu einem der beliebtesten Motive für Miniaturen in Büchern, für Tafelbilder, Fresken, Teppiche, Skulpturengruppen, Glasmalereien und Reliefs |51|.

Die Artuspräsenz entwickelte sich allerdings nicht überall gleich. Eine Sonderrolle kommt der Artuswahrnehmung im deutschen Norden zu. Anders als in Frankreich, England und in den *nideren landen*, aber auch ganz anders als im deutschen Süden, entstanden hier weder Artusromane in größerer Stückzahl noch wurden entsprechende Kopien aus anderen Regionen vervielfältigt. Die Zahl der erhaltenen niederdeutschen Artus-Handschriften und -Fragmente ist extrem gering. Konträr zu diesem negativen Überlieferungsbefund verhält sich die tatsächliche Artuspräsenz: Wie sehr man sich in Lübeck für das arturisch geprägte Rittertum interessierte, lassen Berichte zu dortigen Ritterturnieren erkennen. Von entsprechenden Veranstaltungen lesen wir in den Stadtchroniken schon in den 1230er Jahren. Bis 1260 veranstalten die Holstengrafen alljährlich zu Weihnachten einen *buhurt* (ritterliches, scharweises Gegeneinanderreiten) in Lübeck. Wenig später hatte man vor den Toren der Stadt sogar einen Turnierplatz (*torneisfeld*). Er wird seit 1283 in den Kämmereirechnungen genannt. Man scheint im städtischen Lübeck in diese ritterliche Pracht regelrecht verliebt gewesen zu sein. 1323/1339 wurde das Haus des reichen Patriziers Johannes Saffran mit aufwändigen Parzival-Fresken ausgestattet. Artusturniere und Gralsfeste schossen jetzt wie Pilze aus dem Boden. So berichtet die „Magdeburger Schöppenchronik" von einem prachtvollen Gralsfest im Jahr 1280 in Magdeburg, zu dem mit Briefen alle Jünglinge („jungelinge") aus Goslar, Hildesheim, Braunschweig, Quedlinburg, Halberstadt und vielen weiteren Orten eingeladen worden waren.[6] Berichte von Artusturnieren am Niederrhein (um 1340), in Goslar (1359), in Hildesheim (1381), in Braunschweig (1411) sowie von Tafelrunden in Köln (1345) und Magdeburg lassen ein dichtes Geflecht aktiver Artuspräsenz im Norden erkennen. Ganz besonders scheint man Artus in Köln verehrt zu haben. Im für Empfänge gedachten Hansasaal des Kölner Rathauses stand der Britenkönig in einem Figurenensemble mit den Vertretern der drei Heilszeitalter über den Köpfen der Ratsherren und ihrer Gäste. Es sind dies in der üblichen Reihung die Heiden Alexander der Große, Hector und Julius Cäsar, die Juden Judas Maccabaeus, David und Josua sowie die Christen Gottfried von Bouillon, König Artus und Kaiser Karl der Große. Artus und seine Freunde sollten die überragende Stellung Kölns dokumentieren. Ähnlich machten es die Lüneburger.

Sogar in die Klöster vermochten der weltliche Held und seine Gefährten einzudringen. Drei im Damenstift Wienhausen erhaltene Tristanteppiche aus der Zeit von 1300 bis 1360 zeigen einzelne Episoden aus Eilhart von Oberges „Tristrant" |52|.[7] Um 1372 fertigte man im benachbarten Zisterzienserkloster Amelungsborn eine prachtvoll illuminierte „Wigalois"-Handschrift für den Welfenherzog Albrecht II. von Braunschweig-Grubenhaben an.[8] Im Kreis der mit dem englischen Königshaus dynastisch eng verflochtenen Welfen wurde Artus besonders verehrt. In diesen Zusammenhang gehört wohl auch das Artusfresko in der Welfenpfalz Dankwarderode in Braunschweig.

|51| Karl der Große und König Artus aus dem Neun-Helden-Zyklus, Fenster in der Gerichtslaube im Rathaus von Lüneburg, um 1410. Die neun Helden dienten häufig zur Legitimation von Macht- und Herrschaftsansprüchen.

|52| Tristanteppich im Nonnenkloster Wienhausen, um 1300. Die insgesamt drei Tristanteppiche im Kloster Wienhausen bezeugen die Popularität der Ehebruchsgeschichte im geistlichen Umfeld. Als Vorlage diente nicht der Tristanroman Gottfrieds von Straßburg, sondern die im Mittelalter beliebtere Fassung des Eilhart von Oberge.

Im 14./15. Jahrhundert scheint sich die Artusbegeisterung im Norden zu einer regelrechten Manie ausgeweitet zu haben. Offensichtlich sah man Ruhe, Ordnung und vor allem das Seelenheil gefährdet. So wird man die heftigen Angriffe gegen alles Arturische im „Großen Seelentrost" zu verstehen haben. Im ersten Abschnitt „Über weltliche Bücher" macht der geistliche Autor unmissverständlich klar, was es mit Artus und seinen Rittern auf sich habe und dass man sich von diesem Teufelswerk tunlichst fernhalten solle:

> Uele lude syn, de lesen wertlike boke vnde horen dar na vnde vorlesen al ere arbeyt, wente se ne vinden dar nicht der selen trost. Ichteswelke lude leset boke van Persevalen vnde van Tristram vnde van hern Didericke van den Berne vnde van den olden hunen, de der werlde denden vnde nicht gode. Vnde in den boken en ys neyn nut, wente men en vint dar nicht der sele trost.
>
> (S. 1,26 - 30)
> (Es gibt viele Menschen, die lesen weltliche Bücher und hören auf sie und vernachlässigen deshalb ihre Bemühungen, obwohl sie darin niemals den Seelentrost finden. Manche lesen Bücher von Parzival und von Tristan und von Dietrich von Bern und von den alten Hunnen, die der Welt dienten und nicht Gott. Und in diesen Büchern ist keinerlei Nutzen, weil man darin niemals den Trost der Seele findet.)

In diesen Büchern liegt also kein Nutzen, und den Seelentrost findet man dort schon gar nicht. Wie gefährlich Artus und seine Gefährten für das Seelenheil waren, wird wenige Zeilen später noch einmal eigens unterstrichen, denn man scheint nicht nur die falschen Bücher gelesen, sondern auch das Leben der Artusritter kopiert zu haben:

> Uele vorsten vnde heren, ryddere vnde knapen sochten ouer vere lant konningk Artus hoff vnde vorloren al ere arbeyt, wente se en vunden dar nicht der selen trost.
>
> (S. 2,7 - 9)
> (Viele Fürsten, Herren, Ritter und Knappen suchten in fernen Ländern den Hof des König Artus und opferten dafür all ihre Mühe, obwohl sie dort keinen Seelentrost fanden.)

Genutzt haben die Mahnungen freilich nichts. Die genannten Artefakte in vielen Adelsresidenzen und den Städten und mehr noch die in signifikanter Dichte im Norden belegten Artusnamen sprechen eine deutliche Sprache. Artus gab es nun überall zu sehen und Artusfeste überall zu feiern. Viele Kinder hießen Artus, Parzival, Iwein, Gawan bzw. Walwan, Tristan, Sigune, Isolde oder Enite.[9]

In diesen Kontext einer die adligen wie städtischen Eliten erfassenden Artusbegeisterung gehören auch die seit dem frühen 14. Jahrhundert in den Städten des gesamten südlichen Ostseeraums gegründeten Artushöfe in Elbing (1319), Danzig (1350), Braunsberg (1353), Thorn, Stralsund, Kulm und Königsberg sowie die ebenda beliebten arturischen Fest- und Turnierspiele |53|. Bei diesen Artushöfen handelte es sich um Versammlungs- bzw. Vereinshäuser junger Fernhändler, die prachtvoll mit pseudoarturischen Attributen – Gemälden, Statuen, Rüstungsteilen und Waffen – ausgestattet wurden. Und vielleicht nicht zufällig hatte sich für den gefährlichen Fernhandel gerade jetzt der Begriff *âventiure*-Handel[10] ausgeprägt – eine Analogiebildung zu den gefährlichen Aventiuren (Abenteuern) der Artusritter? Wie es in einem solchen Artushof zuging, berichtet die „Chronica, das ist Beschreibung der fürnembsten gedechtnuswirdigen Historien, so sich anfangs der Erschaffung aller Dinge biß auff diese unsere Zeit zugetragen haben" des Johannes Hasentoedter.[11]

|53| Schwarzhäupterhaus (Artushof) in Riga, vor 1334. Das stattliche Gebäude auf dem Rathausplatz diente den Kaufleuten und der vorwiegend deutschen Bürgerschaft für Zusammenkünfte. Am Giebel befindet sich das Relief des König Artus mit Zepter und Reichsapfel.

Drin es gar Erbar gehalten wird /
Da ist kein zanck noch hawen / stechen /
Mit frieden thut ein jeder zechen /
Wenn einer Kurtzweil treiben will /
So hat man Erbarliche Spiel /
Als mit dem Armbrust fůr dem Walle /
Auch Rinckban nach eins jedern gefalle /
Auff halber Kugel vnd der ganzen /
Mag man ein gleßlein Bier verschanzen /
Die Pylchentaffel auch darbey /
Im Bretspiel ist eim jedern frey /
Ein Langfeld oder Ticktack /
Zu spielen was er will vnd mag /
Zu Rige hats ein Trendelban [...]
Doch Kartenspiel vmb Geldt vnd Gut /
Bey straff man da nicht leiden thut.

(Darin [im Artushof] geht es ehrbar zu. Dort gibt es keinen Streit, auch kein Hauen oder Stechen. In Frieden zecht ein jeder. Wenn einer sich vergnügen will, so gibt es ehrbare Spiele wie mit der Armbrust auf den Wall schießen und das Ringbahnspiel, je nach Wunsch. Auf der halben und der ganzen Kugel kann man ein Gläschen Bier hinstellen und die Pelzpelerine auch dabei. Beim Brettspiel ist jeder frei zu spielen, was er mag und will, Tricktrack oder Langfeld. In Riga gibt es eine Kreiselbahn. Aber Kartenspielen um Geld und Gut, das macht man im Artushof bei Strafe nicht.)

Sieht man einmal von der Trink-, Spiel- und Festkultur sowie gewissen höfischen Benimmregeln ab, ist eine Beziehung zu arturischer Hofkultur zunächst nicht zu erkennen. Aber man ‚adoptierte' Artus offensichtlich als Galionsfigur für die eigene große Bedeutung. Hasentoedters historische Hintergrundinformationen passen sich so hervorragend in den Gesamtzusammenhang ein. Der Festskizze vorausgehend berichtet er nämlich für das Jahr 4463 nach der Schöpfung (501 n. Chr.) von einem für Welt und Stadt zentralen Ereignis:

Ein König war in Engelland /
Arturus oder Artus genannt /
Ein gar weidlicher tapfer Heldt /
All seine Feind hat er gestellt /
Ein gůlden helm ließ er sich machen /
Und darauff graben einen Trachen /
Er trug an seinem Arm ein Schildt /
Drin was gemahlt Marien Bildt /
Sein Spieß war vngewonlich schwer /

Den er stets trug mit sich vmher /
Sein Tugent ist in manchem Land /
Auch an der Ost See wol bekannt /
Die Hoͤff und Gaͤrten er fundiert / [...]
Die Koͤnigliche Maiestat /
Sey gelobt / so solchs fundiret hat.

(Bl. 78^{v} - 79^{r})
(In England gab es einen König, der wurde Arturus oder Artus genannt. Er war ein wehrhafter und tapferer Held. Alle seine Feinde hat er gestellt. Er ließ sich einen goldenen Helm machen und darauf einen Drachen eingravieren. Er trug an seinem Arm ein Schild, auf das war das Bildnis der Jungfrau Maria gemalt. Sein Speer war außergewöhnlich schwer. Den trug er mit sich umher. Seine Tugend ist in vielen Ländern und auch an der Ostsee gut bekannt. Die Höfe [Artushöfe] und Gärten hat er gegründet. Die Königliche Majestät sei gelobt, die solches gegründet und gestiftet hat.)

Artus war also leibhaftig in Danzig und im Ostseeraum. Er gründete dort „Hoͤff und Gaͤrten" – das sind die für die Artuskultur des Nordens so charakteristischen Artushöfe. Der britische König ist damit Teil der norddeutsch-ostseeischen Geschichte. Und er hat städtische Einrichtungen gegründet. In der Konkurrenz mit dem zeitweilig übermächtigen Deutschen Ritterorden wäre dies sicher ein gewichtiges Argument gewesen. Ein wesentlicher Schönheitsfehler der 1569 in Königsberg gedruckten Chronik war aber, dass niemand die fantastische Artusgeschichte glauben wollte – noch nicht einmal Hasentoedters Danziger Mitbürger.

Noch weitaus besser als in den Städten entlang der Ostseeküste ließ sich ein historischer Artus im heimischen England ‚vermarkten'. Im Jahr 1344 plante König Edward III. von England († 1377), während eines großen Turniers in Windsor den Orden der Tafelrunde förmlich zu reaktivieren bzw. überhaupt erst zu erfinden. Herolde des Königs wurden nach Deutschland, Frankreich, Schottland, Burgund, Flandern und Brabant ausgesandt. Bei Turnieren im Königreich war es ohnehin schon längst üblich, arturische Tafelrunden zu zelebrieren. Nach einigen Verzögerungen wurde aus dieser Idee am 19. Januar 1348 mit der Gründung des an der arturischen Tafelrunde orientierten Hosenbandordens (Order of the Garter) ein genialer politischer Schachzug.[12] Edward gelang es mit dem prestigeträchtigen Orden, die wichtigsten Ritter des Königreichs fest an sich zu binden. Zu den ersten Ordensrittern gehörte sein Sohn, im Volksmund wegen seiner schwarzen Rüstung bekannt als „der Schwarze Prinz".

Die Inszenierungen verfehlten ihre Wirkung nicht. Der Ordensstifter selbst wurde im Verständnis der Zeitgenossen mehr und mehr zu einer Verkörperung des idealen Königs der Briten. Er beförderte diese Vorstellung systematisch, indem er beispielsweise für Windsor Castle eine riesige, 200 Fuß im Umfang messende hölzerne Tafelrunde zimmern und ein eigens dafür gedachtes Tafelrundenhaus errichten ließ. Inspiriert war dieser Bau durch Beschreibungen im gerade erst fertiggestellten Prosa-Artusroman „Perceforest", dessen in kühner Fantasie frei entworfener Palast „franc palais" nahezu exakt nachgebaut wurde.[13] Wie Edward scheint auch sein Gegenspieler im Hundertjährigen Krieg, König Johannes II. von Frankreich, den „Perceforest" für propagandistische Zwecke genutzt zu haben, denn sein am 6. November 1351 gestifteter Ordre de l'Étoile (Sternenorden) basierte zumindest teilweise auch auf den Ritterfantasien dieses Artusromans. Der Sternenorden war die französisch-arturische Antwort auf den Hosenbandorden.[14]

Doch was machte den „Perceforest" für die Herrscher beiderseits des Kanals so attraktiv? Im „Perceforest" wird die Ritterkultur der Artuswelt mit der noch herrlicheren von Alexander dem Großen verschmolzen. Die Idee war nicht neu und begegnete bereits in einigen Chrétien-Handschriften des 13. Jahrhunderts. Damals waren die Ritterwelten in Form jeweils separater, nur hintereinander in die Bücher hineinkopierter Werke noch deutlich getrennt. Mit der jetzt unmittelbaren Verbindung des jeweils edelsten Herrschers der Antike (Alexander) und der Neuzeit (Artus) erschloss sich für das Publikum eine ritterliche Idealität nie gekannten Ausmaßes. Der „Perceforest" und seine Idee wurden in Windeseile zu einer Art Manifest des Rittertums. In dieser Funktion gehörte der mehrere tausend Seiten starke „Perceforest" bald zu den populärsten Artusromanen der Frühen Neuzeit. Und natürlich besaß König Edward III. von England ebenso ein Exemplar wie die französischen Könige Johannes II. und Karl IX. Für den spanischen und italienischen Adel wurden eigens Übersetzungen angefertigt. Eine erste Druckauflage erschien 1528 unter dem Titel „La Tres Elegante Delicieux Melliflue et Tres Plaisante Hystoire du Tres Noble Roy Perceforest“ in Paris, eine zweite schon 1531 in Italien und eine weitere, sechsbändige italienische Überarbeitung als „Parsaforesto“ 1556–1558 in Venedig.

Die strahlenden Artusinszenierungen vor allem des englischen Königs hinterließen in einer von Kriegsverheerungen und Hungersnöten geprägten Zeit nachhaltigen Eindruck. Der Historiker und wichtigste Chronist des Hundertjährigen Krieges Jean Froissart (1337–nach 1404) schrieb in seinen Chroniken über König Edward, dass es niemanden seinesgleichen seit den Tagen König Artus' gegeben habe. In den folgenden Jahrzehnten waren es jedoch weniger diese großen Artusinszenierungen als kleinere Erzählungen und die lebendig tradierten Artusgeschichten, die die Artuswahrnehmung prägten. Zu den herausragenden literarischen Artuszeugnissen der Zeit gehörten „Sir Gawayne and the Greene Knight“ (Sir Gawain und der Grüne Ritter; um 1390) sowie „The Wife of Bath“[15] (Frau aus Bath) und „The Wedding of Gawain and Dame Ragnell“ (Die Heirat von Ritter Gawain und Frau Ragnell; 1392–94) von Geoffrey Chaucer.

Chaucer beginnt seine Erzählung von der Frau aus Bath mit einem Rückblick auf längst vergangene Tage, als König Artus in Britannien regierte und das ganze Land mit Feen und Elfen erfüllt war. In diesem herrlichen Britannien spielt seine publikumswirksame Geschichte um einen Ritter vom Hof des Königs Artus, der Leid und Ehe mit einer alten Hexe durchleben muss. Natürlich entpuppt sie sich am Ende als verzaubertes schönes Mädchen. Anspielungen auf Dantes „Convivio“ (Das Gastmahl), der seinerseits arturische Personen und Geschichten in die „Göttliche Komödie“ einflicht, zeigen, wie frei einzelne Motive und Figuren jetzt in ganz Europa kursierten. Obwohl auch der im mittelenglischen Dialekt verfasste „Grüne Ritter“ literarische Meisterschaft verrät, ist er zusammen mit drei geistlichen Texten nur in einer einzigen Handschrift überliefert **|54|**[16]:

|54| „Sir Gawain und der Grüne Ritter“. Diese spannende Artusepisode ist nur in einer einzigen mittelenglischen Handschrift erhalten. London, British Library, Cotton Nero A.x Art. 3, um 1400.

Am Neujahrsabend kommt ein riesenhafter Ritter, der ebenso grün ist wie sein Pferd, in Artus' Halle geritten. Er fordert den König und die Tafelrunde spöttisch heraus. Wenn sie ihres großen Ruhmes würdig seien, solle einer von ihnen die gigantische Axt nehmen, die er selbst mitgebracht habe, und einen Schlag gegen ihn führen. Überlebe er, der Grüne Ritter, würde er den Schlag genau ein Jahr später erwidern. Artus fährt erzürnt auf und schickt sich an, die Herausforderung selber anzunehmen. Da bittet sein Neffe Gawain, dies tun zu dürfen. Gawain schlägt dem Grünen Ritter mühelos den Kopf ab. Der Ritter fällt jedoch nicht tot zu Boden, sondern nimmt seelenruhig sein Haupt in die Hand, steigt auf sein Pferd und mahnt Gawain, mit dem Kopf in der Hand, nicht den Schwur zu vergessen, in einem Jahr zur Grünen Kapelle zu kommen, um dort den Vergeltungsschlag entgegenzunehmen. Daraufhin reitet er lachend fort. Die Artusrunde ist entsetzt. Um den Schwur zu erfüllen, macht sich Gawain nach einem Jahr auf den Weg zur Grünen Kapelle. Auf seinem Weg kehrt er in Schloss Hautdesert ein. Sein Aufenthalt dort ist geprägt von drei Jagdvergnügen des Schlossherrn. Dessen Frau versucht dabei, Gawain dreimal zu verführen. Zwar bleibt sie erfolglos, doch beweist ein kleines Zögern Gawains beim dritten und letzten Annäherungsversuch seine menschliche Unvollkommenheit. An der

Grünen Kapelle angekommen, beginnt der Schlagabtausch mit dem Grünen Ritter. Beim ersten Schlag des Ritters zuckt Gawain zusammen. Der grüne Riese hält inne und schilt ihn ob seiner Ängstlichkeit. Auch den zweiten Schlag führt sein Gegner nicht zu Ende, sondern stellt nur befriedigt fest, dass Gawain diesmal nicht zusammenschreckte. Dieser gerät in Wut und fordert seinen Gegner auf, endlich zuzuschlagen, was dieser prompt befolgt. Trotz der Kraft des dritten Schlags ritzt die Axtklinge nur die Haut Gawains. Als dieser nun, da er seine Verpflichtungen erfüllt weiß, zu den Waffen greift, hält der Grüne Ritter ihn zurück und erklärt ihm seine Beweggründe: Der erste und zweite Schlag wurden unterbrochen, weil Gawain auf dem Schloss ehrlich und treu gewesen sei. Nur am dritten Tag war er dies nicht ganz. Deshalb wurde der letzte Schlag ausgeführt. Der Grüne Ritter lüftet nun sein Inkognito und berichtet, dass er selbst die Verführungsversuche seiner Frau veranlasst habe, um Gawains Tugendhaftigkeit zu prüfen. Aus dem Schlagabtausch mit dem Grünen Ritter geht Gawain zwar fast völlig unverletzt hervor, er macht sich jedoch fortan schwerste Vorwürfe, dem ritterlichen Ideal nicht vollends genügt zu haben. Bei seiner Rückkehr nach Camelot muss er feststellen, dass er mit seiner Selbstkritik allein steht und ideale Tugendhaftigkeit niemanden interessiert.

2 Bestseller und Ladenhüter – Artusliteratur im frühen Buchdruck

Eine neue Dimension der Artuswahrnehmung leitete der berühmte Artusforscher, Literat und Lebemann Thomas Malory († 1471) ein.[17] Einmal mehr im Auftrag des englischen Königshauses schrieb er „im neunten Jahre der Regierung des Königs Eduard des Vierten“ (1469/70) eine umfassende Artusgeschichte aus nahezu allen erreichbaren Artusquellen und Artusromanen zusammen. Sein „Whole Book of King Arthur and His Noble Knights of the Round Table“ (Vollständiges Buch von König Artus und seinen edlen Rittern von der Tafelrunde) erzählt in acht Romanzen die Geschichte von der Geburt des Königs bis zum Untergang der Artuswelt. In der von William Caxton († 1491) unter dem Titel „Le Morte d’Arthur“ postum „am letzten Tage des Juli im Jahre Unseres Herren MCCCCLXXXV“ (31. 7. 1485) gedruckten und stellenweise erheblich überarbeiteten Malory-Erstausgabe gliedert sich die Geschichte in 21 Bücher. Das hier zusammengestellte Programm bleibt bis heute das Grundmuster jeder Artusgeschichte:

1. Wie Utherpendragon Artus zeugt;
2. Geschichte des Ritters Balin;
3. Vermählung von König Artus und Ginevra;
4. Merlin, Krieg gegen Artus;
5. Artus und Kaiser Lucius (von Caxton umgeschrieben);
6. Sir Launcelot vom See und Lionel;
7. Sir Gareth von Orkney;
8. Geburt und Taten von Sir Tristram von Lyones;
9. Der Ritter La Cote Male Taile;
10. Abenteuer von Sir Tristram;
11. Lancelot und Galahad;
12. Lancelots Wahnsinn;
13. Galahad und die Suche nach dem Heiligen Gral;
14. Suche nach dem Heiligen Gral;
15. Lancelot;
16. Sir Bors und sein Bruder Sir Lionel;
17. Geschichte des Heiligen Grals;
18. Sir Lancelot und Königin Guinevere;
19. Lancelot und die Königin;
20. Jämmerliche Geschichte vom Tod des Königs Artus;
21. Abschied des Königs Artus, Lancelot kommt, um seinen Tod zu rächen.[18]

Das Buch erzählt die Geschichte von König Artus, seinen Rittern der Tafelrunde, Tristan und Isolde und dem Heiligen Gral, wie sie im Wesentlichen Geoffrey, Wace, Chrétien und der „Prosa-Artuszyklus“ berichten. In einer ausführlichen Vorrede stellt Caxton heraus, dass er von vielen edlen Herren gebeten worden sei, „die wunderbare Geschichte des heiligen Grals und des berühmtesten christlichen Königs, des ersten und obersten der drei größten christlichen und ruhmvollen, des Königs Artus“ zu drucken. Dieser inständigen Bitte seiner Landsleute konnte sich Caxton natürlich nicht entziehen, zumal Artus „unter uns Engländern vor allen christlichen Königen in Andenken gehalten werden sollte" (Malory I, S. 5). Dass der Druck des Erfolgsstoffs nebenbei auch höchsten Profit versprach, dürfte nicht gestört haben.

Caxtons Malory-Druck handelt „von edlen Taten, ritterlichen Kämpfen, Tapferkeit, Kühnheit, Menschlichkeit, Liebe, Höflichkeit und Milde, mit vielen wunderbaren Geschichten und Abenteuern" (Malory I, S. 9) **|55|**. Aber dieses Buch war weit mehr als ein einfacher Artusroman. Es war eine Summe des gesamten Artuswissens: Verbunden mit den Recherchen für sein Buch hatte Malory entscheidende Fortschritte bei der Artusforschung gemacht. Ihm war es nach eigenem Bekunden gelungen, Camelot und viele weitere sagenumwobene Artusorte in ganz Britannien ausfindig zu machen. Selbst die Echtheit der Tafelrunde von Winchester Castle wollte er wissenschaftlich exakt bewiesen haben. Diese ‚Forschungsergebnisse' wurden von William Caxton im Vorwort[19] seiner Druckausgabe denn auch gebührend herausgestellt. Wer sich darüber hinaus über die trojanische Vorgeschichte oder den Fortgang der Ereignisse informieren wollte, fand in Caxtons Buchsortiment gleich auch noch die richtigen Ergänzungen. Mit „The Recuyell of the Histories of Troye" (1473?) und „The Chronicles of England" hatte er eine das Artuswissen ergänzende Trojageschichte und eine englische Geoffrey-Übersetzung im Angebot.

Caxton listete alle damals bekannten historischen Daten, Genealogien, Artusorte, Artusquellen, Artuspersonen und Artusdinge akribisch auf. Ein Ausschnitt aus dem Vorwort lässt den enzyklopädischen Anspruch erkennen:

Darauf antworteten sie, und einer im besonderen meinte, daß man demjenigen, der sagen oder denken würde, ein solcher König namens Artus hätte niemals gelebt, große Torheit und Blindheit zuschreiben könnte, denn es gäbe viele Beweise vom Gegenteil. Erstens könnt ihr im Kloster Glastonbury sein Grabmal sehen; und im Polychronikon [das ist Ralph Higdens „Polychronicon"] im 5. Buch, 6. Kapitel, und im 7. Buch, 23. Kapitel, steht, wo sein Leichnam begraben und danach gefunden und wie er in besagtes Kloster überführt worden ist. Ebenso werdet ihr in der Geschichte des Bochas, in seinem Buch De Casu Principium [das ist John Lydgates Bearbeitung von Giovanni Boccaccios „De casibus virorum illustrium"], manches von seinen edlen Taten und auch von seinem Falle finden. Auch Galfridus berichtet in seinem Britischen Buch [das ist Geoffrey of Monmouth' „Historia regum britanniae"] über sein Leben, und an verschiedenen Orten Englands gibt es noch viele Andenken an ihn und seine Ritter, und sie werden ewig bleiben. Erstens ist in der Westminsterabtei am Schrein des heiligen Eduard der Abdruck seines Siegels in rotem Wachs, von Kristall umschlossen, erhalten geblieben, auf dem geschrieben steht: Patricius Arthurus, Britannie, Gallie, Germannie, Dacie, Imperator. Ferner könnt ihr in der Burg von Dover Gawains Schädel und Cradocks Mantel sehen, in Winchester die Runde Tafel, an weiteren Orten Lanzelots Schwert und viele andere Dinge. Wenn man all dies in Betracht zieht, kann kein Mensch vernünftigerweise leugnen, daß es einen König dieses Landes namens Artus gegeben hat; denn überall, bei Christen und Heiden, ist er berühmt und gilt als einer der

|55| Frontispiz von „Le Morte d'Arthur": Artus als Drachentöter. Der englische Erstdrucker William Caxton gab die Artusgeschichte von Thomas Malory († 1471) 1485 postum heraus. Sie ist bis heute ein Klassiker der Artusliteratur.

neun Würdigsten und als der erste der drei Christenmänner. Freilich wird mehr von ihm jenseits des Meeres gesprochen und werden dort mehr Bücher über seine Heldentaten geschrieben als in England, sowohl deutsch, italienisch, spanisch und griechisch als auch französisch (Malory I, S. 6 f.).

Das archäologische, historische und literarische Artuswissen war für die folgenden Jahrhunderte kanonisiert, jeder Zweifel ausgeräumt. Begünstigend kam hinzu, dass „Le Morte d'Arthur" zu einem Weltbestseller wurde. Allerdings, und da treten Malory und Caxton in die Fußstapfen ihres berühmten Vorgängers Geoffrey of Monmouth, sollte man nicht alles glauben, was sie herausgefunden hatten bzw. gefunden haben wollten. Moderne Forschungsergebnisse zur vorgeblich echten Tafelrunde von Winchester lassen alle Erträge zweifelhaft erscheinen: Nach dendrochronologischen Untersuchungen stammt das für die Tafelrunde benutzte Holz nicht aus dem 5./6. Jahrhundert, sondern wurde um 1250/1260 geschlagen. Und die sie beherbergende Große Halle von Winchester Castle war auch kein Artusbau aus dem 6. Jahrhundert, sondern wurde im 12. Jahrhundert errichtet und unter König Heinrich III. (1207–72) zwischen 1222 und 1235 ausgebaut. Heinrich dürfte auch der Auftraggeber der Tafelrunde gewesen sein.[20] Vermutlich kannten die gewöhnlich gut unterrichteten Malory und Caxton diese historischen Tatsachen, aber die frisierte Geschichte war publikumswirksamer und passte perfekt zum politischen Kalkül des Königshauses, was wiederum die Absatzchancen und das eigene Prestige positiv beeinflusste. Als zwielichtig erweisen sich bei genauerem Hinsehen dann auch viele andere Einzelheiten, so z. B. die Forschungserträge rund um Gawain, der in der Schlacht gegen Mordred getötet und in Dover beerdigt worden sein soll. In der Burg von Dover gab es nach Caxton zahlreiche Erinnerungsstücke an diese Schlacht zu besichtigen. Er führt u. a. Gawains Schädel („Gauwayns skulle") und Cradoks Umhang/Mantel („Cradoks mantle") an. Merkwürdigerweise ist von den entsprechenden Gegenständen nie ein Stück aufgetaucht. Vermutlich gab es sie niemals oder sie waren wie so vieles andere auch gerade erst erfunden worden.

Letztlich gehören die Forschungsergebnisse bzw. die Konstruktionen entsprechender Forschungserträge in den Zusammenhang der Rosenkriege (1455–1485), denn das Artusrevival hatte machtpolitische Hintergründe: Die gerade erst durch einen Putsch gegen den letzten Plantagenet Richard III. an die Macht gekommenen Tudors verstanden sich als wahre Erben von Utherpendragon und Artus.[21] Der Usurpator Heinrich VII. Tudor (1485–1509) kämpfte deshalb unter dem roten Drachenbanner (*Rougedragon*) des Königs Artus. Er nahm eine Prophezeiung Merlins auf, die besagte, dass der rote Drache das wahre Britannien wieder aufleben lassen werde. Malory hatte diese Prophezeiung in „Morte d'Arthur" gerade wieder neu belebt:

> Die Leute sagen, er würde wiederkommen und das heilige Kreuz erobern. Ich behaupte nicht, daß dies so sein wird, vielmehr will ich sagen, daß er in dieser Welt ein anderes Leben angenommen hat. Aber viele Leute versichern, auf seinem Grabstein stünde geschrieben: Hic Jacet Arthurus, Rex Quondam Rexque Futurus.
>
> (Malory II, S. 406 f.).
> (Hier liegt Artus, einst und zukünftig König.)

Dass dabei der altbekannte Text des Grabkreuzes an einer zentralen Stelle ‚leicht' verändert wurde, war sicher den politischen Umständen geschuldet. Ursprünglich hieß es nämlich nur: „Hier liegt der berühmte König Artus auf der Insel Avalon begraben" – von der arturischen „Zukunft" („Futurus") Britanniens kein Wort!

Heinrichs Hofhistoriograf Bernard André untermauerte in seiner „Vita Henrici Septimi", der offiziellen Lebensgeschichte Heinrichs VII., mit der unmittelbaren Anknüpfung der Tudorgenealogie an die Artusgenealogie diesen Anspruch. Die Hofpoeten feierten Heinrich in diesem Sinn als Erfüllung von Merlins Prophezeiung. Bewusst in Anlehnung an diese Prophezeiung wurde im September 1486 Heinrichs erstgeborener Sohn in Winchester auf den vielversprechenden Namen Arthur II. getauft **|56|**.

Der Plan schien aufzugehen. Überall, wo Heinrich auftauchte, wurde er mit Versen begrüßt, die seine arturische Abstammung priesen. Zudem wuchs ein neues Camelot in Richmond. Dort ließ der König seinen Palast mit größtem Aufwand ‚arturisieren'. Auch das Projekt ‚Artus-Wiedergeburt' entwickelte sich wie gewünscht. 1501 wurde der gerade 15-jährige Arthur II. auf einem Artusfest mit der spanischen Prinzessin Katharina von Aragón verheiratet. Ein neues arturisches Großreich zeichnete sich ab. Doch die Hoffnungen zerstoben umgehend. Im März 1502 starb der Hoffnungsträger und damit vorerst auch die erfüllte Legende von der Wiederkehr des nach Avalon entrückten Königs Artus. Mit Arthurs jüngerem Bruder Heinrich, dem späteren Heinrich VIII., stand jedoch ein noch besser dem arturischen Ritterideal entsprechender Nachfolger bereit.

An der Idee, eine Renaissance des arturischen Britannien zu inszenieren und für die Legitimation der eigenen, noch wackeligen Herrschaft zu instrumentalisieren, änderte sich auch mit dem anderen Thronfolger nichts. Eher im Gegenteil wurden die Artusfeste noch strahlender. Unter dem neuen König Heinrich VIII. (1509 – 1547) richtete man bereits während der ersten Regierungsjahre in Winchester gewaltige Artusturniere aus. Allein für das Jahr 1510 sind sieben große Turniere bezeugt. Zur Inszenierung gehörte, dass die Turnierteilnehmer die Namen der alten Artushelden trugen und sich in pseudoarturischer Verkleidung zeigten. Zur Inszenierung gehörte auch, dass Heinrich VIII. von seinen Hofdichtern als „The Tenth Worthy" gepriesen wurde. Neben König Artus war er nun der zweite Brite in der Reihe der vornehmsten und besten Herrscher der Welt. Überall wurden Artusstatuen, Artusgemälde und Artusaccessoires aus- und aufgestellt. 1522 strich man in Heinrichs Auftrag auch die von Malory als „echt" erkannte Winchester-Tafelrunde in den Tudor-Farben. Zusätzlich erhielt die Tafelrunde ein Artusporträt, das in wundersamer Weise den Gesichtszügen des Königs entsprach **|57|**. In der Ahnenhalle seines neuen Camelot-Richmond hing ein ähnliches Artusporträt. Das Personal der Tafelrunde von Winchester, wie sie Heinrich ausmalen ließ, gliederte sich wie folgt:

Kyng Arthur	King Arthur
Sir Galahallt	Sir Galahad
Sir Launcelot Deu lake	Sir Lancelot
Sir Gauen	Sir Gawain
Sir Percyvale	Sir Percivale
Sir Lyonell	Sir Lionell
Sir Trystram Delyens	Sir Tristram
Sir Garethe	Sir Gareth
Sir Bedwere	Sir Bedivere
Sir Blubrys	Sir Bleoberis
Sir Lacotemale Tayle	Sir La Cote Male Taile
Sir Lucane	Sir Lucan
Sir Plomyde	Sir Palomedes
Sir Lamorak	Sir Lamorak
Sir Bors De Ganys	Sir Bors de Ganis
Sir Safer	Sir Safer
Sir Pelleus	Sir Pelleas
Sir Kay	Sir Kay
Sir Ector de Marys	Sir Ector de Maris
Sir Dagonet	Sir Dagonet
Sir Degore	Sir Degore
Sir Brumear	Sir Brunor le Noir
Sir Lybyus Dysconyus	Sir Le Bel Desconneu
Sir Alynore	Sir Alymere
Sir Mordrede	Sir Mordred

Für jeden Ritter am englischen Hof stand damit ein passender arturischer Ahnherr oder Pate zur Verfügung.

|56| Arthur II. Tudor († 1502), anonymes Gemälde der englischen Schule, um 1501. Der Sohn Heinrichs VII. und Elisabeths von York sollte nach dem Willen seiner Eltern die Artustradition fortführen, starb aber zu früh.

|57| **Winchester, Great Hall, Tafelrunde.** Die heute in der Great Hall hängende Tafelrunde wurde erst um 1250 im Auftrag des englischen Königs gezimmert und 1522 in den Tudorfarben gestrichen.

Auf dem Festland erlebte die Artusbegeisterung ebenfalls immer neue Wiedergeburten. Nicht zuletzt angefacht durch die prachtvollen Artusinszenierungen des englischen Königshofs waren auch dort die alten Artusgeschichten zu neuer Blüte gelangt. Und es gab einen glühenden Artusverehrer aus höchstem Hause: Kaiser Maximilian I. Der „letzte Ritter" sah in Artus das ideale Vorbild jeglichen und vor allem seines Rittertums. Maximilians Verehrung ging so weit, dass er sich nahezu sämtliche deutschen Artusepen beschaffen ließ. In seinem Auftrag legte der Bozener Zollschreiber Hans Ried zwischen 1504 und 1516/17 eigens ein prachtvolles, riesenformatiges, mit vielen Artusgeschichten („Erec", „Iwein", „Mantel", „Titurel") durchsetztes Heldenbuch an, das nach seinem ursprünglichen Aufbewahrungsort Schloss Ambras als „Ambraser Heldenbuch" bezeichnet wird. Es liegt als einer der kostbarsten Bücherschätze Österreichs noch heute in der Österreichischen Nationalbibliothek in Wien.[22]

Artus fand bei Maximilian aber nicht nur auf Pergament und Papier statt. Am Habsburger Kaiserhof verkleidete man sich auch gerne nach arturischer Sitte, und es wurden Artusturniere veranstaltet. Anlässlich des Wormser Reichstags 1495 konnte man neben einem Massenkampf mit Schwertern auch einen Turnierkampf zwischen dem Kaiser und dem berühmten burgundischen „Champion d'armes" Claude de Vauldrey miterleben. Zusätzlich gab es eine Tafelrunde zu bewundern.[23] Der höchste Grad der Verehrung für König Artus drückte sich schließlich darin aus, dass Maximilian im Jahr 1513 nach Entwürfen von Albrecht Dürer durch Peter Vischer d. Ä. in Nürnberg eine aufwändige Artusstatue für sein Grabdenkmal in der Innsbrucker Hofkirche in Bronze gießen ließ **|58|**.

Wie wirkmächtig die Artusbegeisterung andernorts war, belegen weitere Zeugnisse aus Höfen und Städten des Reichs: Ein um 1480 von Hermann von Brunshoffen angelegtes Heroldsbuch des Hubertusordens zeigt Artus im Sinn der von Kaiser Maximilian rezipierten Idee der sogenannten *nine worthies* in einer Reihe mit Kaiser Karl und Gottfried von Bouillon. Der etwa gleichzeitig vollendete Baseler Wandteppich aus Seide, Wolle, Leinen und Silberfäden bringt eine analoge Darstellung. Das Teppichfragment zeigt David, Judas Maccabaeus, König Artus, Karl den Großen und Gottfried von Bouillon. Interessant an diesem Bildteppich ist die Tatsache, dass er wie im Norden die Artushöfe in die Welt des städtischen Patriziats weist. Aufgrund eines dargestellten Wappens wird der Stifter mit dem Baseler Ratsherrn Mathias Eberler identifiziert.[24] Artus war längst zu einer Vorbildfigur auch für das Stadtbürgertum geworden. In diese Welt weisen auch ein anonymes Meisterlied mit dem Titel „Dis ist frauw Tristerat Horn von Saphoien" und die Meisterlie-

|58| Artusstatue in der Hofkirche zu Innsbruck, um 1513.

der und Dramen des Hans Sachs (1494–1576). Arturische Themen greift er in einem 200 Verse umfassenden Spruchgedicht „König Artus mit der ehbrecher-brugk“ (9. Januar 1530) und in der am 7. Februar 1553 vollendeten „Tragedia mit 23 Personen, von der strengen lieb herr Tristrant mit der schönen königin Isalden“ auf. Verballhornt wird zum einen der „Jüngere Titurel“ und zum anderen die Tristangeschichte. Für seinen „Tristan“ nutzte Sachs als Vorlage die 1484 erstmals im Druck erschienene „Histori von herren Tristrant“ („Prosa-Tristan“), eine Prosabearbeitung von Eilhart von Oberges „Tristrant“. Die Titelei dieses Drucks vermittelt einen guten Eindruck davon, was im 16. Jahrhundert die Tristangeschichte so begehrt machte:

Herr Tristrant. Eine Wunderbarliche vnd fast lustige Histori von Herr Tristrant/ vnd der schönen Isalden/ des Königs von Irland Tochter/ mit was freuden/ auch not vnd gefahr si ir lieb volbracht/ vnd wie traurigklich sie die selben geendet haben/ so wol einer schönen Tragedi ist zu vergleichen/ Auß Französischer Sprach verteutschet und mit schönen figuren gezieret/ fremd vnd kurtzweilig zu lesen vnd zu hören.

Es war also eine wunderbare, fast lustige Tragödie um Liebe, Leid und Leidenschaft – und natürlich ganz wichtig: Die fremdartige, kurzweilige Geschichte war reichlich mit Bildern unterlegt. In sieben weiteren arturischen Meisterliedern stehen ebenfalls das skandalträchtige Liebespaar Tristan und Isolde oder Treue- bzw. Tugendproben im Mittelpunkt. Der Artushof ist stets nur Kulisse.

Aber es ging nicht nur um Kurzweil. Wie am englischen Hof drangen die Artusritter nun auch in die Fürstengenealogien auf dem Festland vor: Kaiser Maximilian ‚adoptierte‘ Artus höchstselbst. Andere Fürsten mussten sich mit den Rittern der Tafelrunde bescheiden. So konnte Cyriacus Spangenberg den Stammvater der Herrschaft Mansfeld über den „Wigalois“ am Artushof dingfest machen. In seinem 1591–1594 in Schmalkalden erschienenen „Adels Spiegel“ führt er zu dem dort beschriebenen roten Artusritter aus: „Der erste Graf dieser Herrschafft/ den ich funden habe/ hat G(raf) Heger der rott geheissen/ vnd vmb das Jahr Christi 550. gelebt/ an König Arturi Hoff in Engelland“.[25] In diesen Kontext aktiv gelebter Artusbegeisterung gehört auch das eigentümlichste, aber zugleich populärste Werk der italienischen Ritterliteratur, der „Orlando Furioso“ von Ludovico Ariosto (1474–1533).[26] Im Zentrum des 1516 veröffentlichten und 1522 noch einmal überarbeiteten „Orlando Furioso“ steht eigentlich die Welt der Karolinger um die aus dem „Rolandslied“ bzw. dem „Chanson de Roland“ bekannte Hauptfigur Roland. Daneben und zwischendurch geht es immer wieder um den Krieg zwischen Karl dem Großen und den Sarazenen sowie um die Genealogie der Adelsfamilie Este, in deren Diensten Ariost stand. Um den Stammbaum der Este besonders strahlend und die Geschichte besonders ritterlich erscheinen zu lassen, greift der am Hof der Este in Ferrara arbeitende Ariost auf alles zurück, was im Rittertum Rang und Namen hat. Und natürlich sind dies auch und bevorzugt die Ritter und Damen der Artuswelt. Dass Ariost als Urahn der Este den mythischen Trojaner Hector ausmacht, passt dabei hervorragend ins Bild. Bekanntlich ist Hector ein Verwandter des Artusstammvaters Brutus und wie König Artus einer der neun besten Helden der Welt. Um diese Artuswelt in sein Werk hineinzuzitieren, beutete Ariost die alten italienischen Artus-Lieder ebenso aus wie die Erzählung um die „Tavola Ritonda“, die „Vita di Merlino“ und alles sonst noch greifbare arturianische Material. Auch eine französische Druckausgabe des „Prosa-Tristan“ kannte er.

Für die Präsenz der Artusgeschichte in der frühneuzeitlichen Welt ist die jetzt weit gefächerte Rezeption bezeichnend: Artus, seine Ritter und die edlen Damen waren in London, Basel, Nürnberg, Wien oder Mantua strahlende Vorbilder eines idealen Rittertums und einer perfekten Hofkultur |59|. Und es versprach höchstes gesellschaftliches Prestige, sich an diese Idealritter anzusippen. Es versprach aber auch literarischen Erfolg, diese Idealwelt satirisch zu überformen. Mit dem „Orlando Furioso“ erscheint ein solches Artusmodell einmal mehr sowohl in der europäischen Literatur als auch in der Dynastie- bzw. Kulturgeschichte verankert. Zu den Rezipienten des schnell europaweit präsenten Klassikers werden neben William Shakespeare auch

|59| König Artus und Karl der Große aus dem Neun-Helden-Zyklus, Fresko von Giacomo Jaquerino, Burg von Mantua, 15. Jh.

Johann Wolfgang von Goethe und Christoph Martin Wieland gezählt.

Im Zentrum der Literatur standen die Artusgeschichten auch in Frankreich.[27] Aufarbeitungen wie der aus dem „Perceforest“ geschöpfte „Chevalier doré“ und die 1516 und 1523 erschienenen Druckversionen des „Perlesvaus“ stehen am Anfang einer langen Reihe moderner Artusbearbeitungen. So wurden 1520 ein „Prosa-Tristan“, 1530 der „Perceval le Gallois“ (Perceval der Waliser), 1533 der „Lancelot du Lac“ (Lancelot vom See) und 1540 der „Noble Chevalier Gauvain“ (Der edle Ritter Gawain) erstmals gedruckt. Viele dieser Werke erlebten sieben oder acht Auflagen, waren also sehr begehrt beim Publikum. Für die neue Zeit mussten die Stoffe jedoch modernisiert werden. Jean Maugin merkte zu seinem „Nouveau Tristan“ von 1554 als wichtigstes Werbeargument denn auch an, dass dieser „Tristan“ von ihm eigens für den modernen Geschmack aufbereitet worden sei.

3 Nachrichten aus dem Elisabethanischen Zeitalter – Artus lebt

Die Diskussionen um König Artus und die Wirklichkeit seiner Existenz gingen in den folgenden Jahrzehnten weiter. Artus war und blieb aber für einige Dynastien, vor allem für die Tudors, ein zentraler Baustein der dynastischen Legitimation. Diese Basis wurde allerdings immer wieder nachhaltig erschüttert. Existenzielle Zweifel an der Wahrheit der Artushistoria formulierte der seit 1502 in England lebende Italiener Polydore Vergil in seiner 1513 abgeschlossenen, aber erst 1534 in Basel gedruckten „Anglica Historia“ (Geschichte Englands).[28] Auch John Rastell machte in seiner bestens bekannten englischen Chronik „The Pastyme of People“ (Der Zeitvertreib der Menschen, 1529) keinen Hehl daraus, dass er die Artusgeschichte größtenteils für Unsinn hielt. Beide hatten die Fakten der britischen Geschichtsüberlieferung nüchtern geprüft und mit wissenschaftlich stichhaltiger Quellenkritik die alten Bedenken zu wissenschaftlicher Realität werden lassen. Vor allem Vergils Werk gilt heute als die erste humanistische, quellenkritische Darstellung der englischen Geschichte.

Als Gegenbewegung intensivierten englische Chronisten und Altertumsforscher ihre pro-arturischen Forschungsanstrengungen. Große Bedeutung erlangte eine Gruppe von nationalkonservativen Protestanten um Raphael Holinshed, Richard Robinson, Humphrey Lhuyd, John Leland und Bischof John Bale. In den 1530er und 1540er Jahren erbrachten die umfangreichen Forschungsreisen von John Leland (1503 – 1552), dem selbsternannten Antiquar und Altertumsforscher des englischen Königs Heinrich VIII., die ‚erwünschten‘ neuen Erkenntnisse zu Artus, Glastonbury, Avalon und Camelot. In seinem Verzeichnis zu South Cadbury in Somerset führte Leland 1542 aus, dass er am äußersten südlichen Ende der Kirche von South Cadbury Camelot gefunden habe – zeitweilig eine herrliche Stadt oder Burg. Allerdings wüssten die Anwohner nicht mehr viel über den historischen Hintergrund, nur dass sie gehört hätten, dass König Artus das sagenhafte Camelot erneuert habe. Bei South Cadbury war also das sagenumwobene Camelot des Königs Artus. Alle Forschungsergebnisse stellte Leland 1544 in seinem enzyklopädischen Grundlagenwerk „Assertio Inclytissimi Arturii Regis Britanniae“ (Erläuterung des sehr berühmten britischen Königs Artus) zusammen.[29] Damit schien die Suche nach dem sagenhaften Camelot wieder einmal endgültig abgeschlossen und der Streit mit Polydore Vergil, den die Artusfreunde als „Satansbraten“ und „wilde Dogge“ verunglimpften, entschieden. Vergil hatte den ‚Krieg der Bücher‘ verloren, er verließ England 1553.[30]

Auch literarisch blieben Artus und seine Tafelrunde ein beliebtes Motiv, zumal die neue Königin Elisabeth I. (1558 – 1603) den Artuskult ihrer Vorgänger nicht nur weiterpflegte, sondern noch ausbaute.[31] In dieser Atmosphäre neuerlicher Artusbegeisterung legte Raphael Holinshed im Jahr 1577 seine allumfassenden und auf allen bekannten Artusquellen basierenden „Chronicles of England, Scotland, and Ireland“ vor[32], und Edmund Spenser (1552 – 1599) schuf in den Jahren 1590 – 96 mit seiner „Faerie Queene“ einen weiteren, bis in die Moderne hineinwirkenden arturischen Welterfolg – allerdings weitgehend ohne die sonst so präsenten Artusritter |60|.[33] Sein großes Ritterepos war der Königin persönlich gewidmet. Sie selbst war in der Feenkönigin Gloriana sogar in der Geschichte verkörpert. Ein Exkurs Spensers zur britischen Geschichte wies Elisabeth darüber hinaus als Erlöserfigur im Sinne der Wiedergeburt des mythisch-trojanisch idealen Britanniens aus. Und schon wieder hatte das Publikum eine direkte Nachfolgerin von Brutus, Uther und Artus. Als Problem stellte sich nur die nicht unbedeutende Tatsache, dass Elisabeth eine Frau war. In die Rolle des ‚echten' männlichen Artusnachfolgers versuchten deshalb wiederholt die Favoriten der Königin zu schlüpfen: Robert Dudley, Earl of Leicester († 1588), gestaltete anlässlich des Besuchs der Königin auf seinem Schloss Kenilworth im Jahr 1575 das gesamte Schloss zu einem Artusschloss mit perfekter Artusinszenierung um.[34] Eine ganze Schar von Dichtern feilte über mehrere Jahre am Lobpreis des neuen Artus. Für die damals unvorstellbare Summe von £ 1000 pro Tag (heute ca. eine Million Pfund[35]) ließ Dudley Festumzüge, Banketts, Zerstreuungen und Entertainment aller Art inszenieren. England hatte solch eine höfisch-arturische Pracht noch nie gesehen. Aber die Königin war offensichtlich nicht begeistert, dass der Earl ‚ihren' Artus für sich reklamieren wollte. Dudleys Karriere war schnell vorüber. Später versuchte sich der nächste königliche Favorit George Clifford, Earl of Cumberland, gleichfalls Artus zunutze zu machen, um der Königin näherzukommen.[36] Mit Verweis auf den Stammsitz der Familie, Pendragon Castle (heute Ruine)[37], trieb aber auch er die Artusinszenierung zu weit. Elisabeth förderte ihn jedenfalls nicht so, wie er es erhoffte. Artus blieb für die Königin reserviert.

Insgesamt war das Artusbild des Elisabethanischen Zeitalters aber nicht nur strahlend und heroisch. In dem von Thomas Hughes und einem ganzen Autorenkollektiv – darunter Francis Bacon – 1587 verfassten Artusdrama „The Misfortunes of Arthur" überwiegen die aus Geoffreys „Historia regum britanniae" und Malorys „Morte d'Arthur" bekannten negativen Motive: die uneheliche, sündhafte Zeugung von Artus, der Inzest mit seiner Zwillingsschwester Anne und der alles vernichtende Kampf mit dem Bastardsohn Mordred. Uraufgeführt wurde das Drama vor der Königin Elisabeth in Greenwich im Jahr 1588, d. h. ein Jahr nach der Hinrichtung Maria Stuarts. Und auf Maria Stuart scheint auch die Mordred-Figur gemünzt zu sein, mit der Botschaft, dass Elisabeth als Verkörperung eines besseren Königs Artus die Usurpatorin Maria – sie steht für Mordred – hinrichten musste, um den Staat anders als ehedem König Artus vor dem Untergang zu bewahren.[38]

Für die folgenden Könige blieben Artus und die britannische Urgeschichte zentrale Ankerpunkte der eigenen, aktuellen Legitimation. Vor allem die vielbemühte Prophezeiung Merlins, dass ein zweiter

|60| Frontispiz von Edmund Spensers „The Faerie Queene", 1590. König Artus und seine Ritter sind hier nur noch Staffage und Mittel zum Zweck für die politische Propaganda. Die Darstellung ist einem Holzschnitt aus Caxtons Malory-Druck nachempfunden.

Artus kommen und Britannien zu alter Größe führen werde, wurde in steter Regelmäßigkeit hervorgeholt, um die Rechtmäßigkeit der Herrschaft insbesondere bei Dynastiewechseln zu untermauern. Das machte König James I. (1603 – 1625) nicht anders als sein intendierter Nachfolger Prince Henry († 1612 vor dem Herrschaftsantritt). Henrys Name wurde sogar zu „Arthvri in sede fvtvrvs crescis" (du wächst heran, um den Thron Artus' zu besteigen) umgedeutet.[39]

Dies alles funktionierte natürlich nur mit einem zweifelsfrei echten König Artus. Wie zu Zeiten von Heinrich I. und Richard Löwenherz bedienten sich deshalb auch jetzt die englischen Könige der Wissenschaft, um den letzten Zweifel an ihrem Urahn Artus und ihrem trojanischen Britannien zu zerstreuen. Besonders hervorzuheben sind in diesem Zusammenhang die Forschungsanstrengungen von William Camden, dem bedeutendsten Historiker und Archäologen dieser Zeit.[40] Der 1551 in London geborene Camden († 1623) gründete den ersten Lehrstuhl für Geschichte an der Universität Oxford und schrieb einen mit vielen Forschungserträgen angereicherten topografischen Überblick über die Britischen Inseln. Die erste Ausgabe seiner „Britannia" wurde 1586 in lateinischer Sprache veröffentlicht. Sie war Lord Burghley, dem Minister und Berater der Königin Elisabeth, gewidmet. Seine erste zusammenhängende Darstellung der römischen Epoche in Britannien setzte Maßstäbe, nicht zuletzt auch, was das wissenschaftlich gesicherte Artuswissen betraf. Der Erfolg war dementsprechend. Bis 1607 erschienen allein sieben weitere, ständig überarbeitete und erweiterte Ausgaben. Die erste englische Übersetzung gab Philemon Holland 1610 heraus. Trotz (oder wegen) der neuen Forschungsergebnisse begann schon unter dem ersten Stuart-König der Stern von König Artus zu verblassen. Bei James' Nachfolger Karl I. (1625 – 1649) spielten die noch vor kurzem so beliebten Artusinszenierungen schließlich keine Rolle mehr. James D. Merriman spricht zu Recht von „The Death of a Legend", dem Tod einer Legende.[41]

Nachdem ein unbekannter deutscher Bearbeiter mit der Prosavariante des „Wigoleis vom Rad" (1472 ff.), William Caxton mit Malorys „Le Morte d'Arthur" (1485 ff.), Edmund Spenser mit „The Faerie Queene" (1590 – 96) und zahlreiche Drucker mit Neubearbeitungen oder Neudrucken der alten Artusklassiker im 15. und 16. Jahrhundert in deutscher, französischer und englischer Sprache jeweils Bestsellererfolge gelandet hatten, wurde es im fortschreitenden 17. Jahrhundert still um König Artus. In England war der sagenhafte König der Briten aus dem Fokus der regierenden Dynastie geraten, und auf dem Festland machte das Ende des Rittertums den Artusrittern schwer zu schaffen. Als literarische Figuren mit patriotischem Hintergrund überlebten Artus und seine Tafelrunder allerdings durchaus komfortabel in diversen Büchern, Opern und Theaterstücken. Einigen Erfolg hatten Richard Johnsons „Romance of Tom a Lincolne" (1610, Romanze von Tom, ein Lincoln), Robert Nicols „Winter Nights Vision" (1610, Winternachtstraum), Michael Draytons „Poly-Olbion" und „Nimphadia, the Court of Fayrie" (1612 u. 1615, Nimphadia, der Hof der Fee) sowie Martin Parkers „Most Famous History of That Most Renowned Christian Worthy Arthur King of the Britaines, and His Famous Knights of the Round Table" (1660, Die herausragendste Geschichte des berühmtesten christlichen Helden König Artus von Britannien und seiner hervorragenden Ritter der Tafelrunde). Draytons „Poly-Olbion" bezog sich sogar direkt auf die Forschungsarbeiten von Malory, Leland, Camden und Holinshed, gehörte aber in die längst vergangene Epoche der Elisabethanischen Artusglorie.

Populär blieben auch einige der alten Artusklassiker, wobei außerhalb Britanniens neben Malory überraschenderweise vor allem der zu einer Comicfigur trivialisierte Wigoleis große Aufmerksamkeit genoss. Immer wieder neu aufgelegt, von Historikern wie Cyriacus Spangenberg sogar konsequent historisch gelesen, kannte im 17. Jahrhundert jedes Kind den immer idealen Tafelrunder Wigoleis. In den 1650er Jahren wurde der „Wigoleis" sogar ins Dänische und Isländische übersetzt. Der dänische „Her Viegoleis med Guld Hiulet" und die isländische „Gabons saga ok Vigoles" waren nach vielen Jahrhunderten überhaupt die ersten Artustexte, die im Norden wieder aktiv rezipiert wurden. Und es mag charakteristisch sein für eine neue, mittlerweile von britisch-historischen Zusammenhängen losgelöste Artuswahrnehmung: Es war eine deutsche, von altfranzösischen Traditionen und der britischen Artusgeschichte entfremdete Artusvariante, die man im Norden, wo einst König Hákon Hákonarson persönlich für die Übersetzung aller wichtigen altfranzösischen und lateinischen Artustexte gesorgt hatte, bevorzugte.

Vergessen war der herrliche Artus des Mittelalters also nicht. Doch seine Welt des heroischen Rittertums war Vergangenheit. Überdeutlich wird dies in Miguel de Cervantes' „Don Quixote" (1605, 1615), wenn im 12. Kapitel mit Verweis auf die britischen Chroniken und Annalen an das strahlende Rittertum des Königs Artus, an Sir Launcelot du Lake, an Königin Genever und die Tafelrunde erinnert wird. Vergangenheit ist Artus auch in Hans Jakob Christoffel von Grimmelshausens „Simplicissimus" (1668). Dort erscheint er mit seinem Schwert Caliburn als längst verstorbener vorbildlicher Herrscher, „welcher das Lob seiner Freigebigkeit bis ans End der Welt behalten wird". Es ist eine herrliche Vergangenheit, die als Gegenbild zur trüben Gegenwart und als Modell für eine bessere Zukunft geeignet war. In diesem Sinn erlebten die alten Artusritter auch als ‚Schulhelden' eine Renaissance: Für die Erziehung des jungen französischen Königs Ludwig XIV. holte man die guten alten Artusgeschichten hervor, wie sie beispielsweise Marc Vulson in „Le Vray Théâtre d'honneur et de chevalerie, ou le miroir hérique de la noblesse" (1648, Das wahre Theater der Ehre und des Rittertums, oder der heroische Spiegel des Adels) erneuert und aktualisiert zusammengestellt hatte. Artusritter dienten als Muster für Unterrichtseinheiten zu Rittertum und höfischem Benehmen.

Ungeachtet dessen läutete John Milton in England mit seinem historischen Essay „Britain under Trojan, Roman, Saxon Rule" (1639) eine neue Runde der Artuszweifel ein.[42] Miltons Aufarbeitung des spätrömischen Britannien basierte auf Gildas, Beda und der „Historia Brittonum", wo er entweder gar nichts oder kaum Substantielles zu Artus fand. Sein entlarvendes Urteil über Artus lautete, dass er „mehr in fabulösen Liedern und Romanen als in wahren Geschichten" existierte. Den national ge-

|61| Portrait von John Dryden († 1700). Gemälde von Godfrey Kneller aus der National Portrait Gallery London, 1698.

sinnten Zensurbehörden waren solche Anfeindungen ebenso ein Dorn im Auge wie seine angeblich zu ängstliche Zeichnung der gerne heroisch gesehenen Briten. Jedenfalls waren die Vorbehalte so groß, dass der Essay erst 30 Jahre nach Vollendung (1670) und auch dann nur mit erheblichen Eingriffen der Zensur im Druck erschien. Die Wirkung war dennoch groß.

Erhebliche Probleme um seinen heroischen Artus warteten auch auf John Dryden (1631 – 1700) **|61|**.[43] Er schrieb seine Artusoper „King Arthur: Or, the British Worthy" im altgewohnt herrschaftlichen Sinn zur Feier des silbernen Thronjubiläums von König Charles II. Aber am englischen Hof hatten zwischenzeitlich französische Moden die Oberhand gewonnen. Gemeinsam mit Henry Purcell (1659 – 1695) arbeitete Dryden deshalb Musik und Text zu einer „dramatick opera" um. Eingebettet in die historische Szenerie der Sachsenkriege wurde aus König Artus ein romantisch verklärter Held, der sich, umgeben von schönen Frauen, mit Dämonen, Zauberern, Sirenen und Flussnymphen auseinandersetzen musste. Durchsetzt mit Motiven aus der griechischen und germanischen Mythologie, blieb nicht viel übrig von einem historisch-heldenhaften Artus, auch wenn am Schluss der Sieg britischer Macht, Treue und Liebe stand und Dryden im Vorwort eigens versicherte, dass er Beda und andere Quellen studiert habe.

Mit der schon fast romantischen Verklärung des Mittelalters erlebten die arturischen Helden und der Gral im 18. Jahrhundert trotz Dekonstruktion und Zweifel eine erneute Renaissance. Die Tafelrunde, der Gral, die Feen von Avalon und der tragische Fall des Artusreichs boten Stoff für viele von Sehnsuchtsmomenten durchsetzte Mittelalterfantasien. Mit der Historizität der Berichte und der vermeintlichen Wahrheit der ehedem identifizierten Artusorte ging man jedoch hart ins Gericht. So ließ Daniel Defoes Reisebericht „Tour through the Whole Island" (1724 – 27) an den alten Legenden kaum ein gutes Haar. Doch der Autor des „Robinson Crusoe" und seine Zeitgenossen kannten sie allesamt. So flicht Defoe in seinen detaillierten Bericht über Glastonbury selbstverständlich ein, dass dort im 12. Jahrhundert die Gebeine von König Artus gefunden wurden und der Dornenstrauch des Joseph von Arimathea stünde. Auch das bekannte Bleikreuz bildete er – nach Cambden – ab. Zur ‚echten' Tafelrunde von Winchester vermerkte er jedoch sichtlich entnervt, dass das doch wohl alles Flunkerei („a fib") sei.[44]

In Richtung einer romantischen Verklärung weisen schließlich Henry Fieldings im Jahr 1730 erschienene „Tragedy of Tragedies" sowie aus deutscher Perspektive Bodmers „Parcival, ein Gedicht in Wolframs von Eschilbach Denckart" (1753)[45] und sein „Gamuret" (1755). Auch Christoph Martin Wielands „Sommermärchen" (1771), seine unter dem Titel „Geron der Adelige" (1778) publizierte Blankvers-Übersetzung des altfranzösischen „Guiron le Curtois" und die Merlin-Elegie „Merlins weissagende Stimme aus einer Gruft" (1810) nutzen die arturische Welt vornehmlich als Kulisse einer romantischen Mittelalterinszenierung. Die Artusprojekte von Friedrich (1772 – 1829) und August Wilhelm Schlegel (1767 – 1845) und von Ludwig Tieck (1773 – 1853) sind weitere Bausteine eines solchen romantischen Mittelalterkonstrukts: August Wilhelm Schlegel bemühte sich intensiv um Gottfrieds „Tristan" und Friedrich um die Figur des Zauberers Merlin. Über Merlin hatte seine Freundin Dorothea Veit, Tochter des jüdischen Philosophen Moses Mendelssohn, bei einem gemeinsamen Parisbesuch im Jahr 1802 einiges in Erfahrung gebracht, als sie in der dortigen Nationalbibliothek die Merlin-Passagen des altfranzösischen „Prosa-Artuszyklus" las. Im Jahr ihrer Hochzeit (1804) brachte Friedrich Schlegel die auf den Pariser Studien beruhende „Geschichte des Zauberers Merlin" von Dorothea Schlegel, mittlerweile seine Frau, bei Junius in Leipzig zum Druck. Ludwig Tieck erzählte in „Leben und Thaten des kleinen Thomas, genannt Däumchen" (1811) eine auf die Gegenwart gemünzte Dreiecksgeschichte um Merlin, Thomas und König Artus **|62|**: Däumchen wird von seinen durch bittere Not geplagten Eltern wie Hänsel und Gretel immer wieder im Wald ausgesetzt. Mit den einem Riesen gestohlenen Siebenmeilenstiefeln erwirbt er sich im Dienst von König Artus später großen Ruhm, als es ihm gelingt, die verstreuten Heeresteile durch die unglaublich schnell übermittelten Nachrichten perfekt zu koordinieren und zum Sieg zu führen. Mit vielen feinsinnigen Anspielungen und intertextuellen Hinweisen hält Tieck in seiner Artusadaption dem im Kampf gegen Napoleon zaudernden Preußenkönig Friedrich Wilhelm III. einen Spiegel vor.

Grundsätzlich lässt sich um 1800 ein vielschichtiges Nebeneinander von ahistorisch-fiktionalen Artusfantasien, gegenwartsbezogenen Spiegelungen und hartem Artus-Faktenwissen beobachten. Die Ablösung von dem durch mittelalterliche Quellen gestützten Wissensfundus konnte dabei so weit gehen, dass von einem historischen Gerüst rein gar nichts mehr übrig blieb. So mixte etwa John Thelwall in seiner „Fairy of the Lake" (1801) alle möglichen Feen-, Zauber- und Rittergeschichten aus diversen Chroniken und Romanzen zu einer völlig von der Historia losgelösten Fantasiegeschichte zusammen. Thelwall scheute sich dabei auch nicht, selbst bestens bekannte historische Tatsachen und fest konturierte Figuren grundstürzend zu verändern, gleichsam zu verdrehen: „Morgan-le-Fay wird mit Rowena als böse Zauberin gleichgesetzt, die über Figuren aus der skandinavischen Mythologie plus einen Incubus gebietet; Guinevere wird statt Rowena zu Vortigerns Tochter gemacht, die traditionsgemäß von ihrem Vater inzestuös begehrt wird, als Neuerung ihrerseits jedoch Artus liebt.“[46] Die einzelnen Versatzstücke diverser Stoffkreise – von denen Artus nur einer ist – werden als ungebundener Materialfundus begriffen. Völlig konträr gehen nahezu gleichzeitig Thomas Wartons Sonette „On King Arthur's Round Table at Winchester“ sowie „Written at Stonehenge“ (1777) und Richard Holes Versromanze „Arthur; or the Northern Enchantment“ (1789) mit den Fakten um. Für sie sind die historischen Fakten, die Historizität der Artusfigur und der Stofffundus der alten Artustexte entscheidende und zugleich unantastbare Fundamente. Wie aus ihren Werken abzulesen ist, kannten Warton und Hole viele dieser alten Quellen sehr genau.[47]

Charakteristisch für diesen ambivalenten Umgang mit König Artus ist, dass Artusfiguren, Artusgeschichten und Artusgegenstände, von britisch-nationalen Bindungen abgelöst, zu einer internationalen, allgemein das Mittelalter bzw. eine strahlend-ritterliche Vergangenheit symbolisierenden Folie werden können. Auf der anderen Seite zieht ein national-historisches Artusverständnis eine konsequent historische Lesart aller Artusgeschichte(n) nach sich: In den mit großer Ernsthaftigkeit entstehenden Übersichtswerken zur britischen und zur Weltgeschichte geht man nüchtern-sachlich mit König Artus um. Er ist einer von vielen Herrschern der Spätantike, über den man allerdings nicht viel an gesicherten Fakten beibringen konnte. Die Diskreditierung des im Mittelalter aufgeschwellten Artuswissens war so weit fortgeschritten, dass er in den diversen Standardwerken zur englischen Geschichte zwar immer kurz erwähnt, jedoch stets auf seine Zweifelhaftigkeit hingewiesen wird. Typisch ist der knappe Abschnitt in David Humes Grundlagenwerk „History of England“. Dort werden stichpunktartig die Schlacht am „Mount Badon or Banesdown near Bath“ und der Barde Taliessin genannt, der alle Geschichten von Artus aufgezeichnet haben soll. Hume versäumt es nicht, darauf hinzuweisen, dass die Berichte mit „so many fables“ durchsetzt und mehr „fictions“ als Wahrheit seien.[48] Aus welthistorischer Perspektive scheint die Darstellung im Zedler – dem Universallexikon der Zeit – für das 18. Jahrhundert charakteristisch. Auch hier ist die Quintessenz der kurzen Angaben zu den Kämpfen im frühen 6. Jahrhundert, genealogischen Grundinformationen und der Geschichte der Tafelrunde die Erkenntnis, dass „alles dieses nicht nur an sich selbst sehr fabelhaft, sondern auch dem Zustand derer Sachen in Ansehung der Zeit, da sich solche Geschichten sollen zugetragen haben, gantz zuwider“ ist. Als Hauptquelle nennt Zedler übrigens Polydore Vergil und dessen „Anglica Historia“ – das heißt den schärfsten Kritiker der Artusgeschichten, von dem man im 16. Jahrhundert also vergeblich gehofft hatte, ihn mundtot machen zu können.[49] Die zeitgenössische Artusliteratur und die Artuswahrnehmung pendeln nun zwischen freier Fantasie und einer holzschnittartig auf wenige gesicherte Daten reduzierten historischen Faktizität.

|62| König Artus, handkolorierter Kupferstich nach einer Zeichnung von Friedrich Tieck. So stellte sich die Romantik König Artus vor. Aus: Friedrich Heinrich von der Hagen: Heldenbilder aus den Sagenkreisen Karls des Großen, Breslau 1823.

4 Romanheld und Nationalmythos – Märchen versus Geschichte

In der Wahrnehmung des 19. Jahrhunderts genossen die nun synonym für ein ritterlich-ideales Mittelalter stehenden Ritter der Tafelrunde und der Heilige Gral höchstes Ansehen.[50] Angesichts der überragenden Präsenz der Artusritter überrascht, dass sich der englische Spezialist für Ritterromane, Sir Walter Scott (1771 – 1832), nahezu vollständig von diesem Stoffkreis fernhielt. Nur sein „Sir Tristrem" (1804) und die Episode um Lyulphs Artuserzählung in „The Bridal of Triermain" (1809, Das Brautpaar von Triermain) nehmen die sonst so populäre Artusthematik auf. Gerade diese Episode wird man im Artuskontext jedoch keinesfalls unterschätzen dürfen, denn Scott fasste hier mit dem Hinweis auf eine lange, lange vergangene Zeit alle wichtigen Stichworte zu Artus, Guinevere, Lancelot, Tristan, dem römischen Britannien, den sächsischen Usurpatoren, dem Gral, Mordred und der fatalen Schlacht bei Camlann prägnant und publikumswirksam zusammen. Letztlich schuf er, ohne etwas Substantielles zur Artusgeschichte zu berichten, ein, vielleicht sogar das entscheidende Fundament für eine neue Blüte der Artusliteratur im 19. Jahrhundert.[51] Denn ganz nebenbei ließen seine Ausführungen erkennen, dass damals vieles besser, manches geradezu ideal gewesen sei.

Zentrale Bedeutung als Stofffundus kommt in dieser Epoche einmal mehr Malorys „Morte d'Arthur" zu. Der Bestseller des ausgehenden 15. Jahrhunderts wurde gleich mehrfach in verschiedenen Variationen neu- und nachbearbeitet. Fußend auf Malory, erlangten die Artusromane von Alfred Lord Tennyson (1809 – 1892) überzeitlichen Rang |63|.[52] Bei Tennyson geht es nicht um eine Opposition von Märchen versus Geschichte, denn beide Momente fließen problemlos ineinander.

|63| Fotografie von Alfred Lord Tennyson († 1892), aufgenommen in Manchester 1857. Tennyson schrieb die erfolgreichsten Artusromane des 19. Jh.

Tennyson prägte mit seiner 1832 erschienenen „Lady of Shalott" und den Malory-Adaptionen „Sir Launcelot and Queen Guinevere", „Sir Galahad", „Morte d'Arthur" sowie mit dem zwischen 1856 und 1885 allmählich gewachsenen Artuszyklus „Idylls of the King" die Artuswahrnehmung der gesamten Epoche. Eine erste Gruppe des im Wesentlichen auf Malory und dem „Mabinogion" beruhenden Zyklus mit vier Idyllen um „Enid", „Vivien", „Elaine" und „Guinevere" wurde 1859 gedruckt. Die „Enid" teilte Tennyson später auf in „The Marriage of Geraint" und „Geraint and Enid", die „Guinevere" erweiterte er. Eine Ergänzung erfuhr der Zyklus 1869 durch „The Comin of Arthur" (Die Ankunft von Artus), „The Holy Grail" (Der Heilige Gral), „Pelleas and Ettare" und „The Passing of Arthur" (Der Untergang von Artus) sowie 1871/72 durch „The Last Tournament" (Das letzte Turnier) und „Gareth and Lynette". 1885 komplettierten „Balin and Balan" und „Tiresias and Other Poems" die allumfassende Artussumme. Tennysons oft reich illustrierte Artusbücher wurden allesamt zu Bestsellern und standen bald synonym für die arturische Welt schlechthin. Popularität und Wirkung seiner Werke reichten weit über das viktorianische Britannien hinaus. Ulrich Müller merkt dazu treffend an, dass seit Tennyson „die Geschichten von König Artus, Guinevra, Lancelot und den anderen Rittern der berühmten Tafelrunde eine Popularität haben, wie bei uns Grimms Märchen".[53]

Maßgeblich von Tennysons Artusvisionen beeinflusst, wurden arturische Motive auch in der bildenden Kunst zu einem Renner. Zwischen 1860 und 1900 entstanden insbesondere in Großbritannien und den USA über 140 Ölgemälde, zahllose Bildteppiche und Skulpturen mit Artusmotiven.[54] Rechnet man noch die unzähligen Buchillustrationen und Artusdevotionalien aller Art hinzu, gehörte die Artuswelt zu den prominentesten und populärsten Motiven der gesamten Epoche. In der ganzen Welt begehrt waren die zum Teil bis heute berühmten Artusarbeiten von James Archer, Aubrey Beardsley, Arthur Hughes, Dante Gabriel Rosetti, William Morris und William Holman Hunt |64, 65|. Sie und viele andere bekannte Künstler illustrierten Artusbücher, schufen aber auch größere Artusgemälde und ganze Haus- bzw. Schlosseinrichtungen, wobei insgesamt die Tennyson-Motive dominierten.

In den USA etablierte sich neben und mit Tennyson eine eigene, sehr erfolgreiche Artusliteratur. Zu nennen wären Autoren wie Nathaniel Hawthorne mit „The Antique Ring“ (1842, Der antike Ring), James Russell Lowell mit „The Vision of Sir Launfal“ (1848/80, Der Traum von Ritter Launfal), Howard Pyle mit „The Story of King Arthur and His Knights“ (1903, Die Geschichte von König Artus und seinen Rittern), „The Champions of the Round Table“ (1905, Die Meister der Tafelrunde), „Sir Launcelot and His Companions“ (1907, Ritter Lancelot und seine Gefährten) und „The Grail and the Passing of Arthur“ (1910, Der Gral und der Untergang von Artus), Sara Teasdale mit „Guenevre“ (1911) oder Edwin Arlington Robinson mit „Merlin“ (1917). Auch in Großbritannien blieb der Artusmythos ein wirkmächtiger Gegenstand der aktuellen Wahrnehmung. Mit „The Young Knights of the Empire“ (1916) avancierten die Artusritter sogar zu Leitfiguren der von Sir Robert Baden-Powell begründeten Pfadfinderbewegung |66|. Die Erzählungen changieren jeweils zwischen historischem Ambiente und romantischer Verklärung. Grundidee ist eine auf das 6. Jahrhundert projizierte Mittelaltervorstellung, die sich aus Elementen des 12. bis 15. Jahrhunderts bzw. dem klassisch-ritterlichen Vorstellungsfundus der Romantik speist.

Einen überragenden Erfolg feierte zur selben Zeit Mark Twains (1835–1910) Artusadaption „A Connecticut Yankee in King Arthur’s Court“ (1889). Er nutzte den Artushof wie Tieck dazu, der Gegenwart einen Spiegel vorzuhalten, nur ging es diesmal nicht um den Kampf gegen Napoleon, sondern um das von kapitalistischen Entwicklungsprozessen geprägte Amerika: Aus Hartford in Connecticut sieht sich der Held Hank Morgan nach einem harten

|64| Illustration von Aubrey Beardsley zur zweibändigen Ausgabe von Thomas Marlorys „Le Morte D’Arthur“ (1893/94). Sir Bedivere hat das Schwert Excalibur ins Wasser geworfen. Die Frau vom See nimmt es für alle Zeiten mit in die Tiefe.

|65| William Morris, Queen Guenevere, 1858. Guinevra und Artus werden auch in Öl gemalt zu beliebten Requisiten der vornehmen Gesellschaft des 19. Jh.

|66| Umschlag zu Sir Robert Baden-Powells „The Young Knights of the Empire", 1916. Der Begründer der Pfadfinderbewegung sah in König Artus und seinen Rittern tugendhafte Vorbilder für die Jugend.

Schlag auf den Kopf plötzlich in die arturische Welt des Jahres 528 n. Chr. versetzt |67|. Ausgestattet mit modernem Wissen, einer praktischen Einstellung und wenig Verständnis für Adel, Monarchie und Kirche beschließt Hank, das mittelalterliche England zu einer aufgeklärten und demokratischen Gesellschaft zu transformieren. Er ist dabei überaus erfolgreich, prangert Missstände an, klärt auf. Er verbessert das Leben und die Lebensverhältnisse, und zwar wirtschaftlich und gesellschaftspolitisch. Eine beinahe apokalyptische Dimension entfalten allerdings seine militärischen Verbesserungen. Er nutzt seine Erfahrungen als Mitarbeiter einer Waffenfabrik, um seine ritterlichen Feinde mit Dynamit und Maschinengewehren zu vernichten. Bei dem Gemetzel sterben 25 000 Ritter. Als Hank schließlich die Nachricht erreicht, König Artus und Mordred hätten sich gegenseitig in der letzten Schlacht getötet, ruft er in bester Absicht die Republik und sich als Regenten aus. Aber die Menschen wollen weder Republik noch Demokratie. Sie revoltieren. Mit Hilfe des Zauberers Merlin kehrt Hank ernüchtert in seine Gegenwart zurück.

Die unter dem Titel „Ein Yankee aus Connecticut an König Artus' Hof" mehrfach ins Deutsche übersetzte sowie in unzählige andere Volkssprachen übertragene Artusgeschichte von Mark Twain entwickelte sich zu einem der erfolgreichsten Artusbücher der Moderne. Der Stoff wurde bereits 1921 und dann in schneller Folge oftmals verfilmt. Vergleichbare Transformationen der Artuswelt gehören im 20. Jahrhundert zu einem Standardmodell der Artusrezeption. Erwähnt sei Pierre Benoîts Gralsroman „Montsalvat" (1957), wo sich die Geschehnisse auf die Zeit des von den Deutschen während des Dritten Reichs besetzten Frankreich beziehen.

In Deutschland erfreute sich der Artusstoff im 18. Jahrhundert, vermittelt über die englischen und amerikanischen Erfolgstexte sowie die entsprechenden Passagen in Enzyklopädien und Geschichtswerke, aber auch durch eigene Artusbearbeitungen und die von der Wissenschaft wiederentdeckten Artustexte des Mittelalters, ebenfalls einiger Popularität. Die englischen und amerikanischen Bestsellerromane, aber auch die mittelhochdeutschen Artusklassiker Hartmanns von Aue, Gottfrieds von Straßburg und Wolframs von Eschenbach standen in wohlfeilen Übersetzungen und Anthologien bald in jeder besseren Privatbibliothek. Allmählich populär geworden waren Wolframs „Parzival" und die anderen mittelalterlichen Artusklassiker durch die Forschungsarbeiten der sich zu Beginn des 19. Jahrhunderts etablierenden modernen Germanistik. Erste Texte bzw. Textausschnitte publiziert hatten Johann Jacob Bodmer (1698 – 1783) und Christoph Heinrich Myller (1740 – 1807). Bodmer war auf der Suche nach germanisch-deutschen Idealdichtungen, die es mit Homers „Ilias" aufnehmen konnten, auch auf den „Parzival" Wolframs von Eschenbach gestoßen. Zunächst lag ihm aber nur die bei Mentelin 1477 erschienene Druckausgabe vor, die Bodmer für nicht ganz überzeugend hielt. Er suchte weiter nach dem Original des als großer Dichter erkannten „Herrn von Eschilbach". 1753 machte er den „Parcival, ein Gedicht in Wolframs von Eschilbach Denckart", als Hexameter-Übertragung publik:

Singe denn provenzalische Muse
von PARCIVAL etwas,/
singe wie ihn sein schiksal nach
MONTSALVATZE gebracht,/
Wo er unwissend den GRAL und den
wunden Amphortas sahe,/
Und sich darum nicht erkundigt und
gleich unwissend hinweg ritt,/
Das ihm viel schimpf gebracht und
sein herz mit reue genagt hat,/
Bis er zum Herrn des GRALS am sternen-
himmel ernannt ward.

(Bodmer 1753, vv. 21 - 26)

Noch im hohen Alter von über 80 Jahren schrieb Bodmer eigenständig den zweiten Teil des „Parzival" aus dem berühmten „Codex Sangallensis" in der Stiftsbibliothek St. Gallen ab.[55] Damit hatte er endlich das gesuchte hervorragende Exemplar – freilich nicht das Original Wolframs. Auch für den „Tristan" fand er ein gutes, altes Manuskript. Im 2. Band von Myllers „Sammlung deutscher Gedichte" – ihn hatte Bodmer testamentarisch als Erben seines deutschen Materials eingesetzt – fanden sich der „Iwein" und Bodmers Hexameter-Bearbeitungen von „Parzival" und „Tristan" (1784–85). Myllers für den Gebrauch in Kreisen des Bildungsbürgertums aufbereitete Ausgaben fanden ein großes Publikum. Das Echo war allerdings zwiespältig. Friedrich der Große hielt von solch altem Plunder gar nichts. Er schrieb 1784 an Myller:

Hochgelahrter, lieber Getreuer! Ihr urtheilt viel zu vorteilhafft von denen Gedichten aus dem 12., 13. und 14. Seculo, deren Druck Ihr befördert habet, und zur Bereicherung der Teutschen Sprache so brauchbar haltet. Meiner Einsicht nach sind solche nicht einen Schuss Pulver werth; und verdienten nicht aus dem Staube der Vergessenheit gezogen zu werden. In meiner Bücher-Sammlung wenigstens würde Ich dergleichen elendes Zeug nicht dulten; sondern herausschmeißen. Das Mir davon eingesandte Exemplar mag dahero sein Schicksal in der dortigen großen Bibliothek abwarten. Viele Nachfrage verspricht aber solchem nicht, Euer sonst gnädiger König Frch.

Auch der hoch angesehene Wissenschaftler Friedrich Heinrich von der Hagen vermerkte abschätzig, dass die letzten Exemplare von Myllers drittem Band in einem Breslauer Kaufladen als Tüten verwendet wurden. Ein Jahr nach Myller edierte Karl Michaeler in Wien erneut den „Iwein" in einer zweisprachigen Ausgabe. Vorlage war die ehedem von Kaiser Maximilian in Auftrag gegebene „Ambraser Handschrift". Weitere mittelhochdeutsche Textstücke machte Felix von Hofstätter mit seiner Blütenlese „Altdeutsche Gedichte aus den Zeiten der Tafelrunde" (1811) einem breiteren bürgerlichen

|67| Illustration zu Mark Twains „Connecticut Yankee": Der „Eisenmann" von Dan Beard (1850 - 1941).

Publikum zugänglich. Insgesamt blieb das Echo aber verhalten. Zumindest wird man Friedrich de la Motte-Fouqués Misserfolg mit seinem „Parcival“ in dieser Art interpretieren müssen. Geplant hatte Fouqué ein populäres ‚Volksbuch‘ rund um den Gralssucher. Doch sein in den Jahren 1831 – 32 entstandenes Manuskript[56] wollte trotz aller Berühmtheit des Autors kein Verleger drucken. Die Artusmode war schon wieder vorbei oder hatte noch gar nicht richtig angefangen.

Zwischenzeitlich waren Handschriften fast aller Artusklassiker des Mittelalters in diversen Bibliotheken gefunden worden. Sie wurden von Eberhard von Groote mit „Tristan“ (1821), Karl Lachmann und Georg F. Benecke mit „Iwein“ (1827), Friedrich Heinrich von der Hagen mit einem weiteren „Tristan“ (1832), Karl Lachmann mit „Parzival“ (1833), San Marte (Albert Schulz) mit „Parzival“ (1836), Karl Simrock mit „Parzival“ und „Titurel“ (1842) und den Brüdern Grimm in schneller Folge in wissenschaftlichen Ausgaben publiziert. Die lange vergessenen Werke waren nun leicht zugänglich, und vermittelt über literarische Zirkel und Blütenlesen, wurden sie allmählich einem größeren Publikum bekannt. Erst jetzt erhielten die Artusritter Parzival, Erec, Iwein und Tristan wieder die ihnen seit dem Mittelalter abhandengekommene Aufmerksamkeit.

In Deutschland interessierten allerdings weniger die historischen Fakten als die erzählerischen und psychologischen Potenziale des Stoffs. So war es Karl Immermann, der in „Merlins Grab“ (1818) und in „Merlin im tiefen Grabe“ (1833) den Stoff aufnahm und ihn 1832 in dramatischer Umsetzung unter dem Titel „Merlin, eine Mythe“ zu einer produktiven Auseinandersetzung mit Goethes „Faust“ und der Philosophie von Hegel nutzte.[57] In Immermanns mehrfach neu aufgelegtem Drama wird der Satanssohn Merlin, der mit den Rittern der Tafelrunde den Gral sucht, schließlich von seinem Vater Satan getötet, da er nicht von Gott abtrünnig wird und der Teufel durch ihn nicht die Weltherrschaft gewinnen kann. Letztendlich hatte die Hybris von Merlin, der meinte, der Heilige Geist zu sein und die Ritter der Tafelrunde zum Gral führen zu können, aber auch die der Artusritter selbst, die dem falschen Propheten folgten, in den Abgrund geführt: Auf ihrer Suche nach dem Gral waren Artus und seine Ritter in der Ödnis vor der Gralsburg verdurstet, denn Merlin konnte ihnen nicht helfen.

Immermanns Drama entstand unter dem Eindruck der Romantik und beschreibt den Zwiespalt von Satanischem und Göttlichem im Menschen. Überhaupt scheint von der Merlin-Figur eine unheimliche Faszination ausgegangen zu sein. Der Zauberer steht auch in einem Gedicht Heinrich Heines (1835), in Nikolaus Lenaus „Waldliedern“ (1843), in Ludwig Uhlands „Merlin der Wilde Mann“ (1829), in Rudolf von Gottschalls „Merlins Wanderungen“ (1887) sowie später in Gerhart Hauptmanns „Merlins Geburt“ (gedruckt 1932) im Blickpunkt. Eine gewisse Wirkung entfalteten auch F. Roebers „Tristan und Isolde“ (1856), Wilhelm Hertz’ „Lanzelot und Genevra“ (1860) und Ludwig Schneegans’ „Tristan“ (1865). Weltgeltung verschaffte den deutschen Artusinterpretationen allerdings erst Richard Wagner mit „Tristan und Isolde“ (Uraufführung 1859) und dem „Bühnenweihfestspiel Parsifal“ (Uraufführung 26. Juli 1882).[58]

Während des Marienbader Kuraufenthalts im Jahr 1845 war Wagner intensiv mit dem „Parzival“-Stoff in Berührung gekommen. Er besorgte sich die aktuellen wissenschaftlichen Ausgaben, wie aus dem Bestandsverzeichnis der nach seiner Flucht aus Dresden 1848 zurückgelassenen Bibliothek ersichtlich ist. Wagner besaß außer dem „Parzival“ in diversen Ausgaben und Übersetzungen auch Hartmanns „Erec“ und „Iwein“, Ulrichs „Lanzelet“, Wirnts „Wigalois“ und Gottfrieds „Tristan“.[59] Allerdings hat Wagner, trotz sehr genauer Kenntnis der mittelalterlichen Artusliteratur und der Artusforschung, den Artusstoff radikal umgebaut und in seinem Sinn ausgedeutet. Vor allem beim „Parsifal“ blieb kaum etwas von Chrétiens oder Wolframs mittelalterlicher Artus-Grals-Welt übrig, denn Wagner war mit dem mittelalterlichen „Parzival“, wie er ihn aus den wissenschaftlichen Ausgaben von San Marte (1836) und Karl Simrock (1872) kannte, höchst unzufrieden.[60] In einem Brief vom 30. Mai 1859 an Mathilde Wesendonck verschaffte er seinem Unmut über die „Unfähigkeit des Dichters“ Luft:

Sehen Sie doch, wie leicht sichs dagegen schon Meister Wolfram gemacht! Daß er von dem eigentlichen Inhalte rein gar nichts verstanden, macht nichts aus. [...] Wirklich, man muß nur einen solchen Stoff aus den echten Zügen der Sage sich selbst so innig belebt haben, wie ich dies jetzt mit der Gralssage tat, und dann einmal schnell übersehen, wie so ein Dichter wie Wolfram sich dasselbe darstellte [...], um sogleich von der Unfähigkeit des Dichters schroff abgestoßen zu werden. Schon mit dem Gottfried von Straßburg ging mirs in Bezug auf Tristan so.[61]

Mit seiner vernichtenden Kritik an Wolfram von Eschenbach stand Wagner übrigens nicht allein. Schon der 1477 bei Mentelin erschienene Inkunabeldruck des „Parzival" war von den Lesern mit ähnlichem Unverständnis goutiert worden. Nur ging es damals um die dunkle Sprache Wolframs und jetzt um die angeblich falsche Ausdeutung des Grals und des Erlösungsmotivs bzw. überhaupt des ganzen „Parzival".

|68| Theaterzettel zur Uraufführung von Richard Wagners „Parsifal" am 26. Juli 1882 im Bayreuther Festspielhaus.

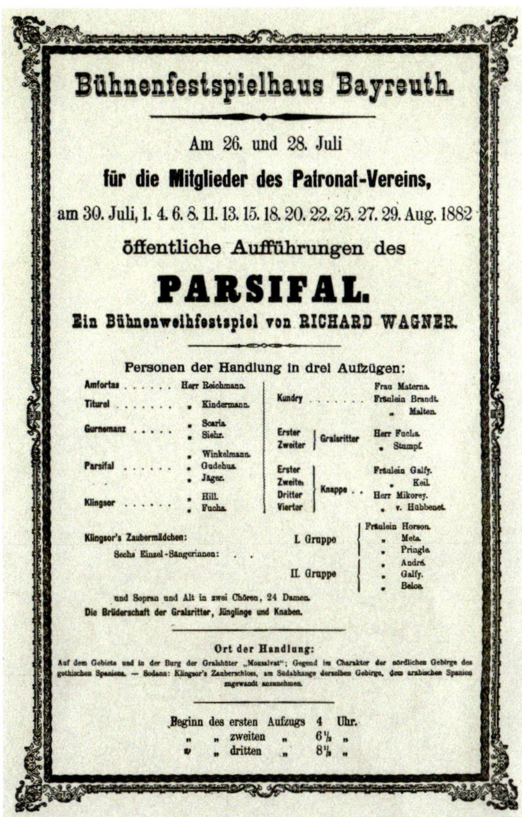

Bühnenfestspielhaus Bayreuth.

Am 26. und 28. Juli

für die Mitglieder des Patronat-Vereins,

am 30. Juli, 1. 4. 6. 8. 11. 13. 15. 18. 20. 22. 25. 27. 29. Aug. 1882

öffentliche Aufführungen des

PARSIFAL.

Ein Bühnenweihfestspiel von RICHARD WAGNER.

Personen der Handlung in drei Aufzügen:

Amfortas . . . . . . Herr Reichmann.
Titurel . . . . „ Kindermann.
Gurnemanz . . . . . „ Scaria. „ Siehr.
Parsifal . . . . . . „ Winkelmann. „ Gudehus. „ Jäger.
Klingsor . . . . . . „ Hill. „ Fuchs.
Kundry . . . . Frau Materna. Fräulein Brandt. „ Malten.
Erster, Zweiter Gralsritter Herr Fuchs. „ Stumpf.
Erster, Zweiter, Dritter, Vierter Knappe . . Fräulein Galfy. „ Keil. Herr Mikorey. „ v. Hübbenet.

Klingsor's Zaubermädchen:
Sechs Einzel-Sängerinnen: . . .
I. Gruppe: Fräulein Horson. „ Meta. „ Pringle.
II. Gruppe: „ André. „ Galfy. „ Belce.

und Sopran und Alt in zwei Chören, 24 Damen.
Die Brüderschaft der Gralsritter, Jünglinge und Knaben.

Ort der Handlung:

Auf dem Gebiete und in der Burg der Gralshüter „Monsalvat"; Gegend im Charakter der nördlichen Gebirge des gothischen Spaniens. — Sodann: Klingsor's Zauberschloss, am Südabhange derselben Gebirge, dem arabischen Spanien zugewandt anzunehmen.

Beginn des ersten Aufzugs 4 Uhr.
„ „ zweiten „ 6½ „
„ „ dritten „ 8½ „

|69| Entwurf für die Gralshalle im 1. Aufzug des „Parsifal" von Christian Jank, Aquarell 1879. Der im Auftrag von König Ludwig II. entstandene Entwurf wurde nie realisiert.

Mit seiner Neugestaltung scheint Wagner den Nerv der Zeit getroffen zu haben. Seinem „Parsifal" war bei der Uraufführung am 26. Juli 1882 im Bayreuther Festspielhaus ein überragender Erfolg beschieden |68, 69|. Zu den Bewunderern dieser und späterer Aufführungen gehörte u. a. König Ludwig II. von Bayern. Er hatte Wagner zur Vollendung des Werks gedrängt, sich 1881 eigens die Einsiedelei des Gurnemanz im Park von Schloss Linderhof nachbauen und für Neuschwanstein Gralsgemälde anfertigen lassen.[62] Bewegt waren auch Gustav Mahler, Friedrich Nietzsche, Thomas Mann, Kronprinz Wilhelm von Preußen und Claude Debussy |70|. Adolf Hitler zeigte sich ebenfalls tief beeindruckt:

Aus Parsifal baue ich mir meine Religion, Gottesdienst in feierlicher Form ohne theologisches Parteiengezänk. Mit einem brüderlichen Grundton der

|70| Kronprinz Wilhelm von Preußen steht als Gralsritter Parzifal an einer Weggabelung. Wird er wie dieser zunächst die Mitleidsfrage versäumen, um erst nach langen Irrfahrten den richtigen Weg einzuschlagen? Kolorierte Zeichnung von Franz Jüttner, Lustige Blätter Nr. 23, 1905.

echten Liebe ohne Demuts-Theater und leeres Formelgeplapper. Ohne diese ekelhaften Kutten und Weiberröcke. Im Heldengewand allein kann man Gott dienen.[63]

Ab 1934 nahm Hitler per Verfügung sogar persönlich Einfluss auf die Bayreuther „Parsifal"-Inszenierung. Fünf Jahre später scheint die Euphorie allerdings schon wieder verflogen zu sein. „Der *Parsifal* [wurde] von den Nazis als ‚ideologisch nicht vertretbar' eingestuft und von 1939 bis zum Ende des Krieges führte man den *Parsifal* in Bayreuth nicht mehr auf."[64] Die Grals- und Artusfaszination behielt aber eine gewisse Bedeutung. So wurden auf der von Heinrich Himmler 1934 angemieteten und zur „Ordensburg" erkorenen Wewelsburg bei Paderborn ein „König Artus"- und ein „Grals"-Zimmer eingerichtet. Der seit 1939 im Nordturm aufwändig umgebaute „Obergruppenführersaal" war beinahe eine Kopie des Bayreuther Gralstempels.[65] Mit mittelalterlichen Artus- oder Gralsüberlieferungen hatte dies freilich nichts mehr zu tun. Schon in Wagners „Parsifal" ist die Artuswelt des Mittelalters kaum mehr als Staffage für ein eigenes, zeitgenössisches Weltverständnis.

Parallel zu solchen Ablösungsprozessen von den historischen Artusrealitäten und einer ritterlich-höfischen Artusausdeutung im Mittelalter ist eine Rückbesinnung auf die historische Komponente zu erkennen. Dies gilt insbesondere für die Artuswahrnehmung im angloamerikanischen Raum, wo man – speziell in Großbritannien – Artus als fundierenden Nationalmythos wiederentdeckte. Die wissenschaftlich orientierten Artusbearbeiter des 20. Jahrhunderts versuchten zum wiederholten Mal, das Wissen um den Helden und seine Geschichte zu verifizieren, zu aktualisieren und mit Hilfe modernster wissenschaftlicher Methoden wie Archäologie und Quellenkritik endgültig bis zum historischen Kern des Artusmythos vorzustoßen. Zu nennen wären hier neben unzähligen Einzelstudien (s. Literaturverzeichnis) die Forschungsarbeiten von Roger Sherman Loomis, Rodney Castleden, Geoffrey Ashe und Norris Lacy. Gleichzeitig versuchte die Literaturwissenschaft den gewaltigen Bestand an mittelalterlichen und frühneuzeitlichen Texten zu erschließen. Die vielbeachteten Tristanausgaben von Joseph Bédier, „Le roman de Tristan et Iseut" (1900) und „Le roman de Tristan par Thomas" (1902–1905), wurden zu rezeptionsprägenden Grundlagenwerken. Auf Bédiers „Tristan" gehen beispielsweise die Fragment gebliebene Oper „Histoire de Tristan" von Claude Debussy (1907/09) und Frank Martins Oratorium „Le vin herbé" (1938/41, Der Zaubertrank) zurück.

Neben dieser wissenschaftlichen Herangehensweise spielte im 20. Jahrhundert ein produktiv-literarischer Umgang mit dem Stoff eine wichtige Rolle. Ausgehend von chronistischen Belegen, Beweisen, Vermutungen und archäologischen Funden unternahmen Dichter, Autoren, Komponisten, Filmemacher und bildende Künstler unterschiedlichster Couleur immer wieder den Versuch, zwischen historischer Realität und Fantasie eine jeweils neue, richtige Artusgeschichte zu (er-)finden. Paradebeispiele dieser Art des historischen bzw. pseudohistorischen Umgangs mit König Artus und seiner Welt waren im frühen 20. Jahrhundert die Artusromane von Jacques Boulenger, Guillaume Apollinaire, Jean Cocteau und Paul Claudel. Boulengers vierbändiger Zyklus „Les Romans de la Table Ronde“ (1922) stellte dabei die Artusromane selbst in den Mittelpunkt des Geschehens. Besonders beliebt waren neben den Rittergeschichten auch die Fantasien um den Gral, wie sie etwa René Guénon in „Roi du monde“ (1925, König der Welt) sowie Julien Gracq in „Au Château d'Argol“ (1939, Auf Schloss Argol) und in „Le Roi Pêcheur“ bzw. „The Fisher King“ (1945, Der Fischerkönig) nacherzählen. Gracqs Gralsromane verdienen hier besondere Aufmerksamkeit, da er sowohl Wolfram von Eschenbachs „Parzival“ als auch Richard Wagners „Parsifal“ nutzte. Analog zur literarischen Umsetzung des Gralsmotivs entstanden Gemälde, Zeichnungen, Teppiche und Plastiken rund um die Gralsburg: Gral und Gralsburg standen wie die Tafelrunde für eine seit der Romantik lebendige Suche nach einem idealen Flucht- und Zielpunkt außerhalb der bisweilen hässlichen, durch Kriege, Katastrophen und Umwälzungen verdunkelten Realität.

In der Nachkriegsliteratur der 1950er Jahre erinnerte man sich erneut der Artushistoria. Die pseudohistorische Literarisierung der Artuswelt erlebte in zahlreichen Arbeiten etwa von Rosemary Suttcliff, Gillian Bradshaw, Stephen Lawhead, Mary Stewart, Parke Godwin und Marion Zimmer Bradley reihenweise Bucherfolge. Dies markiert die neue Qualität der Artusrezeption: Es waren stets globale Bestseller |71|.[66] Suttcliff erläutert das allen Arbeiten dieses Genres eigene Verfahren und die zugrunde liegende Idee ausführlich in „Sword at Sunset“ (1963, Schwert im Abendrot):

Etwa vierzehnhundert Jahre lang war die Artussage der Stoff Britanniens. Zunächst eine Tradition, dann eine Heldensage, die in sich neue Einzelheiten und neue Ruhmestaten und die Regenbogenfarben der Romantik einschloß [...]. Kein Ritter in glänzender Rüstung, keine Tafelrunde, kein turmbewehrtes Camelot, sondern ein römisch-britannischer Kriegerhäuptling, dem die letzten verlöschenden Lichter der Zivilisation es wert schienen, dafür zu kämpfen, als die barbarische Dunkelheit das Land zu überfluten drohte. „Sword at Sunset“ ist der Versuch, aus Fragmenten bekannter Fakten, aus Vergleichen und logischen Schlüssen und schlichtem Raten zu rekonstruieren, was für ein Mann dieser Kriegerhäuptling gewesen sein mag und die Geschichte seines langen Kampfes zu erzählen.[67]

Nach diesem Programm ist ihr Artuszyklus um Merlin und Artus, Galahad und den Heiligen Gral sowie Lancelot und Ginevra komponiert. Als wichtigste Quelle diente Malorys „Morte d'Arthur“, dessen Handlungsgerüst das Bauprinzip der Romane vorgibt. Ausgewertet werden zusätzlich Geoffrey of Monmouth, das „Mabinogion“ und der „Greene Knight“.

Bezeichnend für diese nacherzählenden Artusromane ist, dass sich die Autoren hervorragend in

|71| Umschlag zu Marion Zimmer Bradleys „Die Nebel von Avalon“, deutsche Taschenbuchausgabe von 1987. Zimmer Bradley gelang mit ihrem Roman, der sich recht genau an die historischen Vorlagen hält, ein Welterfolg.

der historischen Artusüberlieferung auskennen, Geoffrey und Malory auswerten und oft sogar entlegene Quellen heranziehen. Was auf das Papier kommt, sind die „Geschichte(n), die nicht ganz Wahrheit, aber auch nicht ganz Fabel sind", wie es bereits Wace 1155 in seinem „Roman de Brut" formulierte.

Eine weitere, sehr erfolgreiche Gruppe moderner Artusbücher wird von der Forschung als ‚fiktionale Sachbücher' bezeichnet.[68] Typisch für diese Publikationen ist, dass sie ebenfalls die einschlägigen historischen Quellen heranziehen, diese dann aber sachbezogen darbieten. Exemplarisch zu nennen wären etwa Rosalind Kervens „König Artus und die Ritter der Tafelrunde" und Kevin Crossley-Hollands „Die Welt des König Artus". Dass die historische Dimension eines vermeintlichen Königs Artus dabei nicht zu hoch veranschlagt werden darf, ist aus der Tatsache abzuleiten, dass viele dieser manchmal in enzyklopädischer Breite angelegten Artussachbücher als Kinder- und Jugendbücher ausgewiesen sind. Konnte oder wollte man die Geschichte dieses Königs der Briten einem erwachsenen Publikum nicht zumuten? War der Fantasienebel um die Ritter der Tafelrunde im 20. Jahrhundert zu dicht geworden? Der Faszination des gesamten Stoffpakets um Artus, Tafelrunde und Gral taten solche Vorbehalte keinen Abbruch. Viele dieser Historienromane, aber auch der fiktionalen Sachbücher wurden zur Grundlage von mehr dokumentarischen oder mehr fiktionalen Verfilmungen der Artusgeschichte.

Daneben feierten die völlig von einer historischen Realitätsebene losgelösten fantastischen Artusmärchen in Buch, Comic, Kino und Fernsehfilm nicht weniger große Erfolge. Zu nennen wären unter anderem Walt Disneys „The Sword in the Stone" (1963; Merlin und Mim. Die Hexe und der Zauberer, 1979) und das Goofy-Sonderheft 7 zur Weltgeschichte (dt. 1979), in dem Goofy als König Artus zahllose Abenteuer bestehen muss. Beim Publikum beliebt waren auch Willis Halls „Dragon Days" (1985; Drachenjagd, 1986) und die im London des Jahres 3000 spielende Comicserie „Camelot 3000" (1983 ff.): In „Camelot 3000" ist die gesamte Erde durch außerirdische Ungeheuer von der Vernichtung bedroht. Die Welt retten kann nur der aus seinem ewigen Schlaf erweckte König Artus mit seinen treuen Gefährten Lancelot, Tristan, Galahad, Kay, Perceval, Merlin, Morgan le Fay und Guinevere. Sie bekämpfen von Camelot aus die Außerirdischen.

Für die Multiplikation des Artuswissens in bürgerlichen Kreisen von grundlegender Bedeutung waren die Blütenlesen, wie man sie bereits seit dem Mittelalter und dann vor allem seit dem 18./19. Jahrhundert kannte. Exemplarisch herausgegriffen seien einige deutsche Sammlungen, deren Auswahlkonzepte an Christoph Heinrich Myllers „Sammlung deutscher Gedichte" (1784–85), Felix von Hofstätters „Altdeutsche Gedichte aus den Zeiten der Tafelrunde" (1811) und Wilhelm Wägners „Deutsche Rittersagen" (1867) sowie „Deutsche Heldensagen" (1877) erinnern: Richard Carstensens „Rittersagen des Abendlandes" (1969 ff.) bieten quer durch alle Kulturkreise und Zeiten kurze Zusammenfassungen der wichtigsten Artusstoffe. An arturischem Material enthalten sind der „Parzival", der „Lohengrin", „König Artus und seine Ritter", „Lanval" sowie „Tristan und Isolde". Gleich organisiert sind Inge Dreeckens und Walter Schneiders „Schönste Sagen des Abendlandes" (1970 ff.) mit „Ritter Iwein", „Tristan und Isolde", „Parzival und der Heilige Gral", „Schwanritter Lohengrin" und dem „Ende der Tafelrunde". Oder Walter Hansens „Großes Hausbuch der Sagen und Legenden. Aus den deutschen Volksbüchern" (1976), in dem der „Wigoleis" allerdings der einzige Artusritter bleibt. Bemerkenswert ist, dass die Artusgeschichten sogar den Einzug in die „Deutschen Götter- und Heldensagen" gefunden haben. In Kurt Eigls 1953 in erster Auflage erschienener Sammlung stehen sie ebenso einträchtig neben urgermanischen Geschichten um Thor, Loki, Wieland dem Schmied, Dietrich von Bern und den Nibelungen wie in Karl Richters „Deutsche Heldensagen" (1976). Vielen dieser oft mit bunten Bildern ausgestatteten Sammlungen war und ist ein überragender Verkaufserfolg beschieden. Gerade diese Sammlungen sind es auch, die das Artuswissen von Kindesbeinen an in das kulturelle Gedächtnis der Moderne einschreiben. Noch wirkmächtiger sind nur die Artusfilme.

5 König Artus – Medienstar

Bei einem Stoff von Weltgeltung dauerte es nicht lange, bis sich auch das Theater, die Oper und dann zu Beginn des 20. Jahrhunderts das neue Medium Film der strahlenden Helden um die Tafelrunde annahmen.[69] Zu nennen wären etwa John Drydens Opern im 17. Jahrhundert oder die großen Artusopern Richard Wagners im ausgehenden 19. Jahrhundert. Im beginnenden 20. Jahrhundert konnte Eduard Stuckens Gralszyklus große Bühnenerfolge im deutschsprachigen Raum feiern. Stucken hatte Malory, Tennyson, Marie de France und den „Greene Knight“ ausgewertet.[70] Der 1907 in München uraufgeführte und am „Greene Knight“ orientierte „Gawan“ erlebte in der Inszenierung von Max Reinhardt am Deutschen Theater in Berlin über 100 Aufführungen. Auch der „Lanzelot“ und der „Lanval“ waren erfolgreich. Nach dem Ersten Weltkrieg erlahmte das Interesse. Die übrigen Teile des Zyklus, „Lucifer“, „Tristram und Ysolt“ und „Uter Pendragon“, kamen nur selten oder gar nicht mehr auf die Bühne.

Im Film waren es zunächst nicht die klassischen mittelalterlichen Artusstoffe selbst, auf die man aufmerksam wurde, sondern deren neuzeitliche Bearbeitungen. Auch galt nicht Artus das primäre Interesse, sondern Parzival, Lancelot und Tristan: Wagners entarturisierter „Parsifal“ diente für den 1904 von Edwin Stratton Porter in New York gedrehten „Parsifal“ als Grundlage. Porters rund 25-minütige Stummfilmbearbeitung der ein Jahr zuvor mit großem Publikumszuspruch in der Metropolitan Opera uraufgeführten Oper war der erste Artusfilm überhaupt. Sein Versuch, aus dem Opernerfolg Kapital zu schlagen, endete allerdings in einem finanziellen Fiasko. Der artuserfahrene Max Reinhardt nahm das Wagnersche Parzival-Motiv in seinem „Parzifal“ 1921 erneut auf und betitelte ihn mit einem ironischen Seitenblick auf Wagners „Bühnenweihfestspiel“ als „Kinoweihfestfilm“. Eine viel beachtete moderne Bearbeitung legte Hans Jürgen Syberberg vor. Sein „Parsifal“ wurde 1982 während der Filmfestspiele von Cannes uraufgeführt.[71] Gemeinsam ist diesen Filmen wie Wagners Oper, dass Artus und seine Ritter bestenfalls Komparsen sein dürfen.

Der Artuswelt als Ganzes widmete sich im Jahr 1910 „King Arthur; or, The Knights of the Round Table“. Mit über 100 Darstellern versuchte Regisseur Giuseppe de Liguoro Malorys „Morte d'Arthur“ nachzustellen. Nach einigen weiteren Versuchen mit dem Tristanstoff (1909, 1911) und dem Lancelot (1909) rückten die Gralsgeschichten, jetzt allerdings nicht in der Parzival-, sondern in der Prosazyklusvariante, in den Blickpunkt. 1915 wurde „The Quest of the Holy Grail“ und 1917 „Knights of the Square Table; or, The Grail“ gedreht. Damit war der Grundstein für eine bis heute überaus produktive filmische Rezeption der Geschichten um König Artus, Guinevere, Lancelot, Merlin, Camelot und den Heiligen Gral gelegt.

1921 wurde die bis in unsere Tage populärste Artusadaption erstmals verfilmt: Mark Twains „A Connecticut Yankee“. Dieser ersten Musicalvariante folgten 1931, 1949, 1952, 1954, 1955, 1970, 1978, 1987, 1989 und 1995 zahlreiche Neuverfilmungen. Aktuelle, stark überarbeitete Filmversionen sind „A Knight in Camelot“ (Ein Ritter in Camelot; 1998, mit Whoopi Goldberg) und „Black Knight“ (Ritter Jamal – Eine schwarze Komödie; 2001, mit Martin Lawrence). Nicht zuletzt die Verballhornungen wie etwa 1979 in „A Connecticut Rabbit in King Arthur's Court“ oder im selben Jahr in „The Unidentified Flying Oddball“ dokumentieren die überragende Bedeutung des Stoffs. Twains „A Connecticut Yankee“ erlangte Kultstatus.

Die Neuverfilmung von Twains „A Connecticut Yankee“ im Jahr 1931 markierte zugleich eine neue, seit den 1930er Jahren in den USA sichtbare politisch-propagandistische Vereinnahmung des Artusstoffs. Albersmeier spricht davon, dass „sich eine junge Nation wie die Vereinigten Staaten von Amerika diese einzigartige Chance der traditionellen Inthronisierung einer bedeutenden mythologischen Königs-Gestalt namens Artus nicht entgehen“ ließen. Die „nationalmythologische Selbststilisierung bedeutender Artus-Filme von den dreißiger zu den fünfziger Jahren“ ist jetzt unübersehbar.[72] Letztlich wurden der britische König Artus und seine Ritter der Tafelrunde zu einer Chiffre der amerikanischen

Fundamentaltugenden Aufrichtigkeit, Edelmut und Gottvertrauen. In diese Epoche fällt die Blütezeit der Hollywood-Artusfilme.[73] Richard Thorpe drehte 1953 die „Knights of the Round Table" (Die Ritter der Tafelrunde) für Metro-Goldwyn-Mayer |72|. 1954 folgten „The Black Knight" (Der Schwarze Ritter) für Columbia Pictures und „Prince Valiant" (Prinz Eisenherz) sowie 1962 „Lancelot and Guinevere" und 1967 „Camelot" |73|. Alle fünf Filme setzten vor allem auf eindrückliche Kulissen, heroische Geschichten um Liebe, Kampf und Heldenmut, einen idealen, vorbildlichen Helden, der letztlich alle Probleme löst, und ein publikumswirksames Staraufgebot. So fand sich in „Knights of the Round Table" alles wieder, was in der Filmbranche der 1950er Jahre Rang und Namen hatte: Robert Taylor als Sir Lancelot, Ava Gardner als Queen Guinevere, Mel Ferrer als King Arthur, Stanley Baker als Mordred, Anne Crawford als Morgan Le Fay und Felix Aylmer als Merlin. Die historischen Quellen wurden allenfalls vage anzitiert und bildeten so etwas wie einen Stofffundus, aus dem man sich frei bediente. Charakteristisch für diesen freien Zugang zur Artusmaterie mag sein, dass die „Knights of the Round Table" eigentlich als Trilogie gemeinsam mit den vollständig nicht-arturischen Filmen „Ivanhoe" (1952) und „The Adventures of Quentin Durward" (1955) gedacht waren. Im Grunde ging es um die richtigen amerikanischen Tugenden und Werte. Helden, Zeitalter und historische Zustände waren zu Kulissen geworden, die sich beliebig verschieben und kombinieren ließen.

Einen anderen Hintergrund hatte „Prince Valiant" (Prinz Eisenherz).[74] Hier diente ein erfolgreicher Comic mit längst eingeführter Geschichte als Ausgangsbasis: Die Comicserie „Prince Valiant" war 1937 von Hal Foster erfunden und bis 1978 von ihm geschrieben und gezeichnet worden.[75] Später führte John Cullen Murphy die Serie weiter. Seit 2004 fungiert Gary Gianni als Zeichner. Veröffentlicht wurde „Prinz Eisenherz" zunächst als farbige Beilage in diversen Zeitungen. Die erste Folge erschien am 13. Februar 1937 in der Wochenendausgabe des „New York Journal". Auffallend und

|72| „Knights of the Round Table", 1953. In der farbenprächtigen Metro-Goldwyn-Mayer-Produktion erhebt König Artus (Mel Ferrer) den Becher auf Lancelot (Robert Taylor).

für die 1930er Jahre neu waren die pseudorealistischen, künstlerisch anspruchsvollen großformatigen Zeichnungen in A4 von Foster. Sie begründeten den bis heute überragenden internationalen Erfolg der Serie |74|. „Prince Valiant" spielt zur Zeit des sagenhaften Königs Artus. Prinz Eisenherz ist allerdings kein Artusritter, sondern ein rund ein bis zwei Jahrhunderte später zu situierender Wikinger: Der Wikingerprinz Eisenherz stammt aus Thule, einem sagenhaften Königreich im hohen Norden. Nach der Vertreibung seines Vaters Aguar durch den Verräter Sligon kommt Eisenherz an den Artushof nach Britannien. Es ist das sagenhafte Camelot. Dort muss sich Eisenherz als Knappe des Tafelrundenritters Gawain bewähren. Später wird er selbst Ritter der Tafelrunde. Seine Freunde und Begleiter in den Abenteuern sind Sir Gawain, König Artus und der Zauberer Merlin. Das singende Schwert Flamberg hilft ihm in vielen Kämpfen gegen Sachsen, Hunnen und Seeräuber. Noch einmal mehrere Jahrhunderte jünger sind die verwendeten Accessoires, denn Foster „erkannte,

|73| **„Camelot", 1967.** Das Film-Musical beruht auf dem gleichnamigen Bühnen-Musical und auf T.H. Whites Roman „Der König auf Camelot" („The Once and Future King").

dass es ihm unmöglich sein würde, ein historisch stimmiges Bild des 5. Jahrhunderts zu entwerfen, in dem angeblich die Eisenherz-Saga ihren Lauf nimmt".[76]

In dieser Zeit gab es weder prachtvolle Ritter noch die so beeindruckenden normannischen Burgen. Auch die entweder in Felle gekleideten Stammeskrieger oder die in römischer Rüstung kämpfenden Briten passten nicht zu einer romantisch-mittelalterlichen Artusvorstellung. In einem Interview merkte Foster dazu an: „Man muß die Personen also eher wie normannische Ritter denn wie römische Zenturien ankleiden; sie sind so angezogen, wie ich glaube, daß sie gekleidet sein sollten. Ich muß die Kleider und die Burgen um zwei oder drei Jahrhunderte vorverlegen."[77] Tatsächlich wurden es dann sogar sieben bis acht Jahrhunderte, aber es funktionierte.

|74| Umschlag zu Hal Fosters „Prinz Eisenherz" („Prince Valiant"). Hal Foster erschafft 1937 den erfolgreichsten Artuscomic aller Zeiten und bedient mit seinen Zeichnungen exakt die gängigen Mittelalterklischees.

Analog dazu vermischt auch der mit James Mason, Janet Leigh und Robert Wagner starbesetzte 20th-Century-Fox-Film verschiedene Zeit- und Handlungsebenen zu einem dem Publikumsgeschmack angemessenen Mittelaltercocktail. Dass Artuswahrnehmung auch anders erfolgreich sein konnte, bewies der englische Rundfunk mit einer Serie über Artus und die Suche nach dem Heiligen Gral. Grundlage war Malory.

1963 landete Walt Disney mit „The Sword in the Stone" einen großen Publikumserfolg **|75|**. In dem für das Weihnachtsgeschäft konzipierten Zeichentrickfilm wird die Artusgeschichte nach bewährtem Muster dekonstruiert und mit der Gegenwart verbunden. Vorlagen sind die 1938 erschienene Novelle „The Sword in the Stone" und T.H. Whites Tetralogie „The Once and Future King" von 1958. Obwohl der Film inhaltlich eher enttäuschend, geradezu trivial war, gehörte „The Sword in the Stone" in der gesamten westlichen Welt zu den Kassenschlagern des Jahres 1964.

Die Intention all dieser amerikanischen Filme war korrekte Unterhaltung ohne sexuelle Ausschweifungen, allgemein untergrabende Moral oder gar kommunistische Ideen. Entsprechende Spielregeln für die amerikanische Filmindustrie waren 1930 im „Motion Picture Production Code" formuliert worden. 1934 in Kraft gesetzt, blieb dieses Regelwerk bis 1968 ein nicht zu unterschätzender Faktor für die ‚richtige' Filmgestaltung.[78] Neben der richtigen Belehrung ging es darum, das wahre, von Gott auserwählte Amerika zu spiegeln. Grundsätzlich spielte es dabei keine Rolle, ob die guten, ritterlichen, patriotischen Helden nun gegen Indianer und das Unrecht im Westen kämpften oder gegen die bösen, verräterischen Feinde der idealen Tafelrunde. „Gerade durch das Medium Film erlebten die Amerikaner noch einmal ihren Nationalmythos über sich selbst und ihr Land, nämlich den, dass sie das ‚auserwählte Volk' der Moderne seien und in einem aufgeklärten Bündnis mit Gott in einem Staat lebten, der zwar äußerst säkular erscheint, aber doch sicher auf quasi-religiösen Grundlagen ruht."[79] Interessanterweise funktionierte dieses System auch außerhalb Amerikas. Die US-Filme waren in der gesamten westlichen Welt erfolgreich.

Auf einen anderen Zugang zur Artussage setzte das französische Kino. Robert Bresson erzählte 1974 in „Lancelot du Lac"[80] die tragische Geschichte dieses Artusritters überraschend nah an den überlieferten Texten. Auch setzte er nicht auf bunte Mittelalterkulissen und Mittelalterklischees, sondern auf eine kritische, fein gesponnene Interpretation des Lancelotstoffs. Durch den Einsatz von Laienspielern und die Reduktion der Darstellungsmittel wird der Fokus ganz auf die Geschichte dieses tragischen Artusritters gelenkt. Eindrücklich inszeniert ist das Ende der Artuswelt, wenn nach dem mörderischen Kampf zwischen Artus und Mordred schließlich die komplette Artuswelt auf einem Ritterschrotthaufen liegt. Seine genaue Kenntnis des Stoffs verdankte Bresson wohl zunächst Jean Cocteaus Drama „Les chevaliers de la Table Ronde" (1939, Die Ritter der Tafelrunde). Zusätzlich scheint er aber auch die mittelalterlichen Quellen wie Chrétiens „Lancelot" und „La Mort du Roi Arthur" herangezogen und ausgewertet zu haben.[81] Abgesehen von Bresson setzten sich auffällig wenige französische Filmemacher mit dem Artusstoff auseinander, obwohl das Gros der Artusepen des Mittelalters in französischer Sprache geschrieben worden war und zumindest Chrétien de Troyes und Marie de France zu den etablierten französischen Schulautoren gehörten. Doch schon im Mittelalter war es kein genuin französischer, sondern ein britischer Stoff. Die wenigen französischen Artusfilme konzentrieren sich denn auch meist auf ahistorische Sujets wie die ehebrecherische, gesellschaftsgefährdende Liebe von Tristan und Isolde in Jean Cocteaus „L'éternel retour" (1943) und den Gral in Eric Rohmers „Perceval Le Gallois" (1979). Eine teilweise Nacherzählung des altfranzösischen „Prosa-Artus-Gral-Zyklus" produzierte Denis Llorca im Jahr 1990 unter dem Titel „Les Chevaliers de la table ronde". Der Film konzentriert sich auf die Geschichten von Artus und Guinevere, Morgan, Merlin, Vivien, dem Fischerkönig Bron, seiner Tochter und seinem Sohn Galahad.

Auf die Theaterbühne schafften es die Artushelden (abgesehen von den großen Artusopern und Artusmusicals) eher selten. Tankred Dorsts gemeinsam mit Ursula Ehler verfasstes Stück „Merlin oder Das wüste Land" ist in den 1980er Jahren eine der seltenen Ausnahmen. Dorsts literarische Quellen waren Malorys „Morte d'Arthur", T. H. Whites „The Once and Future King" sowie die Merlinbearbeitungen Ludwig Tiecks und Immermanns und Thomas Stearns Eliots „Waste Land". Das Stück wurde 1981 unter der Regie von J. Chundela am Düsseldorfer Schauspielhaus unter großem Publikumsbeifall uraufgeführt, seitdem immer wieder an verschiedenen Orten inszeniert und wiederholt dem Zeitgeschmack angepasst, so beispielsweise 1983 in Zürich mit Jazzrhythmen unterlegt. Bis heute sind über 60 Inszenierungen des im Original ungefähr 14 Stunden dauernden Monumentalwerks im In- und Ausland dokumentiert. Erfolgreich aufgeführt wurden die historischen Stoffe auch auf kleinen Bühnen. So brachte das Braunschweiger Theater der Figuren beispielsweise im Jahr 1988 ein erfolgreiches Marionettenstück auf die Bühne: „König Artus. Ein Schauspiel für Figurentheater".

|75| „The Sword in the Stone", 1963. Walt Disney bringt diese Artusgeschichte Weihnachten 1963 in die Kinos. Trotz mäßiger Story ist der Film kommerziell erfolgreich.

Eine ironische Brechung des gesamten arturischen Motivfundus bot die britische Filmproduktion „Monty Python and the Holy Grail" von 1975. Sie war das Modell für zahlreiche weitere Filme und Fernsehserien, wie das seit 2005 in Frankreich laufende Comedy-Format „Kaamelott". Zurück zu historischen bzw. pseudohistorischen Interpretationen des Artusstoffs führte John Boormans „Excalibur" (1981). Boormans explizit formulierter Anspruch war es, Malorys „Morte d'Arthur" nachzuerzählen. Ähnlich konzipiert waren auch „Sword of the

|76| „First Knight“, Columbia Pictures, 1995. Guinevere (Julia Ormond) verstrickt sich durch ihre ehebrecherische Liebe zu Lancelot in höfische Intrigen. Doch König Artus (Sean Connery) liebt seine Frau und vertraut ihr.

Valiant: The Legend of Sir Gawain and the Green Knight“ (1984), „First Knight“ (1995) und „King Arthur“ (2004) |76|.

Bisweilen wurden diese Filme explizit als historische Aufarbeitung der Artussage vermarktet und die historischen Artustexte als unmittelbare Quellen lanciert. Allerdings wurden etwa in „Excalibur“ rund um das der historischen Überlieferung entlehnte Schwertmotiv beinahe hemmungslos Personen und Handlungselemente aus anderen Zusammenhängen hinzugefügt oder erfunden. Seine besondere Wirkung entfaltete der Film durch die Musik, die sich ebenfalls bei allen möglichen Genres bediente: Für den Soundtrack nutzte Trevor Jones Passagen aus Carl Orffs „Carmina Burana“ sowie Motive aus Richard Wagners „Ring“ und „Tristan und Isolde“. Das heroische Element untermalten Passagen aus der „Götterdämmerung“. Die Erkennungsmelodie von Perceval und Gral stammte aus Wagners „Parsifal“. Ebenfalls aus einem mittelalterlichen Artusroman schöpfte „Sword of the Valiant“. Die Vorlage lieferte „Sir Gawayne and the Greene Knight“ (um 1390). Und wieder garantierte die Starbesetzung mit Miles O'Keeffe, Sean Connery, Cyrielle Claire und Trevor Howard einen Kassenerfolg.

Überragende Publikumserfolge im TV feierte die filmische Bearbeitung des Bestsellers „The Mists of Avalon“ (Die Nebel von Avalon) von Marion Zimmer Bradley durch den deutschen Regisseur Uli Edel. Die von Bernd Eichinger und Gideon Amir 2001 als zweiteiliger TV-Fantasyfilm für den amerikanischen Kabelkanal TNT produzierten „Nebel von Avalon“ wurden von mehr als 30 Millionen Fernsehzuschauern gesehen. Der Film basiert auf dem gleichnamigen Roman aus dem Jahr 1983 und erzählt die Geschichte der Frauen aus der Artussage. Entgegen der Buchvorlage, die ein sehr genaues Studium der mittelalterlichen Artusliteratur verrät, überwiegen im Film die Fantasymotive. Das „Lexikon des Internationalen Films“ urteilt: „Ein starbesetzter Film in schauprächtigen Kulissen, der den Mythos nicht hinterfragt, sondern ihm eine neue Interpretation hinzufügt. Ein unterhaltsamer Ausflug ins Vormittelalter.“ An anderer Stelle wird zutreffender von einer „Seifenoper“ gesprochen. Der für den Artusstoff völlig belanglose Film erhielt 2002 einen Emmy (Fernsehpreis der USA) und wurde in acht weiteren Kategorien nominiert.

Einen historischen Ansatz verfolgte Antoine Fuqua mit seinem 2004 gedrehten und von Jerry Bruckheimer produzierten US-amerikanischen Spielfilm „King Arthur". Filmisch umgesetzt wurden die damals in der Artusforschung diskutierten Thesen um eine mögliche sarmatische Herkunft des Helden.[82] Die Handlung beginnt denn auch nicht in Britannien, sondern in der südrussischen Steppe: Im Jahr 452 n. Chr. wird ein junger Sarmate namens Lancelot von römischen Soldaten zum Truppendienst abgeholt, zu dem die Männer seines Volks nach ihrer Unterwerfung verpflichtet sind. Er wird in Britannien am Hadrianswall, der für den Film auf einer Länge von rund 1000 Metern rekonstruiert wurde, stationiert, um die römische Provinz Britannia vor keltischen Überfällen aus dem Norden zu schützen. Sein Befehlshaber ist der historisch – allerdings für die Zeit um das Jahr 180 – belegte römische Offizier Artorius Castus, der hier mit Artus gleichgesetzt wird. 15 Jahre später geht für die letzten sechs verbliebenen sarmatischen Ritter Lancelot, Galahad, Gawain, Tristan, Bors und Dagonet der Truppendienst am Hadrianswall zu Ende. Sie warten auf die römischen Freibriefe für ihre monatelange Rückreise zum Siedlungsgebiet ihres Volks am Schwarzen Meer. Der aus Rom angereiste Bischof Germanius hat die Papiere dabei. Allerdings wird noch eine letzte Mission der sarmatischen Truppe unter ihrem Kommandanten Artorius/Artus verlangt: Der römische Papst persönlich beauftragt sie, sein Patenkind, den zukünftigen Papst Alecto, zu retten. Von Germanius erfahren die Ritter, dass zwischenzeitlich ein großes sächsisches Heer im Norden Britanniens gelandet ist und die Römer Britannien kampflos preisgeben wollen. Ihr Auftrag führt die sieben mitten zwischen die britannischen Rebellen, Pikten und Kelten unter ihrem Anführer Merlin und das Sachsenheer unter Cedric. Nebenbei befreien die Ritter einige Sklaven, einen kleinen Jungen namens Lucan und die Keltin Guinevere. Auf Anraten Merlins übernimmt Artus den Befehl über die Armee der Kelten und Pikten. Eingestreut ist eine Liebesnacht mit Guinevere. In der anschließenden Schlacht werden die Anführer der Sachsen sowie Tristan und Lancelot getötet. Nach dem Sieg folgen die Völkervereinigung und eine große Hochzeitsfeier zwischen Guinevere und Artus.

Tobias Kniebe urteilte zu dieser einzigartigen Inszenierung von Pseudowissenschaftlichkeit in seiner Rezension in der Süddeutschen Zeitung vom 18. August 2004 zurückhaltend:

> Am Ende handelt es sich doch nur um ein uraltes, längst bekanntes Phänomen: die Sehnsucht Hollywoods, seine Stoffe mit dem Gütesiegel geschichtlicher Korrektheit zu versehen und dann doch ganz unverfroren nach bewährten Genremustern zurechtzuschneiden. [...] Das Ergebnis ist nicht so schlimm wie, sagen wir, Sean Connery als King Arthur und Richard Gere als Ritter Lancelot – aber am Ende auch nicht zwingender oder überzeugender als manch andere, schnell vergessene Neufassung des Stoffs.

Tatsächlich suggeriert der Film mit Vehemenz den Anspruch exakter Historizität und Quellentreue, um dann völlig hemmungslos verschiedenste Zeit- und Handlungsebenen miteinander zu verquicken sowie Elemente des Historien- und des Abenteuerfilms zu vereinigen.

In eine ähnliche, ebenfalls stark auf das spät- bzw. nachrömische Britannien fokussierte Richtung zielte der im Jahr 2007 von Dino De Laurentiis produzierte Kinofilm „The Last Legion". Die Handlung kreist um das mythische Schwert von Julius Cäsar und längst vergangene Heldengeschichten um Romulus bzw. Pendragon, Wulfila, Vortigern, Odoaker, Aurelianus Caius Antonius und einen gewissen Ambrosinus, der sich später als Merlin zu erkennen gibt. Dieser erzählt Artus von der Vergangenheit und seinem Vater Romulus-Pendragon. Das Strickmuster ist wieder dasselbe: Aus Biografie- und Historiafragmenten wird ein pseudohistorischer Plot konstruiert, der einmal mehr vorgibt, die wahre Geschichte von Artus und Britannien zu erzählen. Dass dieses Strickmuster mit allen möglichen Personen und Accessoires der Artusgeschichte quasi zeitlos funktioniert, belegt eindrücklich die verquere Gralsfantasie von Dan Brown, die 2006 mit Tom Hanks und Audrey Tautou in den Hauptrollen unter dem Titel „The Da Vinci Code – Sakrileg" in die Kinos kam. Neben diesen von großem Medienrummel begleiteten pseudohistorischen Inszenierungen von vermeintlich exaktem Artuswissen ist in mehreren aktuellen Produktionen die mythisch aufgeladene Merlinfigur ins Zentrum des Interesses gerückt. In schneller Folge erschienen 1998, 2006 und 2008 jeweils mehrere Merlinadaptionen für das Kino und das Fernsehen.

Resümierend bleibt festzuhalten, dass sich das Artuswissen und die Artuswahrnehmung seit Geoffreys epochemachender „Historia regum britanniae" kaum entscheidend verändert haben. Wie im 12. Jahrhundert gibt es eine vage Ahnung von einem historischen König Artus, der sich mit seinen Rittern der Tafelrunde und dem bald hinzuerfundenen Gral hervorragend für alle möglichen ‚Anwendungen' von der Fundierung der eigenen Geschichte (Nationalmythos) bis hin zu völlig ahistorischen Fantasiegeschichten (Fiktion) eignet. Und wie im 12. Jahrhundert streitet man sich bewaffnet mit wissenschaftlichen Belegen, scharfsinnigen etymologischen Deutungen, Textbeweisen und ergrabenen Sachfunden auch im 21. Jahrhundert darum, was im unendlichen Wust der Realien, Chroniken, Sagen, Geschichten und Legenden denn nun wahr und was erfunden ist. Vielleicht kann das vorliegende Buch hier ein Wegweiser sein.

Kurzer Wegweiser durch die Forschungsliteratur

Die Forschungs- und Editionssituation zum gesamten Artus-Gral-Komplex ist komfortabel. Nahezu alle arturischen Texte des Mittelalters und der Neuzeit liegen in hervorragenden, oft sogar kommentierten wissenschaftlichen Ausgaben vor. Fast alle Werke sind auch im Internet zugänglich. Allerdings muss man dort gelegentlich mit alten, unkritischen, unvollständigen und zum Teil nicht mehr den wissenschaftlichen Anforderungen entsprechenden Texten vorliebnehmen.[1] Für die wichtigsten Werke gibt es deutsche Übersetzungen, für einige herausragende Werke auch deutschsprachige Nacherzählungen. Die Ausgaben der für das Verständnis relevanten chronistischen und literarischen Texte sind im Anhang nachgewiesen.

Bei den zum Teil 500 bis 1500 Jahre alten Texten und der historischen Situation einer potenziellen Artusgeschichte im 5./6. Jahrhundert fällt der Zugang aus moderner Perspektive allerdings schwer. Das Denken der Menschen, die Lebensumstände und die Sprache sind grundsätzlich anders. Auch ist das Wissen um die geschichtlichen Ereignisse mittlerweile so weit verblasst, dass der neuzeitliche Interessent kaum noch etwas von den historischen Zusammenhängen weiß. Die Hauptrezeptionsphase der Artusgeschichte(n) im hohen und späten Mittelalter entzieht sich ebenfalls einem schnellen Zugriff. Eine kaum überschaubare Fülle wissenschaftlicher Publikationen, aber auch populärer Sachbücher erschließt die ferne Vergangenheit jedoch in beinahe jeder erdenklichen Weise. Als Problem stellt sich deshalb weniger das Finden als das Auswählen von Informationen und das Beurteilen von Informationsangeboten.

Für eine erste Einführung in das Thema seien deshalb einige grundlegende Übersichtswerke empfohlen. Es liegt in der Natur der Sache bzw. in der Natur des Handlungsraums Britannien, dass das Gros dieser Titel in englischer Sprache gedruckt ist. Zu nennen wäre für die Artuswelt und ihr Personal das von Norris J. Lacy und Geoffrey Ashe mit Debra N. Mancoff mittlerweile in zweiter Ausgabe erschienene „Arthurian Handbook" (Lacy/Ashe 1997). In kleinen Handbuchartikeln können dort die einzelnen Helden, Ereignisse, Sachen und Werke schnell aufgefunden werden. Für die historische Verortung bieten die Autoren zusätzlich nach Epochen und Sachen (Kunst) gegliederte längere Essays. Die schnelle Orientierung erleichtert ein umfängliches Glossar. Ähnlich konzipiert ist die ebenfalls von Norris J. Lacy herausgegebene „New Arthurian Encyclopedia" (Lacy et al. 1991). Von A bis Z sind alle für die Artuswahrnehmung relevanten Werke, Dinge und Aspekte in Form von Lexikonartikeln nachschlagbar. Die Artikel enthalten zudem knappe Literaturangaben und Hinweise auf die einschlägigen Editionen. Einen schnellen Überblick ermöglicht auch der „Oxford Guide to Arthurian Literature and Legend" von Alan Lupack (2005). Vergleichbare Artusenzyklopädien in deutscher Sprache fehlen.

Ergänzend herangezogen werden können zahlreiche Gesamtdarstellungen. Hervorzuheben wären die Arbeiten der herausragenden Artusforscher Roger Sherman Loomis, Geoffrey Ashe, Norris J. Lacy und Nicholas John Higham sowie die Sammelbände „The Arthur of the Welsh" (Bromwich et al. 1991), „The Arthur of the English" (Barron 1999), „The Arthur of the Germans" (Jackson/Ranawake 2000) und „The Arthur of the French" (Burgess/Pratt 2006). In Vorbereitung ist „The Arthur of the Iberians". In deutscher Übersetzung liegen leider nur wenige dieser Monografien und Sammelbände vor. Zu nennen wären Geoffrey Ashe' „Kelten, Druiden und König Arthur" (Ashe 4. Aufl. 2003) und „König Arthur. Die Entdeckung Avalons" (Ashe 1988).

Zahlreiche Aspekte der Artusgeschichte in deutscher Sprache bietet neuerdings der aus einer Ringvorlesung des Bonner Mittelalterzentrums hervorgegangene Sammelband „König Artus lebt!" (Zimmer 2005). Weiterführende Spezialinformationen zur Artusgeografie, zur Artusarchäologie, zu Artusentdeckungsreisen sowie zu Artus in der Kunst des Mittelalters und der Moderne finden sich in einer Reihe von gut aufbereiteten Monografien. Auch hier überwiegt die englischsprachige Literatur. Einschlägig für die Artusgeografie sind Geoffrey Ashe' „Guidebook to Arthurian Britain" (Ashe 1983) und „The Landscape of King Arthur" (Ashe 1988). Nach wie vor wertvoll und lesenswert ist auch Daniel Defoes Reisebericht „Tour through the Whole Island" aus den Jahren 1724–27, der in zahlreichen Neuausgaben und mittlerweile auch frei zugänglich im Internet zur Verfügung steht.[2] Für die Artuszeugnisse in den Geschichtswerken des Mittelalters und der Neuzeit unentbehrlich ist die 1905 erstmals erschienene Zusammenstellung „The Arthurian material in the chronicles" von Robert H. Fletcher. Heute zu benutzen wäre die von Roger Sherman Loomis erweiterte und ergänzte „Second Edition" aus dem Jahr 1966 (Fletcher 1966), die ihrerseits mehrfach neu aufgelegt wurde. Bei der mittelalterlichen Artuskunst ist die mittlerweile ebenfalls in die Jahre gekommene Überblicksdarstellung von Roger Sherman Loomis, „Arthurian Legends in Medieval Art" (1938), weiter das Maß der Dinge. Zu ergänzen wäre Muriel Whitakers „The Legends of King Arthur in Art" (1990). Die nachmittelalterlichen Artuskunstwerke sind erfasst in Richard D. Alticks „Paintings from Books. Art and Literature in Britain, 1760–1900" (1985), in Debra A. Mancoffs „The Arthurian Revival in Victorian Art" (1990) und in Christine Poulsons „Arthurian Legend in Fine and Applied Art of the Nineteenth and Early Twentieth Centuries" (1989–90 mit Erweiterungen u. a. von Simpson 1992). Die wichtigsten Erträge der Artusarchäologie werden in den Arbeiten von Leslie Alcock aufbereitet. Aktuelle Überblicke bieten zudem Rodney Castledens „King Arthur. The truth behind the legend" (2000) und Nicholas John Highams „King Arthur – myth-making and history" (2002). Für den Gralskomplex einschlägig sind neben zahlreichen englischsprachigen Publikationen Volker Mertens' „Der Gral" (2007) und Richard Barbers „Der Heilige Gral. Geschichte und Mythos" (2004). Wesentliche Entwicklungslinien der modernen Artusliteratur und -kunst erfassen Kurt Gammerschlags Sammelband „Moderne Artus-Rezeption 18.–20. Jahrhundert" (1991) und Alan Lupacks „Modern Arthurian Literature" (1992). Ergänzende Informationen zu allen Themenkomplexen finden sich jeweils in den genannten Überblicksdarstellungen sowie in dem seit 1949 jährlich erscheinenden „Bibliographical Bulletin" bzw. „Bulletin Bibliographique" der Internationalen Artusgesellschaft.

Die deutsche Artusliteratur ist über „Die deutsche Literatur des Mittelalters" (Verfasserlexikon) und mehrere Gesamtdarstellungen unter anderem von Kurt Wais (1970), Carola Gotzmann (1989) sowie grundlegend von Volker Mertens (1998) leicht zugänglich. Außerdem existieren zu nahezu allen mittelhochdeutschen Primärquellen neuhochdeutsche Übersetzungen und zu den Artusklassikern des Mittelalters umfangreiche Forschungsarbeiten.

Endnoten

Auf der Suche nach dem wahren König Artus

1 Skizze bei Higham (2002), S. 243 f.

2 Aus der 1790 in Wien unter dem Titel „Geschichte der Abnahme und des Falls des Römischen Reichs" erschienenen 14-bändigen deutschen Gibbon-Übersetzung von Christian Wilhelm von Riemberg; ebd. Bd. 6, S. 452 f.

3 Übersichtswerke von Bromwich et al. (1991), Barron (1999), Jackson/Ranawake (2000), Higham (2002), Zimmer (2005), Lacy (2006) und Green (2007) sowie Artus-Handbücher bzw. Artus-Enzyklopädien von Ashe (1983), Lacy/Ashe (1988 u. 1997), Lacy et al. (1991) und Lupack (2005).

I. Artus – König der Briten

1 Überblicke bei J. M. H. Smith: Gildas. In: Lexikon des Mittelalters 4 (2000), Sp. 1451 sowie speziell zur Artusperspektive Fletcher (1966), S. 3 – 8, Lacy/Ashe (1997), S. 9 – 11 und Higham (2002), S. 45 – 59.

2 Überblicke bei H. Bracht/W. Becker/H. Schmid/D. K. Fry: Beda Venerabilis. In: Lexikon des Mittelalters 1 (2000), Sp. 1774 – 1779 sowie speziell zur Artusperspektive Lacy/Ashe (1997), S. 11 f. und Higham (2002), S. 98 – 102.

3 Vgl. Lacy et al. (1991), S. 6 f. und S. 24 f. (Aurelius Ambrosius) und Castleden (2000), S. 81 – 84.

4 Überblicke bei Higham (2002), S. 74 ff. und Zimmer (2006), S. 33 – 38.

5 Überblick bei Zimmer (2006), S. 35 f.

6 Castleden (2000), S. 28 f.

7 Zimmer (2006), S. 37 f.

8 Überblick bei Higham (2002), S. 59 – 169.

9 Zimmer (2006), S. 38 f.

10 Higham (2002), S. 79 mit Transkription, Übersetzung und Abbildung der Steinplatte sowie Castleden (2000), S. 56 – 69, S. 151 – 167, S. 225 f. (Abbildung der Inschrift ebd. S. 64 Figure 3.8, Transkription S. 225) und Zimmer (2006), S. 39.

11 Zu den Ausgrabungen vgl. Morris (1990) und Thomas (1993); allg. Überblick bei Lacy/Ashe (1997), S. 46 – 48.

12 Überblicke bei Higham (2002), S. 74 und Zimmer (2005), S. 12 f.

13 Einige Inschriften verzeichnet und transkribiert bei Castleden (2000), S. 10 – 13.

14 Lacy et al. (1991), S. 287 f.

15 Castleden (2000), S. 71 Figure 3.12 mit Abbildung der Inschrift und S. 98 mit Transkription der Inschrift; vgl. Ashe (1983), S. 105 – 107 und Stein (2001), S. 14 f.

16 Vgl. Castleden (2000), S. 69 – 73.

17 Eine Karte der in diesem Territorium um die Tristan-Stele breit gestreuten Tristanzeugnisse bei Castleden (2000), S. 127 Figure 5.3.

18 Unklar ist, wann die Erzählung, die alle wesentlichen Elemente der altfranzösischen Tristanromane zumindest andeutet, entstand; Übersetzung der kymrischen „Historia von Drystan" in Birkhan (1989), II, S. 113 – 118; vgl. Stein (2001), S. 16.

19 Zur Identifizierung vgl. Castleden (2000), S. 178 – 189 mit Karte Figure 7.1 sowie die Karte der Schlachten in diesem Band.

20 Zur Identifikation vgl. Castleden (2000), S. 91 – 98.

21 Überblick bei Lupack (1992), S. 12 – 27.

22 Vgl. Alcock (1967, 1968, 1971, 1972) und Alcock et al. (1995) sowie allg. zur Artusarchäologie Ashe (1987, 1988), Castleden (2000), S. 49 – 54, Higham (2002), Littleton (1994) und den kurzen Überblick bei Lacy/Ashe (1997), S. 50 – 52.

23 Übersichten bei Ashe (1983), Ashe (1987), Lacy et al. (1991), S. 455 – 458 und Higham (2002), S. 82 – 92 mit Abbildung 10 – 17 sowie Castleden (2000), S. 155 – 162 (Abbildung Plate 6.4 – 8 u. Figure 6.1 – 3), S. 163 f. (Abbildung Plate 6.10), S. 208 – 210 (Abbildung Plate 7.3).

24 Überblick bei Lacy/Ashe (1997), S. 12 – 17.

25 Higham (2002), S. 180 – 185 mit englischer Übersetzung und Zimmer (2006), S. 66 mit Edition und deutscher Übersetzung.

26 Fletcher (1966), S. 8 – 30, Higham (2002), S. 119 – 164 mit Abdruck und englischer Übersetzung, Zimmer (2005), S. 15 – 17 sowie Zimmer (2006), S. 54 – 59 mit Abdruck.

27 Higham (2002), S. 87 – 90 mit Abdruck und englischer Übersetzung sowie Zimmer (2006), S. 56 – 59 mit Abdruck und deutscher Übersetzung.

28 Fletcher (1966), S. 31 – 35, Higham (2002), S. 170 – 174 u. S. 193 – 216 mit Abdruck der relevanten Passagen samt englischer Übersetzung und Zimmer (2005), S. 17 – 19 sowie Zimmer (2006), S. 60 – 62 jeweils mit Abdruck und deutscher Übersetzung.

29 Trioedd Ynys Prydein. Ed. by Rachel Bromwich. 3. ed. Cardiff 2006; Zimmer (2006), S. 101 – 108 mit Abdruck und Übersetzung der relevanten Passagen.

[30] Drustan/Drystan ist der keltische Name von Tristan.

[31] Übersetzung von Zimmer (2006), S. 105.

[32] Grundlegend Bartrum (1966 und 1974). Ausgewählte Mustergenealogien aus kymrischer Überlieferung, aus Geoffrey, aus Malory, aus dem „Prosa-Merlin", aus dem „Prosa-Artuszyklus" und aus Wolframs „Parzival" in Lacy/Ashe (1997), S. XXXVI – XXXIX und Castleden (2000), S. 13 – 17 u. S. 109.

[33] Eine solche Genealogie bei Zimmer (2006), S. 109 f.

[34] Übersichten bei Zimmer (2005), S. 14 u. S. 29 – 32, Zimmer (2006), S. 93 – 99 sowie Lacy/Ashe (1997), S. 17 – 19.

[35] Zimmer (2005), S. 30.

[36] Alle relevanten Handschriften sind vorbildlich erschlossen in Huws (2000).

[37] Übersicht bei Zimmer (2005), S. 22 f. Übersetzung bei Birkhan (1989), II, S.104 – 106.

[38] Edition und deutsche Übersetzung von Zimmer (2006), S. 113 – 165; deutsche Übersetzung auch in Birkhan (1989), II, S. 33 – 92; Forschungsüberblick samt Edition in Bromwich/Simon (1992).

[39] Ausstattung von Owain und Kei in „Owain, neu Iarlles y Ffynnon"; Passagen aus Birkhan (1989) I, S. 86, S. 90 f.

[40] Der Wikingeranführer Rollo (Hrólfr) hatte die Normandie im Jahr 911 von König Karl dem Einfältigen als Lehen zugesprochen bekommen. Rollo und seine Wikinger, die bei ihren Kriegszügen weite Teile Frankreichs verheert hatten, wurden so in das Westfränkische Reich eingebunden. Die Verbindungen zu den Verwandten im Norden blieben immer bedeutsam. Eine Geschichte Rollos verfasste im 12. Jahrhundert derselbe Anglonormanne Wace („Roman de Rou"), der auch die Geschichte Britanniens aufschrieb („Roman de Brut").

[41] Übersicht bei H. Pilch: Geoffrey v. Monmouth. In: Lexikon des Mittelalters 4 (2000), Sp. 1263 f. sowie Fletcher (1966), S. 43 – 115 und Lacy/Ashe (1997), S. 36 – 46. Deutsche Übersetzung der Artuspassagen in: Lange/Langosch (1980).

[42] Fletcher (1966), S. 37 – 40.

[43] Vorlage für Shakespeares „König Lear".

[44] In „Brut of England" wird das Jahr 546 genannt.

[45] Willemsen (1992); Überblicke bei Loomis (1938), Lacy et al. (1991), S. 324 – 326 und Zimmer (2005), S. 13.

[46] Datierungseinträge im Mosaik: 1163 und 1165; vgl. Haug (1977), S. 11 f. und Wierschin (2005), S. 147 – 173.

[47] Paraphrase der Geschichte bei Wierschin (2005), S. 162 f.

[48] Übersetzung der Schlusspassage aus „Pa gur yv y porthaur" mit der Katzenepisode in Birkhan (1989) II, S. 105 f.

[49] Zimmer (2006), S. 69 – 76.

[50] Die Angevinen waren die Herrscherfamilie des westfranzösischen Anjou. Sie wurden von den Plantagenets abgelöst, die für mehrere Jahrhunderte die englischen Könige stellten.

[51] Castleden (2000), S. 35 f. und Higham (2002), S. 82 – 84 mit Abbildung 11 – 12.

[52] Überblick bei Mertens (1998), S. 20.

[53] Umfassende Forschungsdokumentation bei Carley (2001).

[54] Vgl. Carley (1988), S. 148 f. mit engl. Übersetzung der Passage.

[55] Die Inschrift ist in zahlreichen Geschichtswerken in unterschiedlichen Versionen überliefert. Nach William Camden, der um 1600 für seine 1607 publizierte „Britannia" eine Kopie des Kreuzes anfertigte, lautet sie: „His iacet inclitus Arturius in insula Avalonia"; vgl. Castleden (2000), S. 193 f.

[56] Carley (1988), S. 64 sowie S. 142 f. u. S. 169 f. mit Auszügen aus Lelands Bericht.

[57] Skizze der Geschehnisse bei John Carmi Parsons: The Second Exhumation of King Arthur's Remains at Glastonbury, 19 April 1278. In: Carley (2001), S. 179 – 183.

[58] Forschungsdokumentationen in den Sammelbänden von Carley (1988 und 2001).

[59] Neben Glastonbury wurden noch einige andere Orte – so vor allem die Isle of Whithorn (Ynys Wydryn) – mit Avalon in Verbindung gebracht; Übersicht bei Castleden (2000), S. 199 – 203.

[60] Castleden (2000), S. 197.

[61] Tatsächlich hat Robert de Boron wohl auf den nicht weit von seinem Heimatort in Burgund entfernten Ort Avallon angespielt; vgl. Barber (2004), S. 165 f.

[62] Robert de Boron hebt im „Roman de Saint Graal" allerdings mehrfach ausdrücklich hervor, dass Joseph in Palästina blieb und nur sein Neffe Bron mit Alain in den Westen ging (V. 3455, 3460).

[63] Ausgabe: Johannes Glastoniensis: „Chronica". Ed. by Thomas Hearne. Oxford 1726.

[64] Carley (1988), S. 177 f.

[65] Vgl. die Zeittafel mit Abtsliste in Carley (1988), S. XIX – XXV.

II. Aventiure, Gral und Tafelrunde

[1] Übersicht bei M. L. Thein: Wace. In: Lexikon des Mittelalters 8 (2000), Sp. 1887 f. sowie Fletcher (1966), S. 127 – 142.

[2] Wald und Quelle spielen in der Artustradition des gesamten Mittelalters trotz der negativen Beweisführung Wace' eine große Rolle; vgl. Lacy et al. (1991), S. 55 und Mertens (1998), S. 22 f.

[3] Überblick bei Lacy/Ashe (1997), S. 91 f.

[4] Ausgabe/Übersetzung in: Lange/Langosch (1980), S. 298 – 306; zu deutschen Versionen der Geschichte vom Horn vgl. Frieder Schanze: König Artus' Horn I. In: [2]Verfasserlexikon 5 (1985), Sp. 69 f. und Margot Westlinning: König Artus' Horn II. In: [2]Verfasserlexikon 5 (1985), Sp. 70 – 72.

[5] Ausgabe/Übersetzung: Lange/Langosch (1980), S. 285 – 297; Übersicht bei Stein (2001), S. 53 – 59.

[6] Skizze bei Stein (2001), S. 46 – 48.

[7] Zitiert nach Stein (2001), S. 50.

[8] Umfassend Stein (2001) und die Bibliografie von Shirt (1980/81); knappe Überblicke von L. Rossi/H. Sauer/

R. Simek: Tristan. In: Lexikon des Mittelalters 8 (2000), Sp. 1020–1023 und Lacy/Ashe (1997), S. 88–91, zu den deutschen Versionen Mertens (1998), S. 250–261, zu Gottfrieds deutscher Übersetzung Huber (2001) und den nordischen Übersetzungen Uecker (2008).

[9] Alle Rekonstruktionen eines bretonischen „Ur-Tristan" bzw. eines „poème primitif" müssen als gescheitert gelten; zusammenfassend Stein (2001), S. 18–20.

[10] Stein (2001), S. 28–38.

[11] Lacy et al. (1991), S. 35–37.

[12] Paris, Bibliothèque Nationale de France, Ms. fr. 2171 (Mitte 13. Jahrhundert).

[13] Übersicht der Fragmente in: Inventaire systématique des premiers documents des langues romanes. Éd. par Barbara Frank/Jörg Hartmann, avec la collab. de Heike Kürschner. Tübingen 1997 (Script Oralia 100, I–V).

[14] Zitiert nach Stein (2001), S. 34.

[15] Überblick: Stein (2001), S. 160–164.

[16] Überblick: Stein (2001), S. 164–180.

[17] Vgl. zusammenfassend Stein (2001), S. 60–70.

[18] Überblick: Stein (2001), S. 290–305.

[19] Grundlegend: Jones/Wisbey (1993) und Busby et al. (1993); kurzer Überblick bei Lacy/Ashe (1997), S. 68–72.

[20] Vgl. Stein (2001), S. 74–96 u. S. 108–141. In den erhaltenen Werken Chrétiens wird häufig auf den „Tristan" angespielt bzw. es werden einzelne Episoden gleichsam nacherzählt.

[21] Wolf (2008), S. 246.

[22] Fletcher (1966), S. 147–166.

[23] Paraphrase von „Cligès" V. 18–28.

[24] Mertens (2008), S. 9.

[25] Übersichten mit Inhaltsskizze bei Lacy et al. (1991), S. 99 f. und Barber (2004), S. 43–57.

[26] Text nach Barber (2004), S. 51.

[27] Stein (2001), S. 73 f.

[28] Wohl eine Prosabearbeitung seines „Roman de Saint Graal".

[29] Überblicke bei Burdach (1938/1974), Loomis (1963), Mahoney (2000), Mertens (2003) und Barber (2004 u. 2006).

[30] Vor Robert spielt ein solches (dieses?) Gefäß in der christlichen Tradition keine eigenständige Rolle. Es gehört nicht zu den Reliquien. Jetzt wird dieses Gefäß noch vor dem Schweißtuch der Veronika (Berührungsreliquie) zur bedeutendsten aller Christus-Reliquien stilisiert, denn in ihm wurde das vergossene Blut Christi aufgefangen. Nach christlicher Vorstellung wird durch das Blut Christi die Welt erlöst; vgl. Mertens (2003), S. 83 f.

[31] Im „Didot-Perceval" und im „Perlesvaus" Percevals Vater; vgl. Lacy et al. (1991), S. 3.

[32] Textauszüge bei Zimmer (2006), S. 178–180; vgl. zu den im 19. Jahrhundert populären Versuchen, keltische Überlieferung und Gralstraditionen zu verbinden, die Beispiele bei Mertens (2003), S. 11–24 und Barber (2004), S. 276–278.

[33] Überblick mit Textauszügen aus den frühen Artus-Gral-Texten bei Lacy/Ashe (1997), S. 73–81.

[34] Die genaue Bedeutung des Begriffs bei Wolfram ist umstritten. Umschrieben wird ein Stein, allerdings ohne präzise Angaben zu Form, Gestalt, Funktion und Bedeutung; vgl. Nellmann (2000) und Bumke (2004), S. 140 f.

[35] Ausgabe: Patrologia Latina. Tome 212. Paris 1865, Sp. 771–1082, hier Sp. 814 f. (Zitat nach Bumke 2004, S. 235).

[36] Grundlegender Überblick bei Bumke (2004), bes. S. 40–275.

[37] Grundlegend zum Schluss des „Parzival" Bumke (1991).

[38] Übersetzung: Schirok/Knecht (1998), S. 831.

[39] Zitat nach Barber (2004), S. 75.

[40] Eine knappe Übersicht entsprechender Legenden und Mythen bei Barber (2004), S. 191 f. und S. 317–359.

[41] Zitiert nach der Übersetzung in Barber (2004), S. 330.

[42] Zu Hákon IV. vgl. Sverre Bagge: Hákon IV. In: Lexikon des Mittelalters 4 (1989), Sp. 1868 und Lacy/Ashe (1997), S. 107–109 sowie zur historischen Situation allg. Barnes (1987), S. 67–71 und Behrmann (1996).

[43] Behrmann (1996), S. 47 (= Auszug aus der „Chronica Majora" des Matthaei Parisiensis).

[44] Behrmann (1996), S. 32 ff. zum Nachweis regelmäßiger Handelsfahrten zwischen Norwegen, England und den Ostseestädten.

[45] Überblick mit den wichtigsten Forschungsarbeiten bei Kramarz-Bein (2002), S. 207–215.

[46] Überblick mit den wichtigsten Forschungsarbeiten bei Kramarz-Bein (2002), S. 255–263.

[47] Almazan (1988), S. 217 sowie mit Abdruck der entsprechenden Textstellen Kretschmer (1982), S. 25–27.

[48] Dies gilt vielleicht am deutlichsten für die „Parcevals saga"; vgl. Barnes (1977), S. 412 u. S. 438 sowie zum soziologischen Rezeptionsumfeld Reichert (1985), S. 121–142.

[49] Vgl. Kretschmer (1982), S. 207–216 mit Abdruck und Übersetzung der entsprechenden Passage sowie Kramarz-Bein (2002), S. 251 f.

[50] Vgl. Kretschmer (1982), S. 28. Lacy vermutet aufgrund der Namensform, dass es sich bei Robert um einen Anglonormannen gehandelt haben könnte, vgl. Lacy et al. (1991), S. 56.

[51] Vgl. mit einer Zusammenfassung der nordischen Charakteristika Gouchet (1985), S. 147–149 sowie allgemein zu den Bearbeitungskriterien Kretschmer (1982) und Barnes (1987), S. 57.

[52] Zum nordischen Verständnis des Artus-Königtums vgl. Barnes (1987), S. 71–85 und Kretschmer (1982), S. 149–154 sowie ebd. S. 155–159 zur Rolle der Königin.

[53] Gouchet (1985); vgl. zur „Erex Saga" auch Kalinke (1985), S. 54–65.

[54] Überblicke von Barnes (1987), S. 50–102 sowie Kalinke (1981), de Vries (1999) und Gotzmann (1989), S. 234–240.

[55] Überblicke bieten Bromwich et al. (1991), Barron (1999) und Padel (2000).

[56] Übersetzung aus: Birkhan (1989) I, S. 65.

[57] Ceridwen Lloyd-Morgan (1999), S. 7.

[58] Alle mittelniederländischen Artustexte sind nachgewiesen in Besamusca (1985); vgl. Übersichten von Lacy/Ashe (1997), S. 109 f., Besamusca (2000) und Meuwese (2005).

[59] Besamusca (2000), S. 188 sowie allg. zur Bilingualität in der Picardie, in Wallonien und besonders in Flandern Busby (2002), S. 487, S. 513–535.

[60] Zur Datierung der Übersetzung der „Queste del Saint Graal" durch einen „Vlaamse dichter" in die zweite Hälfte des 13. Jahrhunderts vgl. Besamusca (1999), S. 42.

[61] Besamusca (2000), S. 195–203.

[62] Möglicherweise eine Anspielung auf den „Lai Lanval" der Marie de France.

[63] Gerritsen (1981), S. 378 f.

[64] Besamusca (2000), S. 200–202 u. Meuwese (2005), S. 46 f. u. Abb. 29.

[65] Besamusca (2000), S. 199–222.

[66] Übersichten bei Lacy et al. (1991), S. 425–428, Lacy/Ashe (1997), S. 111–114, Stein (2001), S. 281–286 und Miller (2006).

[67] Grundlegend Gardner (1930); Übersichten bei Lacy et al. (1991), S. 245–247, Lacy/Ashe (1997), S. 114–120 und Kleinhenz (2006).

[68] Überblick: Stein (2001), S. 270–274.

[69] Stein (2001), S. 272.

[70] Überblick: Stein (2001), S. 277.

[71] Bromwich et al. (1991) und Würth (1998).

[72] Ausgabe: Gottfried von Viterbo: Pantheon. In: Monumenta Germaniae Historica. Scriptores 22. Hannover 1872, S. 107–307.

[73] Ausgabe: Gervasius von Tilbury: Otia Imperialia. In: Gottfried Wilhelm Leibniz (Hg.): Scriptores rerum brunsvincensium. Bd. I. Hannover 1707, S. 881–1004 und Bd. II. Hannover 1710, S. 751–784; Gervase of Tilbury: Otia Imperialia. Recreation for an Emperor. Ed. by James W. Binns/Shelagh E. Banks. Oxford 2002 (Oxford Medieval Texts). Auszüge: Des Gervasius von Tilbury Otia imperialia in einer Auswahl neu hrsg. und mit Anm. begleitet von Felix Liebrecht. Hannover 1856; Teilausgabe im Internet: http://www.hs-augsburg.de/~harsch/Chronologia/Lspost13/Gervasius/ger_o000.html. Abgerufen am 15. 4. 2009.

[74] Zweisprachige Ausgabe: Caesarius von Heisterbach: Dialogus Miraculorum – Dialog über die Wunder. Hg. von Nikolaus Nösges und Horst Schneider. 4 Bde. Turnhout 2008 (Fontes Christiani 78).

[75] Ausgabe: Martini Oppaviensis Chronicon pontificum et imperatorum. Hg. von Ludwig Weiland. In: Monumenta Germaniae Historica. Scriptores 22. Hannover 1872, S. 377–482, hier S. 419,17–20 und 28–36.

[76] München, Bayerische Staatsbibliothek, Codex Gallicus 7.

[77] Bücherverzeichnis Bischof Ottos von Lonsdorf, um 1260.

[78] Auf mittelalterlichen Weltkarten befindet sich Britannien am äußersten Rand bzw. schon außerhalb des eigentlich bewohnten Erdkreises auf einer der westlichsten Inseln im Weltmeer („wendelmeer").

[79] Ausgabe: Ulrich von Lichtenstein: Frauendienst. Hg. von Franz Viktor Spechtler. 2., durchgesehene und verbesserte Auflage. Göppingen 2003.

[80] Mit zahlreichen Beispielen und ausführlichem Literaturverzeichnis Jackson (2000).

[81] Schmolke-Hasselmann (1980), S. 6 f. verzeichnet 28 arturische Romane und Verserzählungen nach Chrétien; vgl. Schmolke-Hasselmann (1998), jeweils mit Nachweis der Ausgaben.

[82] Über die erste „Perceval"-Fortsetzung wird der Stoff auch in die Epen Chrétiens hineingetragen. Allerdings firmiert der schöne Unbekannte dort unter dem Namen Lionel; vgl. Lacy (1991), S. 380 f.

[83] Mit zahlreichen Beispielen Jackson (2000) und Wennerhold (2005) mit einer Forschungsbilanz.

[84] Überblick: Isolde Neugart: Ulrich von Zatzikhoven. In: ²Verfasserlexikon 10 (1999), Sp. 61–68.

[85] Überblick: Hans-Joachim Ziegeler: Wirnt von Grafenberg. In: ²Verfasserlexikon 10 (1999), Sp. 1252–1267.

[86] Horst Brunner: Wigamur. In: ²Verfasserlexikon 10 (1999), Sp. 1060–1063. Eine neue Edition mit Übersetzung und Kommentar ist im Entstehen (Nathanael Busch).

[87] Christoph Cormeau: Edolanz. In: ²Verfasserlexikon 2 (1980), Sp. 359 f. u. ²Verfasserlexikon 11 (2004), Sp. 391.

[88] Ausgabe und Untersuchung in Hartmut Beckers: Ein vergessenes mittelniederdeutsches Artuseposfragment (Loccum, Klosterbibliothek, Ms. 20). In: Niederdeutsches Wort 14 (1974), S. 23–52; vgl. Hartmut Beckers: Loccumer Artusroman. In: ²Verfasserlexikon 5 (1985), Sp. 886–888.

[89] Überblick: Dorothee Wittmann-Klemm: Rappoltsteiner Parzifal. In: ²Verfasserlexikon 7 (1989), Sp. 993–1000 und Mertens (1998), S. 288–300.

[90] Überblick: Kurt Nyholm: Ulrich Füetrer. In: ²Verfasserlexikon 2 (1980), Sp. 999–1007 und Mertens (1998), S. 301–340.

[91] Nachdruck der Ausgabe von 1519: Wigalois [Wigoleis vom Rade]. Mit einem Vorwort hg. von Helmut Melzer. Hildesheim/New York 1973 (Deutsche Volksbücher in Faksimiledrucken, Reihe A: 10).

[92] Ausgabe: Ritter Widuwilt. Die westjiddische Fassung des Wigalois des Wirnt von Gravenberc. Nach dem jidd. Druck von 1699 besorgt u. hg. von Siegmund A. Wolf. Bochum 1974 (Sprach- und geschichtswissenschaftliche Texte 1).

[93] Ausgabe: Johann Ferdinand Roth: Vom König Artus und von dem bildschönen Ritter Wieduwilt. Ein Ammenmährchen. Leipzig 1786.

[94] Wissenschaftliche Erstausgaben: Wigalois. Der Ritter Mit Dem Rade/Getihtet Von Wirnt Von Gravenberch. Hg. von Georg Friedrich Benecke. 2 Bde. Berlin 1819; Karl Lachmann: Auswahl aus den Hochdeutschen Dichtern des dreyzehnten Jahrhunderts. Berlin 1820, S. 203–208 (Auszüge).
Aktueller Forschungsüberblick in Seelbach/Seelbach (2005).

III. Artusmythen von der Neuzeit bis heute

[1] Verzeichnis bei Loomis (1938); vgl. auch die Übersichten bei Whitaker (1990 und 2006).

[2] Übersicht bei Loomis (1938), S. 77 – 79 mit Abb. 159 – 170.

[3] Übersicht bei Loomis (1938), S. 72 – 76 mit Abb. 143 – 154 sowie Schirok (1992). Das Haus von Johannes Saffran in Lübeck ist nicht erhalten.

[4] Minnekästchen sind meist reich verzierte, geschnitzte oder bemalte Holz- oder Elfenbeinkästchen, die im späteren Mittelalter als Liebesgaben des Bräutigams an die Braut dienten.

[5] Abbildungen bei Loomis (1938), Abb. 136 – 139.

[6] Mit zahlreichen Beispielen Jackson (2000).

[7] Grundlegend Fouquet (1971); vgl. Loomis (1938) und Wilhelm (1970).

[8] Abbildungen bei Loomis (1938), S. 367 [= Bl. 1r], S. 368 [= Bl. 28v], S. 369 [= Bl. 36v], S. 370 [= Bl. 47v], S. 371 [= Bl. 51v], S. 372 [= Bl. 64r], S. 373 [= Bl. 79r], S. 374 [= Bl. 118r] und Meuwese (2005), S. 30 f.

[9] Kegel (1905), S. 23 – 38; vgl. Jackson (2000), S. 281 f.

[10] Ein grundlegender Aufsatz von Hartmut Kugler ist im Erscheinen (Tagungsband der dt. Artusgesellschaft).

[11] Ausgabe: Johann Hasentödter: Chronica, das ist Beschreibung der fürnembsten gedechtnuswirdigen Historien, so sich anfangs der Erschaffung aller Dinge biß auff diese unsere Zeit zugetragen haben. Königsberg 1569.

[12] Zu den Tafelrunden Edwards III. vgl. Barker (2003), S. 65 – 68, S. 92 – 94.

[13] Barker (2003), S. 93 f.; zum Werk vgl. Lacy et al. (1991), S. 355 f.

[14] Vgl. Nicholson (2001), S. 147 – 150.

[15] Deutsche Übersetzung von Martin Lehnert: Geoffrey Chaucer. Die Canterbury-Erzählungen. Vollständige Ausgabe. Frankfurt a. M. 1987, S. 211 – 249.

[16] London, British Library, Cotton Nero A.x Art. 3 (um 1400). Text und deutsche Übersetzung in Manfred Markus: Sir Gawain and the Green Knight. Sir Gawain und der Grüne Ritter. Stuttgart 1974.

[17] Überblicke und Literaturhinweise bei Life (1980), Lacy et al. (1991), S. 294 – 297, Lacy/Ashe (1997), S. 128 – 131, Stein (2001), S. 296 f. und E. Burgschmidt: Sir Thomas Malory. In: Lexikon des Mittelalters 6 (2000), Sp. 178; kommentierte Übersicht der Malory-Ausgaben bei Gaines (1990).

[18] Die Inhaltsangabe stellt Caxton seiner Druckausgabe voran (Malory I, S. 9 f.).

[19] Grundlegend zu Caxtons Vorwort Croft (2006), S. 31 – 60.

[20] Higham (2002), S. 232 f.

[21] Grundlegend Merriman (1973) und Michelsson (1999); Überblicke bei Higham (2002), S. 234 f. und Baumann (2005), S. 273 – 296.

[22] Wien, Österreichische Nationalbibliothek, Cod. Ser. nova 2663: Von Hans Ried zwischen 1504 und 1516/17 geschrieben; vgl. Johannes Janota: Ambraser Heldenbuch. In: ^{2}Verfasserlexikon 1 (1978), Sp. 323 – 327.

[23] Wiesflecker (1986), S. 391.

[24] Die Ritter. Katalog der Burgenländischen Landesausstellung 1990 auf der Burg Güssing vom 4. Mai bis 28. Oktober 1990. Redigiert von Harald Prickler. Eisenstadt 1990 (Burgenländische Forschungen. Sonderband 8), Objekt-Nr.: IV 3, S. 225.

[25] Cyriacus Spangenberg: Adels Spiegel. Historischer Ausfuehrlicher Bericht. I. Theil. Schmalkalden 1591, Bl. 289v – 290r.

[26] Lacy et al. (1991), S. 11 f.

[27] Übersicht bei Lacy/Ashe (1997), S. 138 – 140.

[28] Vgl. Fletcher (1966), S. 259 – 262, Carley (1984), Michelsson (1999), S. 40 f. und Rexroth (2002).

[29] 1582 erschien eine englische Übersetzung von Richard Robinson unter dem Titel „A Learned and True Assertion of [...] Prince Arthur, King of Great Brittaine".

[30] Zu diesem für die weitere Artuswahrnehmung bedeutenden Forscherstreit vgl. Carley (1984) und Michelsson (1999).

[31] Baumann (2005), S. 284 – 290; Materialien bei Michelsson (1999).

[32] Überblick zu den arturischen Abschnitten bei Fletcher (1966), S. 267 – 270.

[33] Materialien bei Merriman (1973), S. 38 – 44 und Michelsson (1999); Überblick bei Lupack (1992), S. 28 – 65.

[34] Vgl. Michelsson (1999), S. 71 – 82.

[35] Berechnet nach dem Durchschnittsverdienst bezogen auf die Jahre 1575 und 2007.

[36] Vgl. Michelsson (1999), S. 104 – 111.

[37] Ein früherer Besitzer von Pendragon Castle war Hugo von Morville, der 1170 an der Ermordung von Thomas Becket beteiligt war und als Geisel für Richard Löwenherz zwei Jahrzehnte später vermutlich „daz welsch buoch von lanzelete" mit ins Deutsche Reich gebracht hatte.

[38] Merriman (1973), S. 44 – 48 und Baumann (2005), S. 290.

[39] G. Parry: The Golden Age Restored. The Culture of the Stuart Court 1603 – 1642. Manchester 1981, S. 64.

[40] Lacy et al. (1991), S. 66.

[41] Merriman (1973), S. 49; vgl. Michelsson (1999), S. 146 – 198.

[42] Merriman (1973), S. 54 – 60 und Lupack (1991), S. 67 – 116; Überblick bei Klotz (2005), S. 297 – 313.

[43] Merriman (1973), S. 60 – 64.

[44] Auszüge bei Higham (2002), S. 241 f.

[45] Die Parzivalbearbeitung in zeittypischen homerischen Hexametern gab Bodmer anonym heraus; vgl. Mertens (1998), S. 343 f.

[46] Gammerschlag (1991), S. 18.

[47] Überblick bei Gammerschlag (1991), S. 17 – 19.

[48] David Hume: The History of England from the Invasion of Julius Caesar to the Revolution in 1688. A new Edition. Vol. 1. Basel 1789, S. 31 f.; ähnlich auch die Berichte in Oliver Goldsmith: The History of England. Vol. I. London 1825, S. 27 f. Dort findet sich zusätzlich der Hinweis auf die letzte Schlacht mit Mordred, „his own nephew" (S. 28). Goldsmith verweist für die Berichte auf Nennius und „the most authentic historians".

[49] Johann Heinrich Zedler: Grosses vollständiges Universal-Lexicon. Bd. 2. Halle/Leipzig 1732, Sp. 1717 f.

[50] Überblick bei Lupack (1992), S. 134 – 430.

[51] Vgl. Merriman (1973), S. 117 – 121, S. 149 – 158.

[52] Überblick bei Simpson (1990); vgl. Lacy et al. (1991), S. 446 – 449.

[53] Müller (1991), S. 143.

[54] Überblicke bei Altick (1985), Mancoff (1990) und Fox-Friedman (2006); speziell zu arturischen Motiven Taylor (1981), S. 51 – 86 mit einem Verzeichnis aller Artusgemälde und -Zeichnungen des fraglichen Zeitraums.

[55] Dieser vielleicht berühmteste Kodex der mittelhochdeutschen Epenüberlieferung (um 1260) wurde in der Neuzeit ‚geplündert' und liegt heute in drei Teilen vor: St. Gallen, Stiftsbibliothek, Cod. 857 + Berlin, Staatsbibliothek, Ms. germ. fol. 1021 + Karlsruhe, Landesbibliothek, Cod. K 2037; vollständiges Faksimile: Sankt Galler Nibelungenhandschrift. CD-ROM. 2., erw. Auflage. St. Gallen 2005.

[56] Berlin, Staatsbibliothek, Ms. germ. fol. 1379; vgl. Mertens (1998), S. 344 f.

[57] Johann Wolfgang von Goethe interessierte sich nicht sonderlich für den Artusstoff. Nur mit Merlin befasste er sich eingehender. In seinem „Kophtischen Lied" von 1799 widmet er sich „Merlin dem Alten, im leuchtenden Grabe".

[58] Einzelne Momente wie z. B. der Gral tauchen auch schon im „Lohengrin" (1848) auf, der die Sage vom Schwanritter – er ist in Wolframs „Parzival" der Sohn des Gralskönigs Parzival – zur Grundlage hat.

[59] Übersicht der Wagnerschen Artusbestände bei Müller (1991), S. 149.

[60] Überblicke bei Müller (1980, 1991), Mertens (1986), bes. S. 50 – 55, Wapnewski (1986), bes. S. 331 – 352 und Mertens (2003), S. 173 – 201 (mit „Lohengrin"); aktuell: Lehmkuhl (2007) und „Wer ist der Gral?" (2008).

[61] Zitiert nach Müller (1980), S. 483.

[62] Barber (2004), S. 313, Abb.

[63] Zitiert nach Hermann Rauschning: Gespräche mit Hitler. Danzig 1939; vgl. zusammenfassend den instruktiven Überblick zu Gral und Nationalsozialismus von Friedrich (2008).

[64] Barber (2004), S. 305.

[65] Abbildung in Friedrich (2008), S. 33 Abb. 4.

[66] Werkliste im Anhang; Nachweis aller Ausgaben bei Furch (1998), S. 39 f. Anm. 114 – 117.

[67] Furch (1998), S. 39 Anm. 113 (Übersetzung aus „Sword at Sunset").

[68] Grundlegend Furch (1998) und Lange (2005), S. 22 – 25.

[69] Überblick bei Lacy et al. (1991), S. 152 – 155, Harty (1987, 1991, 2006) sowie das Verzeichnis der Artusfilme seit 1904.

[70] Mertens (1998), S. 347 – 349.

[71] Olsen (2005).

[72] Albersmeier (2005), S. 358.

[73] Überblick bei Gentry (1991).

[74] Grundlegend Mittler (2008).

[75] Gesamtausgabe in deutscher Übersetzung: Harold R. Foster: Prinz Eisenherz. 82 Bde. Hamburg 2009; vgl. Lacy et al. (1991), S. 97 f.

[76] Mittler (2008), S. 151.

[77] Mittler (2008), S. 151.

[78] Auszüge und Bewertung bei Gentry (1991), S. 260 – 265.

[79] Gentry (1991), S. 259.

[80] Erste Drehbuchfassung von 1956.

[81] Albersmeier (2005), S. 343 – 359.

[82] Die vor allem von Littleton/Malcor (1994) ins Spiel gebrachten Thesen sind im Wesentlichen als hochspekulativ und kaum haltbar von der Forschung zurückgewiesen worden.

Kurzer Wegweiser durch die Forschungsliteratur

[1] Übersichten und Linklisten zu den wichtigsten Artusressourcen im Netz bieten das von Alan Lupack betreute Camelot-Projekt der Universität Rochester unter http://www.lib.rochester.edu/camelot/acpbibs/bibhome.stm und die Internationale Artusgesellschaft unter http://www.uhb.fr/alc/ias/ sowie Thomas Greens http://www.arthuriana.co.uk/. Abgerufen am 15. 4. 2009.

[2] http://ia300024.us.archive.org/3/items/tourthrowholeisl02defouoft/tourthrowholeisl02defouoft.pdf (Exemplar der 6. Ausgabe von 1761). Abgerufen am 15. 4. 2009.

Verzeichnis der Artusliteratur des 6. bis 21. Jahrhunderts

Die vorliegende chronologische Übersicht wird ergänzt durch das Verzeichnis der in England gedruckten Artusdramen von Lupack (1991, S. 311 – 322), die Überblicke bei Lacy/Ashe (1997, S. XVIII – XXXV) sowie die von Howey/Reimer (2006) zusammengestellte „Bibliography of Modern Arthuriana 1500 – 2000" mit über 4000 Einträgen zu Literatur, Comics, Filmen, Musik, Spielen, Kunst etc. In Howey/Reimer umfasst allein das Verzeichnis zu Artusbüchern inklusive der Comics 3067 Titel. Eine umfangreiche Bibliografie aktueller Artusromane und Artusliteratur bieten zusätzlich Schmidt (1989, S. 218 – 313) und Furch (1998, S. 119 – 140).

6. – 11. Jahrhundert

um 540	Gildas (lat., ohne Artus selbst)
um 670	Beda (lat., ohne Artus selbst)
7./8. Jahrhundert	Y Gododdin (kymr.)
um 820	Nennius: Historia Brittonum (lat.)
um 890	Anglo Saxon Chronicle (lat.; ohne Artus selbst)
um 970	Annales Cambriae (lat.)
9.–12. Jahrhundert	Walisische Heiligenlegenden (lat.): – Vita des Illtud (9. Jahrhundert oder um 1140) – Vita des Cadoc (um 1100) – Vita des Paternus (um 1120) – Vita des Gildas (um 1130) – Vita des Carannog (12. Jahrhundert) – Vita des Teilo (12. Jahrhundert) – Vita des Goueznou (12. Jahrhundert)
ab 9./10. Jahrhundert	kymrische Namenlisten, Triaden, Genealogien, Erzählungen (Mabinogion)
11. Jahrhundert	Culhwch und Olwen (kymr.)

12. Jahrhundert

um 1125	William of Malmesbury: Gesta regum Anglorum (lat.)
um 1129	Henry of Huntington: Historia Anglorum (lat.)
1135	Geoffrey of Monmouth: Prophetia Merlini (lat.)
um 1136/38	Geoffrey of Monmouth: Historia regum britanniae (lat.)
um 1151	Geoffrey of Monmouth: Vita Merlini (lat.)
1155	Wace: Roman de Brut (frz.)
nach 1150	Geffroi Gaimar: Estoire des Angles (frz.)
um 1150/75	Robert Biket: Lai du Cor (frz.)
um 1160/80	Marie de France: Lais Lanval (frz.)
vor 1170 (?)	Tristan (Chrétien?) (frz.)
um 1165/76	Chrétien de Troyes (frz.): – Erec – Cligès – Lancelot – Yvain
um 1170/75	Thomas von England: Tristan (frz.)
um 1175	Béroul: Roman de Tristan (frz.)
um 1175/80	Eilhart von Oberge: Tristrant (dt.)
um 1170/80	Robert de Boron (frz.): – Roman de Saint Graal – Merlin-Fortsetzung
um 1180	Hartmann von Aue: Erec (dt.)
um 1185	Andreas Capellanus: De Amore (lat.; ein Kapitel ist eine Artus-Episode)
um 1185/90	Renart de Beaujeu: Le Bel Inconnu (frz.)
um 1190	Chrétien de Troyes: Perceval (frz.) 2 anonyme Prologe: – Elucidation (um 1200) – Bliocadran (um 1200) 4 z. T. anonyme Fortsetzungen: – Erste Gawain-Fortsetzung (um 1200) – Zweite Perceval-Fortsetzung (um 1200) – Dritte Manessier-Fortsetzung (1214 – 27) – Vierte Gerbert-de-Montreuil-Fortsetzung (1226 – 30)
um 1190/1200	Hartmann von Aue: Iwein (dt.)

um 1190/1210	Perlesvaus (frz.)
um 1194/1203	Ulrich von Zatzikhoven: Lanzelet (dt.)

13. Jahrhundert

um 1200	Layamon: Brut (engl.)
um 1200	Brut y Brenhinedd (kymr.)
um 1200	De ortu Waluuanii nepotis Arturi (lat.)
um 1200	Berner Folie Tristan (frz.)
nach 1200	Les Enfances Gauvain (frz.)
ab 1200	Kymrische Chrétien-Bearbeitungen (kymr.): – Geraint ac Enid – Owain, neu Iarlles y Ffynnon – Peredur fab Efrog
um 1200	Tyolet (frz.)
um 1200	Gunnlaugr Leifsson: Merlinuspá (islän.)
um 1202/12	Robert de Boron: Prosa-Joseph d'Arimathie (frz.)
um 1200ff.	Prosa-Artus-Gral-Zyklus (frz.) – Estoire del Saint Grail (Joseph d'Arimathie) – Estoire de Merlin (Robert de Boron: Merlin; Chronikforts.) – Lancelot en prose – Queste del Saint Graal – Mort Artu
um 1204/12	Wolfram von Eschenbach: Parzival (dt.)
um 1210	Gottfried von Straßburg: Tristan (dt.)
um 1210	Le Chevalier à l'Épée (frz.)
um 1210/20	Wirnt von Gravenberg: Wigalois (dt.)
um 1210/30	Penninc: Roman van walewein (niederl.)
um 1210/30	Perchevael (niederl.)
um 1220	Didot-Perceval (frz.)
1220	La Mule sans Frein (frz.)
1220	Raoul: La Vengeance Raguidel (frz.)
um 1210/25	Yder (frz.)
um 1215	Wolfram von Eschenbach: Titurel (später fortgesetzt)
um 1220	Heinrich von dem Türlin: Diu Krône (dt.)
um 1220	Breta sögur (norw. Geoffrey-Übersetzung)
um 1220/50	Durmart le Gallois (frz.)
um 1220	Stricker: Daniel vom blühenden Tal (dt.)
vor 1225	Heinrich von dem Türlin: Der Mantel (dt.)
um 1225	Raoul de Houdenc: Meraugis de Portlesguez (frz.)
um 1225	Guillaume le Clerc: Fergus (frz.)
um 1220/35	Prosa-Tristan (frz.)
um 1225	Le Chevalier aux Deux Épées (frz.)
1226	Bruder Robert: Tristams saga (norw. Thomas-Übersetzung)
um 1230	Tristan als Mönch (dt.)
um 1230/40	Estoire del Saint Graal (frz.) (Pseudo-Boron-Zyklus)
um 1230	Erex Saga (islän.)
um 1226/63	Riddarasögur für Hákon Hákonarson (norw.): – Erex saga (Chrétien-Übersetzung) – Ivens saga Artuskappa (Chrétien-Übersetzung) – Mottuls saga – Flores saga ok Blankiflúr
um 1235-40	Palamedes (frz.)
um 1240	Ulrich von Türheim: Tristan-Fortsetzung (dt.)
um 1245	Wigamur (dt.)
vor 1250	Prosa-Lancelot (dt.)
um 1250	L'Atre Perilleux (frz.)
um 1250	Pieter Vostaert: Walewein (niederl.)
um 1250	Parcevals saga (norw. Chrétien-Übersetzung)
um 1250	Valvens þáttr (Gawain-Episoden des Perceval)
um 1250-75	Prosa-Tristan (frz.)
um 1250/60	Lantsloot van der Hagedochte (niederl.)
um 1255/70	Konrad von Würzburg: Schwanritter (dt.)
um 1260	Jacob van Maerlant (niederl.): – Historie van den grale – Merlijns boec
um 1270	Pleier: Daniel vom blühenden Tal (dt.)
1272/94	Albrecht: Jüngerer Titurel (dt.)
um 1275	Arthour and Merlin (engl.)
um 1275	Floriant et Florete (frz.)
um 1250/1300	Ferguut (niederl.)
um 1268	Claris et Laris (frz.)
um 1260/90	Les Merveilles de Rigomer (frz.)
um 1261/1326	Merlin-Zyklus (niederl.)
um 1270/80	Les Prophécies de Merlin (frz.)
um 1280	Girard d'Ameins: Escanor (frz.)
um 1280	Historia Meriadoci (lat.)
um 1280	Tristano Riccardiano (ital.)
nach 1282	Jacob van Maerlant: Spieghel historiael (niederl.)
um 1285	Lohengrin (dt.)
um 1290	Robert of Gloucester (lat.)
um 1290	Konrad von Stoffeln: Gauriel von Muntabel (dt.)

14. Jahrhundert

um 1300	Arthur and Gorlagon (lat.)
um 1300	Sir Tristrem (engl.)
um 1300	Le Chevalier du Papegau (frz.)
um 1300	De Ridder metter Mouwen (niederl.)
1303	Herr Ivan Leonriddaren (schwed. Chrétien-Übersetzung)
um 1300/20	Lancelot-Zyklus (niederl.) – Lancelot – Queste del Saint Graal – Mort Artu
1310/25	Lodewijk van Velthelm (niederl.): – Perchevael – Roman van Lancelot
um 1320	Wrake van Ragiesel (niederl.)
14. Jahrhundert	Herr Ivan Loveridder (dän. Iweinfassung)
um 1320/40	Thomas Chestre: Libeaus Desconus und Sir Launfal
um 1320	Sir Percyvelle of Galles (frz.)
um 1331/36	Claus Wisse und Philipp Colin: Parzifal (dt.)
um 1340	Perceforest (frz.)
um 1340/50	Moriæn (niederl.)
um 1375/1400	Awntyrs of Arthure (engl.)
um 1388	Jean Froissart: Meliador (frz.)

um 1390/1400	Sir Gawayne and the Greene Knight (engl.)
um 1392/94	Geoffrey Chaucer (engl.):
	– Wife of Bath
	– The Wedding of Gawain and Dame Ragnell

15. Jahrhundert

um 1400	Le Morte Arthur (engl.)
um 1400	Sir Gawain and the Carl of Carlisle (engl.)
um 1400/1430	Lorengel (dt.)
um 1425	Sir Gawain, Sir Kay, and Baldwin of Britain (engl.)
1430 ff.	Henry Lovelich (engl.):
	- The History of the Holy Grail
	- Merlin (Versübersetzung)
um 1450	Prosa-Merlin (engl.)
um 1450	Gest of Sir Gawain (engl.)
1467/87	Ulrich Füetrer (dt.):
	– Prosa-Lanzelot
	– Buch der Abenteuer
	– Vers-Lanzelot
um 1470	Thomas Malory: Morte d'Arthur (engl.)
1472/1493 ff.	Wigoleis vom Rad (Prosadruck des Wigoleis; dt.)
1482/1500	Lancelot du Laik (schott.)
1485	William Caxton: Malory-Druck (engl.)
15. Jahrhundert	Skikkju rímur (islän.)

16. Jahrhundert

um 1500–20	Prosa-Joseph of Arimathie
um 1500/1600	The Boy and the Mantle (engl. Ballade)
1510	Winken de Worde: Little Tretys of the Birth and Prophecies of Merlin (engl.)
1513 (1534)	Polydore Vergil: Anglica Historia (lat.)
1516	Ariost: Orlando Furioso (ital.)
1530	Claude Platin: L'hystoire de Giglan (frz.)
1544	John Leland: Assertio Inclytissimi Arturii Regis Britanniae (lat.)
1530 ff.	Hans Sachs (dt.):
	– König Artus mit der ehbrecher-brugk
	– Von der strenge lieb herr Tristrant mit der schonen konigin Isalden
	– Meisterlieder
1570	Luigi Alamanni: L'Avarchide (ital.)
1586	Warner: Albion's England (engl.)
1587	Thomas Hughes: The Misfortunes of Arthur (engl.)
1590–96	Edmund Spenser: The Faerie Queene (engl.)
1597	Christopher Middleton: History of Chinon of England (engl.)

17. Jahrhundert

1601	Robert Chester: Love's Martyr
1603	Thomas Deloney: Sir Lancelot du Lake
1610	Richard Johnson: Romance of Tom a Lincolne
1610	Robert Nicols: Winter Nights Vision
1612	Michael Drayton: Poly-Olbion
um 1615	Michael Drayton: Nimphadia, the Court of Fayrie
1656	Her Viegoleis med Guld Hiulet (dän. Wigoleis-Übersetzung)
nach 1656	Gabons saga ok Vigoles (islän. Wigoleis-Bearbeitung)
1660	Martin Parker: Most Famous History of That Most Renowned Christian Worthy Arthur King of the Britaines, and His Famous Knights of the Round Table
1662 (1620)	William Rowley: The Birth of Merlin
1687	John Dryden: Albion and Albanicus (Oper)
1691	John Dryden/Henry Purcell: King Arthur: Or, the British Worthy (Oper)
1695	Richard Blackmore: Prince Arthur
1697	Richard Blackmore: King Arthur

18. Jahrhundert

1730	Henry Fielding: The Tragedy of Tragedies
1731	Merlin, or, The British Enchanters
1734	Merlin, or, The Devil of Stonehenge
um 1735	Aaron Hill: Merlin in Love: or, Youth Against Magic
1735	Edward Phillips: The Royal Chace (Spiel)
1735	Edmund Curll: Merlin, and the Royal Hermitage
1736	Edmund Curll: The Rarities of Richmond
1753	Johann Jacob Bodmer: Parcival, ein Gedicht in Wolframs von Eschilbach Denckart
1759	William Hilton: Arthur, Monarch of the Britons (Tragödie)
1765	Bishop Thomas Percy: Sir Lancelot du Lake from Reliques of Ancient English Poetry
1771	Christoph M. Wieland: Sommermärchen
1775/80	Comte de la Vergue de Tressan: Extraits de romans de chevalerie
1777	Thomas Warton: Grave of King Arthur
1777	Christoph M. Wieland: Geron der Adelige
1781–82	Galians Táttur (Färöisch)
1789	Richard Hole: Arthur; or The Northern Enchantment

19. Jahrhundert

1801	John Thelwall: The Fairy of the Lake
1804 ff.	Sir Walter Scott:
	– Sir Tristrem
	– The Bridal of Triermain
1804	Dorothea Schlegel (geb. Veit): Geschichte des Zauberers Merlin
1810	Christoph M. Wieland: Merlins weissagende Stimme aus einer Gruft
1812	Baron Creuzé de Lesser: Les Chevaliers de la Table Ronde

1814	Thomas Love Peacock: Sir Hornbook; or, Childe Launcelot's Expedition, a Grammatico-Allegorical Ballad
um 1818	John Hookham Frere: The Monks and the Giants
1820	William Wordsworth: Artegal and Elidure
1822	William Wordsworth: Ecclesiastical Sonnets
1829	Thomas Love Peacock: Misfortunes of Elphin
1830	William Wordsworth: The Egyptian Maid
1832	Alfred Lord Tennyson: The Lady of Shalott
1832	Karl Immermann: Merlin
1833	Letitia Elizabeth Landon: A Legend of Tintagel Castle
1841	Reginald Heber: Morte Arthure
1842 ff.	Alfred Lord Tennyson: – Sir Launcelot and Queen Guinevere – Sir Galahad – Morte d'Arthur
1848	Lord Lytton: King Arthur
1848	James Russell Lowell: The Vision of Sir Launfal
1852	Matthew Arnold: Tristram and Iseult
1856	F. Roeber: Tristan und Isolde
1856–1885	Alfred Lord Tennyson: Idylls of the King
1858	William Morris: King Arthur's Tomb
1858	William Morris: The Defence of Guinevere and other poems
1859	Edgar Quinet: Merlin l'Enchanteur
1859	Robert Buchanan: Gawayne's Revenge
1859	Richard Wagner: Tristan und Isolde (Oper)
1860	Wilhelm Hertz: Lanzelot und Genevra
1863	Robert S. Hawker: Quest of the Sangreal
1865	Ludwig Schneegans: Tristan
1868	Adam Lindsay Gordon: Rhyme of Joyous Garde
1869	George A. Simcox: – Farewell of Ganore – Gawain and the Lady of Avalon
1870	Fillmore Millard: Tristram and Iseult
1880	James R. Lowell: Sir Launfal
1882	Richard Wagner: Parsifal (Oper)
1882	Algernon Swinburne: Tristram of Lyonesse
1886	John Grosvenor Wilson: Ballad of Sir Launcelot
1888	Richard Hovey: Launcelot and Gawaine
1889	Mark Twain: A Connecticut Yankee in King Arthur's Court (Ein Yankee aus Connecticut an König Artus' Hof)
1889	John Veitch: Merlin etc.
1891	Richard Hovey: Lancelot and Guinevere
1895	J. Comyns Carr: King Arthur
1896	Algernon Swinburne: Tale of Balen
1899	John Davidson: The Last Ballad
1899	Elinor Sweetman: Pastoral of Lancelot

20. Jahrhundert

1900	Joseph Bédier: Le Roman de Tristran et Iseult
1903 ff.	Howard Pyle: – The Story of King Arthur and His Knights – The Champions of the Round Table – Sir Launcelot and His Companions – The Grail and the Passing of Arthur
1904	Sinclair Lewis: Launcelot
1911	Michael Field: Tragedy of Pardon + Tristan de Leonois
1913	Laurence Binyon: Tristram's End
1913	Gerhart Hauptmann: Merlins Geburt
1917	Arthur Symons: Tristram and Iseult
1920	Ella Young: The San-Grail
1923	Thomas Hardy: The Queen of Cornwall
1925	Thomas S. Eliot: The Waste Land
1925	De Beverley (alias George Newcomen): The Birth of Galahad
1927	John Masefield: – Midsummer Night – Tristan and Isolt
1928	Edwin A. Robinson: Tristan
1937	Wilhelm Kubie: Mummenschanz auf Tintagel
1937 ff.	Prince Valiant (Prinz Eisenherz, Comicserie)
1938	Charles Williams: Taliessin through Logres
1938 ff.	Terence H. White: – The Sword in the Stone – The Witch in the Wood/The Queen of Air and Darkness – The Ill-Made Knight – The Once and Future King (Der König auf Camelot)
1942	Frank Martin: Le Vin Herbe
1944	Charles Williams: The Region of the Summer Stars
1963	Rosemary Suttcliff: Sword at Sunset
1970 ff.	Mary Stewart: – The Crystal Cave (Flammender Kristall) – The Hollow Hills (Der Erbe) – The Last Enchantment (Merlins Abschied) – The Wicked Day (Tag des Unheils)
1975	Günter de Bruyn: Tristan und Isolde
1977	John Steinbeck: The Acts of King Arthur and His Noble Knights (König Artus und die Heldentaten der Ritter seiner Tafelrunde)
1978	Werkhaus Moosach: Der Fall Partzifall
1979	Marion Zimmer Bradley: The Mists of Avalon (Die Nebel von Avalon)
1980 ff.	Gillian Bradshaw: – Hawk of May (Der Falke des Lichts) – Kingdom of Sumer (Das Königreich des Sommers) – In Winter's Shadow (Die Krone von Camelot)
1980 ff.	Parke Godwin: – Firelord (Feuerkönig) – Beloved Exile (Der tote König + Im fremden Land) – The Last Rainbow
1980	Victor Canning: The Crimson Trilogy
1982	David Drake: The Dragon Lord
1985	Tankred Dorst / Ursula Ehler: Merlin oder Das wüste Land (Theaterstück)

1987 ff.	Stephen Lawhead: – Taliesin (Taliesin. Sänger und Seher) – Merlin (Merlin. Magier und Krieger) – Arthur (Artus. Der legendäre König) – Pendragon (Pendragon. Artus auf dem Weg zum Heiligen Gral)
1988 ff.	Joan Wolf: The Road to Avalon (Der Weg nach Avalon)
1990	Christoph Hein: Die Ritter der Tafelrunde (Komödie)
1993	Adolf Muschg: Der Rote Ritter. Eine Geschichte von Parzival
1994 ff.	Nancy McKenzie: – The Child Queen. The Tale of Guinevere and King Arthur – The High Queen. The Tale of Guinevere and King Arthur
1998	Marti Philipps: The Road to Camelot
1999 f.	Diana Paxon: – The Hallowed Isle 1–4

21. Jahrhundert

2000	Robert King: Mad Merlin
2000	Margaret Isaac: Sir Gawain and the Green Knight: A Christmas Tale
2000	James Lowder: The Doom of Camelot
2001	Auguste Lechner: König Artus
2001	Mauri Kunnas: König Artus und die Ritter der Tatzenrunde
2002	Mike Ashley: The Mammoth Book of Arthurian Legends

Verzeichnis der Artusfilme

Vgl. ergänzend das Verzeichnis von Howey/Reimer (2006, S. 497 – 528) mit 193 Einträgen.

1904	Parsifal (nach Wagners Oper)
1909	Lancelot and Elaine
1909	Tristan et Yseult
1910	King Arthur; or, The Knights of the Round Table (Il Re Artù e I cavalieri della tavola rotonda)
1911	Tristan and Isolda/Tristan et Yseult
1912	Parsifal
1915	The Quest of the Holy Grail
1917	Knights of the Square Table; or, The Grail
1920	Tristan et Yseut
1921	A Connecticut Yankee in King Arthur's Court (Musical)
1921	Max Reinhardt: Parzifal
1931	A Connecticut Yankee
1942	King Arthur Was a Gentleman
1943	Jean Cocteau: L'eternel (frz. Tristan-Bearbeitung)
1949	A Connecticut Yankee in King Arthur's Court
1950	The Adventures of Sir Galahad
1952	A Connecticut Yankee in King Arthur's Court
1953	Knights of the Round Table (Die Ritter der Tafelrunde)
1953	Parsifal
1954	The Black Knight
1954	Prince Valiant (Prinz Eisenherz)
1955	A Connecticut Yankee
1956	The Adventures of Sir Lancelot
1960	Tennessee Ernie Ford Meets King Arthur
1960	Camelot
1962	Lancelot and Guinevere
1963	The Sword in the Stone
1963	King Arthur and the Siege of the Saxons
1963	The Sword of Lancelot
1963	To Parsifal
1967	Camelot
1970	A Connecticut Yankee in King Arthur's Court
1970	Tristana
1972	Tristan et Yseut
1972	Arthur of the Britons
1973	Gawain and the Green Knight
1974	Lancelot du Lac
1975	Monty Python and the Holy Grail
1978	A Connecticut Yankee in King Arthur's Court
1978	Perceval/Perceval le gallois
1979	Lovespell/Tristan and Isolt
1979	The Spaceman and King Arthur/ The Unidentified Flying Oddball
1979	A Connecticut Rabbit in King Arthur's Court
1980	Parzival
1981	Excalibur
1981	La Femme d'à côté/The Woman Next Door
1981	Feuer und Schwert/Fire and Sword
1981	Knightriders
1982	Arthur the King/Merlin and the Sword
1982	Camelot
1982	Excalibur, the Raising of the Sword
1982	Hans Jürgen Syberberg: Parsifal (nach Wagners Oper)
1983	The Legend of Gawain and the Green Knight
1984	The Morte d'Arthur
1984	The Natural
1984	Sword of the Valiant
1987	The New Adventures of a Connecticut Yankee in King Arthur's Court/Novye prikluchenia janke pri dvore Korola Artura
1988	I Skugga Hrafnsina/In the Shadow of the Raven
1989	A Connecticut Yankee in King Arthur's Court
1989	Connemara
1989	Indiana Jones and the Last Crusade
1989	Isolde
1990	The Knights of the Round Table/ Les Chevaliers de la table ronde
1991	The Fisher King
1991 ff.	The Legend of Prince Valiant
1992	Ginevra
1992	Merlin/October 32nd
1994	Guinevere
1994	Seaview Knights
1995	First Knight
1995	Four Diamonds
1995	A Kid in King Arthur's Court
1995	Kids of the Round Table
1995	A Young Connecticut Yankee in King Arthur's Court
1997	Prince Valiant
1998	A Knight in Camelot (Ein Ritter in Camelot)
1998	Merlin
2001	The Mists of Avalon (Die Nebel von Avalon)
2001	Black Knight (Ritter Jamal – Eine schwarze Komödie)
2002	Tristan et Yseut
2004	King Arthur
2005	Kaamelott (frz. Fernsehserie)
2006	Merlin's Apprentice
2006	The Da Vinci Code – Sakrileg
2007	The Last Legion
2008	Pendragon: Sword of his Father
2008	Merlin

Literatur

Ausgaben der wichtigsten mittelalterlichen Artustexte
(vorzugsweise in neuhochdeutscher oder englischer Übersetzung)

Annales Cambriae (Annalen von Wales)

Nennius: British history and The Welsh annals [Annales Cambriae]. Ed. and transl. by John Morris. London 1980.

Beda Venerabilis

Beda der Ehrwürdige: Kirchengeschichte des englischen Volkes. Übersetzt von Günter Spitzbart. 2., bibliogr. aktualisierte Aufl. Darmstadt 1997 (Neuauflage 2009).

Beroul

Berol: Tristan und Isolde. Hg. und übersetzt von Ulrich Mölk. 2., verb. Auflage. München 1991.

Biket, Robert

Robert Biket: Lai du Cor (nhd. Übersetzung). In: Lange/Langosch (1980/2003), S. 298 – 306, S. 608 – 611.

Chrétien de Troyes

Chrétien de Troyes: Erec und Enide. Übersetzt und eingeleitet von Ingrid Kasten. München 1979.

Chrétien de Troyes: Erec und Enide (nhd. Übersetzung). In: Lange/Langosch (1980/2003), S. 162 – 284, S. 594 – 604.

Chrétien de Troyes: Yvain. Übersetzt und eingeleitet von Ilse Nolting-Hauff. Unveränderter Nachdruck der 2. Auflage. München 1983.

Chrétien de Troyes: Erec et Enide. Erec und Enide. Altfranzösisch/Deutsch. Übersetzt u. hg. von Albert Gier. Stuttgart 1987.

Chrétien de Troyes: Der Percevalroman. Le Conte du Graal. Übersetzt und eingeleitet von Monica Schöler-Beinhauer. München 1991.

Chrétien de Troyes: Le roman de Perceval ou le Conte du Graal: Altfranzösisch/Deutsch = Der Percevalroman oder die Erzählung vom Gral / Chrétien de Troyes. Übersetzt und hg. von Felicitas Olef-Krafft. Stuttgart 1991.

Chrétien de Troyes: Cligès. Auf der Grundlage des Textes von Wendelin Foerster hg., kommentiert und übersetzt von Ingrid Kasten. Berlin et al. 2006.

Chrétien de Troyes: Lancelot. Übersetzt und eingeleitet von Helga Jauss-Meyer. München 1974.

Geoffrey of Monmouth

The Historia Regum Britannie of Geoffrey of Monmouth. Ed. by Julia C. Crick and Neil Wright. Vol. I – V. Cambridge 1985 – 1991.

Geoffrey von Monmouth: Die Geschichte der Könige von Britannien (Auszüge zu Artus in nhd. Übersetzung). In: Lange/Langosch (1980/2003), S. 5 – 71, S. 565 – 577.

Gerald of Wales

Gerald of Wales: The journey through Wales and the description of Wales. Transl. with an introduction by Lewis Thorpe. London 1980.

Gildas

Gildas: The ruin of Britain and other works. Ed. and transl. by Michael Winterbottom. London 1978.

Green Knight

Sir Gawain and the Green Knight. Sir Gawain und der Grüne Ritter. Hg. und übersetzt von Manfred Markus. Stuttgart 1974.

Hartmann von Aue

Hartmann von Aue: Iwein. Handschrift B. Faksimile mit einer Einl. von Matthias Heinrichs. Köln/Graz 1964.

Hartmann von Aue: Werke. Vollständige Ausgabe. Bd. 2: Gregorius, Armer Heinrich. Iwein. Hg. und übersetzt von Volker Mertens. Frankfurt a. M. 2004, S. 317 – 767, S. 942 – 1051 (Taschenbuchausgabe 2008).

Hartmann von Aue: Werke. Vollständige Ausgabe. Bd. 1: Erec. Hg. von Manfred G. Scholz, übersetzt von Susanne Held. Frankfurt a. M. 2004 (Taschenbuchausgabe 2007).

Joseph von Arimathea

Merlin and the Grail: Joseph of Arimathea, Merlin, Perceval. The trilogy of prose romances.Translated by Nigel Bryant. Woodbridge et al. 2001.

Keltische Texte

Zimmer, Stefan: Die keltischen Wurzeln der Artussage. Mit einer vollständigen Übersetzung der ältesten Artuserzählung Culhwch und Olwen. Heidelberg 2006; darin u. a.: „Pa gur yv y porthaur“ (S. 70 – 76); Triaden 1, 2, 4, 9, 12, 20, 21, 26, 37, 42 (S. 102 – 108); „Culhwch und Olwen“ (S. 113 – 165).

Keltische Erzählungen vom Kaiser Arthur. Aus dem Mittelkymrischen übertragen, mit Einführungen, Erläuterungen und Anmerkungen von Helmut Birkhan. 2 Bde. Essen 1989 (Nachdruck Wien 2004); darin u. a.: „Culhwch ac Olwen“ (Wie Kulhwch Olwen errungen hat) (Bd. 2, S. 33 – 103); „Pa gur yv y porthaur“ (Wer ist der Pförtner) (Bd. 2, S. 104 – 106); „Historia von Drystan“ (Bd. 2, S. 113 – 118); „Peredur fab Efrog“ (Die Geschichte von Peredur, dem

Sohne des Efrawg) (Bd. 1, S. 108–176); „Owain, neu Iarlles y Ffynnon“ (Die Geschichte der Gräfin vom Brunnen) (Bd. 1, S. 65–107); „Geraint ac Enid“ (Die Geschichte von Gereint, dem Sohne Erbins) (S. 177–244).

Lancelot

Prosalancelot I–V: Lancelot und Ginover (I und II); Lancelot und der Gral (III und IV); Die Suche nach dem Gral / Der Tod des Königs Artus (V). Texte und Übersetzungen. Übersetzt, komm. und hg. von Hans-Hugo Steinhoff. Frankfurt a. M. 1995–2004.

Lanzelot und Ginevra (Auszüge des Prosazyklus in nhd. Übersetzung). In: Lange/Langosch (1980/2003), S. 357–564, S. 612–701.

Layamon

Wace and Lawman: The Life of King Arthur. Translated and introduced by Judith Weiss and Rosamund Allen. London/Vermont 1997.

Malory, Thomas

Malory, Sir Thomas: Die Geschichten von König Artus und den Rittern seiner Tafelrunde. Übertragen von Helmut Findeisen. 2 Bde. Frankfurt a. M. 1974.

Marie de France

Marie de France: Lai Lanval (nhd. Übersetzung). In: Lange/Langosch (1980/2003), S. 285–297, S. 604–608.

Merlin

The Romance of Merlin. An Anthology. Ed. by Peter Goodrich. New York 1990.

Nennius

Nennius: British history and The Welsh annals [Annales Cambriae]. Ed. and transl. by John Morris. London 1980.

The history of the Britons. Nennius's Historia Brittonum translated and edited by A. W. Wade-Evans. Cardiff 2003.

Perceforest

Perceforest. Ed. crit. avec introd., notes et glossaire par Jane H. M. Taylor et Gilles Roussineau. Pt. 1–4. Genf 1979–2007.

Robert de Boron

Robert de Boron: Le roman du Saint-Graal. Übersetzt und eingeleitet von Monica Schöler-Beinhauer. München 1981.

Thomas von England

Thomas: Tristan. Eingeleitet, textkritisch bearbeitet und übersetzt von Gesa Bonath. München 1985.

Ulrich von Zatzikhoven

Ulrich von Zatzikhoven: Lanzelet. Text, Übersetzung, Kommentar von Florian Kragl. Studienausgabe. Berlin/New York 2009.

Wace

Wace: Le Roman de Brut (Auszüge zu Artus in nhd. Übersetzung). In: Lange/Langosch (1980/2003), S. 72–161, S. 579–594.

Wirnt von Grafenberg

Wirnt von Grafenberg: Wigalois (Auszüge in nhd. Übersetzung). In: Lange/Langosch (1980/2003), S. 307–356, S. 611 f.

Wirnt von Grafenberg: Wigalois. Text der Ausg. von J. M. N. Kapteyn. Übersetzt, erläutert und mit einem Nachwort versehen von Sabine Seelbach und Ulrich Seelbach. Berlin/New York 2005.

Wolfram von Eschenbach

Wolfram von Eschenbach: Parzival, nach der Ausgabe Karl Lachmanns revidiert und kommentiert von Eberhard Nellmann, übertragen von Dieter Kühn. Frankfurt a. M. 1994.

Wolfram von Eschenbach: Parzival. Studienausgabe. Mittelhochdeutscher Text nach der sechsten Ausgabe von Karl Lachmann. Übersetzung von Peter Knecht. Einführung zum Text von Bernd Schirok. Berlin/New York 1998.

Wolfram von Eschenbach: Titurel. Text – Übersetzung – Stellenkommentar. Hg. von Helmut Brackert und Stephan Fuchs-Jolie. Berlin et al. 2002.

Wolfram von Eschenbach: Titurel. Mit der gesamten Parallelüberlieferung des Jüngeren Titurel. Kritisch hg., übersetzt und kommentiert von Joachim Bumke und Joachim Heinzle. Tübingen 2006.

Forschungsliteratur

Albersmeier, Franz-Josef: Die Artussage im französischen Kino. In: Zimmer 2005, S. 343–359.

Alcock, Leslie: By South Cadbury, is that Camelot. The Excavations of Cadbury Castle, 1966–1970. London 1972; deutsche Übersetzung: Camelot. Die Festung des Königs Artus? Ausgrabungen in Cadbury Castle 1966–1970. Bergisch Gladbach 1974.

Alcock, Leslie: By South Cadbury that is Camelot. In: Antiquity 41 (1967), S. 50–53.

Alcock, Leslie: Cadbury Castle. In: Antiquity 42 (1968), S. 47–51.

Alcock, Leslie: Arthur's Britain: History and Archaeology AD 367–634. London 1971.

Alcock, Leslie et al.: Cadbury Castle, Somerset. The Early Medieval Archaeology. Cardiff 1995.

Almazan, Vincent: Translations at the Castilian and Norwegian courts in the thirteenth century: parallels and patterns. In: Mediaeval Scandinavia 12 (1988), S. 213–232.

Altick, Richard D.: Paintings from Books. Art and Literature in Britain, 1760–1900. Columbus 1985.

Ashe, Geoffrey: A Guidebook to Arthurian Britain. Wellingborough 1983.

Ashe, Geoffrey: The Discovery of King Arthur. New York 1987 (Reprint); deutsche Übersetzung: König Arthur. Die Entdeckung Avalons. 2. Auflage. Düsseldorf/Wien 1988.

Ashe, Geoffrey: The Vitality of the Arthurian Legend: Proceedings of the twelfth international symposium. Odense University on 16–17 November 1987. Ed. by Mette Pors. Odense 1988.

Ashe, Geoffrey: The Landscape of King Arthur. With photographs by Simon McBride. New York 1988.
Ashe, Geoffrey: Mythology of the British Isles. London 1992 (Reprint); deutsche Übersetzung: Kelten, Druiden und König Arthur: Mythologie der Britischen Inseln. Düsseldorf 4. Aufl. 2003.

Barber, Richard (Ed.): The Arthurian Legends: An Illustrated Anthology. Woodbridge 1979; deutsche Übersetzung: Der Heilige Gral. Geschichte und Mythos. Aus dem Englischen von Harald Ehrhardt. Düsseldorf/Zürich 2004.
Barber, Richard: The Search for Sources: The Case of the Grail. In: Lacy 2006, S. 19 – 36.
Barker, Juliet: The Tournament in England 1100 – 1400. Woodbridge 2. Aufl. 2003.
Barnes, Geraldine: The Riddarasögur. A Medieval Exercise in Translation. In: Saga-Book 19 (1977), S. 403 – 441.
Barnes, Geraldine: Arthurian Chivalry in Old Norse. In: Arthurian Literature 7 (1987), S. 50 – 102.
Barron, W. R. J. (Ed.): The Arthur of the English. The Arthurian Legend in Medieval English Life and Literature. Cardiff 1999.
Bartrum, Peter C.: Early Welsh Genealogical Tracts. Edited with notes and indexes. Cardiff 1966.
Bartrum, Peter C.: Welsh Genealogies AD 300 – 1400. 8 Vol. Cardiff 1974.
Baumann, Uwe: Artus-Stoff und Arturische Motive in der Geschichte, Kultur und Literatur Englands der Tudor- und Stuartzeit. In: Zimmer 2005, S. 273 – 296.
Behrmann, Thomas: Norwegen und das Reich unter Hákon IV. (1217 – 1263) und Friedrich II. (1212 – 1250). In: Hansische Literaturbeziehungen. Das Beispiel der Þiđreks saga und verwandter Literatur. Hg. von Susanne Kramarz-Bein. Berlin/New York 1996, S. 27 – 50.
Besamusca, Bart: Repertorium van den Middelnederlandse Arturepiek. Een beknopte beschrijving van de handschriftelijke en gedrukte overlevering. Utrecht 1985.
Besamusca, Bart: Cyclification in Middle Dutch Literature: The Case of the Lancelot Compilation. In: Bart Besamusca et al. (Ed.): Cyclification. Proceedings of the Colloquium, Amsterdam, 17 – 18 December 1992. Amsterdam et al. 1994, S. 82 – 91.
Besamusca, Bart: The prologue to „Arturs doet", the Middle Dutch translation of „La Mort le Roi Artu" in the „Lancelot Compilation". In: Medieval Dutch Literature in its European Context. Ed. by Erik Kooper. Cambridge 1994, S. 96 – 112.
Besamusca, Bart: Maer daert glat es moet men gliden. Relfectie op de vertelwijze in de ‚Queeste vanden Grale'. In: Volker Honemann et al. (Hg.): Sprache und Literatur des Mittelalters in der Nideren Landen. Gedenkschrift für Hartmut Beckers. Köln u. a. 1999, S. 39 – 51.
Besamusca, Bart: The Medieval Dutch Arthurian Material. In: Jackson/Ranawake 2000, S. 187 – 228.
Bibliographical Bulletin of the Internationel Arthurian Society. Vol. 1 ff. Paris/Madison 1949 ff.
Boyer, Régis (Ed.): Les Sagas de Chevaliers (Riddarasögur). Conférence internationale sur les sagas. Paris 1985.
Bromwich, Rachel et al. (Ed.): The Arthur of the Welsh. Cardiff 1991.
Bromwich, Rachel/Evans D. Simon: Culhwch and Olwen: An Edition and Study of the Oldest Arthurian Tale. Cardiff 1992.
Bruce, Christopher W.: The Arthurian Name Dictionary. New York 1999.
Bumke, Joachim: Parzival und Feirefiz – Priester Johannes – Loherangrin. Der offene Schluß des Parzival von Wolfram von Eschenbach. In: Deutsche Vierteljahrsschrift 65 (1991), S. 236 – 264.
Bumke, Joachim: Wolfram von Eschenbach. 8., völlig neu bearb. Aufl. Stuttgart et al. 2004.
Bumke, Joachim: Der „Erec" Hartmanns von Aue. Eine Einführung. Berlin/New York 2006.
Burdach, Konrad: Der Gral. Forschungen über seinen Ursprung und seinen Zusammenhang mit der Longinuslegende. Darmstadt 1974 (Nachdruck der Ausgabe Stuttgart 1938).
Burgess, G. S./Karen Pratt: The Arthur of the French. Cardiff 2006.
Burrichter, Brigitte: Wahrheit und Fiktion. Der Status der Fiktionalität in der Artusliteratur des 12. Jahrhunderts. München 1996.
Busby, Keith et al. (Ed.): Les Manuscrits de Chrétien de Troyes. 2 Vols. Amsterdam/Atlanta 1993.
Busby, Keith (Ed.): Word and Image in Arthurian Literature. International Congress of the Arthurian Society. New York/London 1996.
Busby, Keith (Ed.): Comedy in Arthurian Literature. Cambridge 2003.

Carley, James P.: Polydore Vergil and John Leland on King Arthur: The Battle of the Books. In: Interpretations 15 (1984), S. 86 – 100.
Carley, James P.: Glastonbury Abbey. The Holy House at the head of the Moors Adventurous. London 1988.
Carley, James P.: Glastonbury Abbey and the Arthurian Tradition. Cambridge 2001.
Castleden, Rodney: King Arthur. The truth behind the legend. London/New York 2000.
Claassens, Geert H. M./David F. Johnson (Ed.): King Arthur in the Medieval Low Countries. Leuven 2000.
Crofts, Thomas H.: Malory's contemporary Audience. Cambridge 2006.

Dark, Kenneth Rainsbury: The Plan and Interpretation of Tintagel. In: Cambridge Medieval Celtic Studies 9 (1985), S. 1 – 17.
de Vries, Jan: Altnordische Literaturgeschichte. 3. Auflage mit einem Vorwort von Stefanie Würth. Berlin/New York 1999.
Die deutsche Literatur des Mittelalters. Verfasserlexikon. Begründet von Wolfgang Stammler, fortgeführt von Karl Langosch. Zweite, völlig neu bearbeitete Auflage unter Mitarbeit zahlreicher Fachgelehrter hg. von Kurt Ruh (Bd. 1 – 8) und Burghart Wachinger (Bd. 9 – 14) zusammen mit Gundolf Keil, Werner Schröder, Franz Josef Worstbrock. 14 Bde. Berlin/New York 1978 – 2008.
Dover, Carol: A Companion to the Lancelot-Grail Cycle. Woodbridge 2003.

Edwards, Nancy: A corpus of early Medieval inscribed stones and stone sculpture in Wales. 2 Vols. Cardiff 2007.

Fletcher, Robert H.: The Arthurian material in the chronicles. Especially those of Great Britain and France. 2. ed., expanded by a bibliography and critical essay for the period 1905 – 1965 by Roger Sherman Loomis. New York 1966.
Fouquet, Doris: Wort und Bild in der mittelalterlichen Tristantradition. Der älteste Tristanteppich von Kloster Wienhausen und die textile Tristanüberlieferung des Mittelalters. Berlin 1971.
Fox-Friedman, Jeanne: Modern Arthurian Art. In: Lacy 2006, S. 220 – 232.
Friedrich, Sven: Der Gral unter dem Hakenkreuz. In: Wer ist der Gral? 2008, S. 27 – 38.
Furch, Karoline: Die Wiederkehr des Mythos. Zur Renaissance der Artus-Mythen in der modernen Fantasy-Literatur. Wetzlar 1998.

Gaines, Barry: Sir Thomas Malory: An Anecdotal Bibliography of Editions 1485 – 1985. New York 1990.
Gammerschlag, Kurt (Hg.): Moderne Artus-Rezeption 18. 20. Jahrhundert. Göppingen 1991.
Gammerschlag, Kurt: Arthurischer Neubeginn: Die englische Mittelalterbewegung des 18. Jahrhunderts und der Artusmythos. In: Gammerschlag 1991, S. 1 – 21.
Gardner, Edmund G.: The Arthurian Legend in Italian Literature. London 1930.
Gentry, Francis G.: König Artus und das amerikanische Selbstverständnis. Artusfilme aus Hollywood. In: Gammerschlag 1991, S. 259 – 282.
Gentry, Francis G.: A companion to the works of Hartmann von Aue. Rochester et al. 2005.
Gerritsen, Willem P.: Jacob van Maerlant and Geoffrey of Monmouth. In: K. Varty (Ed.): An Arthurian Tapestry. Essays in Memory of Lewis Thorpe. Glasgow 1981, S. 368 – 388.
Gerritsen, Willem P./Anthony G. van Melle: A Dictionary of Medieval Heroes. Woodbridge 1998.
Gottzmann, Carola L.: Artusdichtung. Stuttgart 1989.
Gouchet, Olivier: Die altisländische Bearbeitung von Chrétiens Erec et Enide. In: Boyer 1985, S. 145 – 155.
Green, Thomas: Concepts of Arthur: Early Arthurian Tradition and the Origins of the Legend. Stroud 2007.
Guerreau-Jalabert, Anita: Index des motifs narratifs dans les romans Arthuriens français en vers (XIIe – XIIIe siècles). Genf 1992.

Harty, Kevin J.: Cinema Arthuriana: A Filmography. In: Quondam et Futurus 7.3 (1987), S. 5 – 8.
Harty, Kevin J.: A Bibliography on Arthurian Film and An Alphabetical Filmography. In: Kevin J. Harty (Ed.): Cinema Arthuriana: Essays on Arthurian Film. New York 1991, S. 203 – 247.
Harty, Kevin J.: Cinema Arthuriana. In: Lacy 2006, S. 252 – 260.
Haug, Walter: Das Mosaik von Otranto. Wiesbaden 1977.
Hennings, Thordis: Altfranzösischer und mittelhochdeutscher Prosa-Lancelot. Heidelberg 2001.
Higham, Nicholas John: King Arthur – myth-making and history. London et al. 2002.
Howey, Ann F./Stephen R. Reimer: A Bibliography of Modern Arthuriana 1500 – 2000. Cambridge 2006.
Huber, Christoph: Gottfried von Straßburg: Tristan. 2., verb. Aufl. Berlin 2001.
Huws, Daniel: Medieval Welsh Manuscripts. Aberystwyth 2000.

Jackson, William H.: Chivalry in twelfth-century Germany. The works of Hartmann von Aue. Cambridge et al. 1994.
Jackson, William H.: The Arthurian Material and German Society in the Middle Ages. In: Jackson/Ranawake 2000, S. 280 – 292.
Jackson, William H./Silvia A. Ranawake (Ed.): The Arthur of the Germans. The Arthurian Legend in Medieval German and Dutch Literature. Cardiff 2000.
Johanek, Peter: König Arthur und die Plantagenets. Über den Zusammenhang von Historiographie und höfischer Epik in mittelalterlicher Propaganda. In: Frühmittelalterliche Studien 21 (1987), S. 346 – 389.
Jones, Martin H./Roy Wisbey (Ed.): Chrétien de Troyes and the German Middle Ages. Papers from the International Symposium. Cambridge/London 1993.
Jost, Jean E.: Ten Middle English Arthurian Romances: A Reference Guide. Boston 1986.

Kalinke, Marianne E.: King Arthur North-by-Northwest: The matière de Bretagne in Old Norse-Icelandic Romances. Kopenhagen 1981.
Kalinke, Marianne E.: A Structural Comparison of Chrétien de Troyes' Erec et Enide and the Norse Erex saga. In: Boyer 1985, S. 54 – 65.
Kegel, Ernst: Die Verbreitung der mittelhochdeutschen erzählenden Literatur in Mittel- und Niederdeutschland, nachgewiesen auf Grund von Personennamen. Halle 1905.
Kienzle, Ulrike: Sakrales Welttheater. Eine Betrachtung zu den Bühnenbildern des *Parsifal*. In: Wer ist der Gral? 2008, S. 17 – 26.
Kleinhenz, Christopher: Italian Arthurian Literature. In: Lacy 2006, S. 190 – 197.
Klotz, Sebastian: Klingender Patriotismus als Theater der Sinne: John Drydens und Henry Purcells King Arthur: Or, The British Worthy (1691). In: Zimmer 2005, S. 297 – 313.
Knapp, Fritz Peter: Chevalier errant und fin'amor. Das Ritterideal des 13. Jahrhunderts in Nordfrankreich und im deutschsprachigen Südosten. Passau 1986.
Kramarz-Bein, Susanne: Die Þiðreks saga im Kontext der altnorwegischen Literatur. Tübingen/Basel 2002.
Kretschmer, Bernd: Höfische und altwestnordische Erzähltradition in den Riddarasögur. Studien zur Rezeption der altfranzösischen Artusepik am Beispiel der Erex saga, Ívens saga und Parcevals saga. Hattingen 1982.

Lacy, Norris J./Geoffrey Ashe: The Arthurian Handbook. New York 1988.
Lacy, Norris J. et al. (Ed.): The New Arthurian Encyclopedia. New York 1991.
Lacy, Norris J. (Ed.): Medieval Arthurian Literature: A Guide to Recent Research. New York 1996.
Lacy, Norris J./Geoffrey Ashe with Debra N. Mancoff: The Arthurian Handbook. 2nd Edition. New York 1997.
Lacy, Norris J. (Ed.): A History of Arthurian Scholarship. Cambridge 2006.
Ladies of Shalott. A Victorian Masterpiece and Its Contexts. An Exhibition 1985. Catalogue. Rhode Island 1985.

Lange, Günter: Artus-Sage. In: Kinder- und Jugendliteratur. Lexikon. Hg. von Alfred C. Baumgärtner et al. Bd. 5, Teil 6. 24. Ergänzungslieferung. Juni 2005.
Lange, Wolf-Dieter/Karl Langosch (Hg.): König Artus und seine Tafelrunde. Europäische Dichtung des Mittelalters. Stuttgart 1980. Bibliografisch ergänzte Neuauflage. Stuttgart 2003.
Lehmkuhl, Josef: Gott und Gral. Würzburg 2007.
Lexikon des Mittelalters. Bd. 1 – 6. München/Zürich 1980 – 1993; Bd. 7 – 9. München 1995 – 1997; CD-ROM-Version. Stuttgart/Weimar/Wiesbaden 2000.
Life, Page West: Sir Thomas Malory and the Morte D'Arthur: A Survey of Scholarship and Annotated Bibliography. Charlottesville 1980.
Littleton, C. Scott/Linda A. Malcor: From Scythia to Camelot. A Radical Reassessment of the Legends of King Arthur, the Knights of the Round Table, and the Holy Grail. New York/London 1994.
Lloyd-Morgan, Ceridwen: Lancelot in Wales. In: Shifts and Transpositions in Medieval Narrative. Ed. by Karen Pratt. Cambridge 1994, S. 169 – 179.
Lloyd-Morgan, Ceridwen: The Celtic Tradition. In: Barron 1999, S. 1 – 9.
Loomis, Roger Sherman: Arthurian Legends in Medieval Art. London/New York 1938.
Loomis, Roger Sherman: Arthurian Literature in the Middle Ages: A Collaborative History. Oxford 1959.
Loomis, Roger Sherman: The Development of Arthurian Romance. London 1963.
Loomis, Roger Sherman: The Grail. From Celtic Myth to Christian Symbol. Cardiff 1963.
Lupack, Alan (Ed.): Arthur, the Greatest King: An Anthology of Modern Arthurian Poems. New York/London 1988.
Lupack, Alan: Arthurian Drama: An Anthology. New York 1991.
Lupack, Alan (Ed.): Modern Arthurian Literature: An Anthology of English and American Arthuriana from the Renaissance to the Present. New York/London 1992.
Lupack, Alan/Barbara Tepa Lupack (Ed.): Arthurian Literature by Women. New York/London 1999.
Lupack, Alan/Barbara Tepa Lupack: King Arthur in America. Cambridge 1999.
Lupack, Alan: The Oxford Guide to Arthurian Literature and Legend. Oxford 2005.

Mahoney, Dhira B.: The Grail. A Casebook. New York/London 2000.
Mancoff, Debra N.: The Arthurian Revival in Victorian Art. New York 1990.
Masser, Achim: Die Iwein-Fresken von Rodenegg. In: Alois Rastner/Ernst Delmonego (Hg.): Heimatbuch Rodeneck. Geschichte und Gegenwart. Rodeneck 1986, S. 127 – 142.
Mediavilla, Cindy: Arthurian Fiction: An Annotated Bibliography. Lanham/Maryland 1999.
Merriman, James Douglas: The Flower of Kings: A Study of the Arthurian Legend in England Between 1485 and 1835. Lawrence 1973.
Mertens, Volker: Richard Wagner und das Mittelalter. In: Richard-Wagner-Handbuch. Hg. von Ulrich Müller et al. Stuttgart 1986, S. 19 – 59.
Mertens, Volker: Der deutsche Artusroman. Stuttgart 1998.
Mertens, Volker: Der Gral. Mythos und Literatur. Stuttgart 2003.
Mertens, Volker: Der mythische und der heilige Gral. In: Wer ist der Gral? 2008, S. 7 – 15.
Meuwese, Martine (Hg.): King Arthur in the Netherlands. Amsterdam 2005.
Michelsson, Elisabeth: Appropriating King Arthur. The Arthurian Legend in English Drama and Entertainments 1485 – 1625. Uppsala 1999.
Miller, Barbara D.: Hispanic Arthurian Literature. In: Lacy 2006, S. 179 – 189.
Mittler, Hubert: Prinz Eisenherz oder: Das Mittelalter in der Sprechblase. Frankfurt a. M. et al. 2008.
Moorman, Charles and Ruth: An Arthurian Dictionary. Jackson/Mississippi 1978.
Morris, Christopher D./Jacqueline Nowakowski/Charles Thomas: Tintagel, Cornwall: the 1990 excavations. In: Antiquity 64 (1990), S. 843 – 849.
Müller, Ulrich: Parzival und Parsifal. Vom Roman Wolframs von Eschenbach und vom Musikdrama Richard Wagners. In: Sprache – Text – Geschichte. Hg. von Peter K. Stein. Göppingen 1980, S. 479 – 502.
Müller, Ulrich: Artus-Rezeption ohne König Artus: Zur deutschen Artus-Rezeption unter dem Einfluß von Richard Wagner. In: Gammerschlag 1991, S. 143 – 166.

Nastali, Daniel P./Phillip C. Boardman: The Arthurian Annals: The Tradition in English from 1250 to 2000. 2 Vols. Oxford 2004.
Nellmann, Eberhard: lapsit exillis? Jaspis exillix? Die Lesarten der Handschriften. In: Zeitschrift für deutsches Philologie 119 (2000), S. 416 – 420.
Nevins, John P.: Musical Arthuriana: A Partial and Informal Listing. In: Quondam et Futurus 10.4 (1990), S. 6 – 12.
Nicholson, Helen: Love, War, and the Grail. Leiden/Boston/Köln 2001.

Olsen, Solveig: Hans Jürgen Syberberg and His Film of Wagner's „Parsifal". New York/Toronto 2006.

Padel, O. J.: Arthur in Medieval Welsh Literature. Cardiff 2000.
Pickford, C. E./R. W. Last/C. R. Barker: The Arthurian Bibliography. 2 Vols. Cambridge 1981/1983.
Poulson, Christine: Arthurian Legend in Fine and Applied Art of the Nineteenth and Early Twentieth Centuries: A Catalogue of Artists. In: Arthurian Literature 9 (1989), S. 81 – 142 und Subject Index 10 (1990), S. 111 – 134.
Poulson, Christine: The Quest for the Grail: Arthurian Legend in British Art 1840 – 1920. Manchester 1999.

Radford, Courtenay A.: Tintagel in History and Legend. In: Journal of the Royal Institution of Cornwall 25 (1942), S. 24 – 41.
Reichert, Hermann: Soziologische Voraussetzungen für die Rezeption der arturischen Tafelrunde in Skandinavien. In: Boyer 1985, S. 121 – 142.
Reiss, Edmund/Louis Horner Reiss/Beverly Taylor: Arthurian Legend and Literature: An Annotated Bibliography. Vol. I: The Middle Ages. New York 1984 (nur Band 1 erschienen).
Rexroth, Frank: Polydor Virgil als Geschichtsschreiber und der englische Beitrag zum europäischen Humanismus. In:

Johannes Helmrath/Ulrich Muhlack/Gerrit Walther (Hg.): Diffusion des Humanismus. Studien zur nationalen Geschichtsschreibung europäischer Humanisten. Göttingen 2002, S. 415–435.
Rice, Joanne A.: Middle English Romance: An Annotated Bibliography, 1955–1985. New York 1987.
Roßnagel, Frank: Die deutsche Artusepik im Wandel: die Entwicklung von Hartmann von Aue bis zum Pleier. Stuttgart 1996.
Ruck, Elaine H.: An Index of Themes and Motifs in Twelfth-Century French Arthurian Poetry. Cambridge 1991.

Schiewer, Hans-Jochen: Ein ris ich dar vmbe abe brach/ Von sinem wunder bovme. Beobachtungen zur Überlieferung des nachklassischen Artusromans im 13. und 14. Jahrhundert. In: Deutsche Handschriften 1100–1400. Oxforder Kolloquium 1985. Hg. von Volker Honemann und Nigel F. Palmer. Tübingen 1988, S. 222–278.
Schirok, Bernd: Wolfram von Eschenbach: Parzival. Die Bilder der illustrierten Handschriften. Göppingen 1985.
Schirok, Bernd: Die Parzivaldarstellungen in (ehemals) Lübeck, Braunschweig und Konstanz. In: Wolfram-Studien 12 (1992), S. 172–190.
Schmidt, Siegrid: Mittelhochdeutsche Epenstoffe in der deutschsprachigen Literatur nach 1945. Göppingen 1989.
Schmolke-Hasselmann, Beate: Der arthurische Versroman von Chrestien bis Froissart. Zur Geschichte einer Gattung. Tübingen 1980.
Schmolke-Hasselmann, Beate: The Evolution of Arthurian Romance. The Verse Tradition from Chrétien to Froissart. Cambridge 1998.
Selzer, Stephan: Artushöfe im Ostseeraum. Frankfurt a. M. et al. 1996.
Sharrer, Harvey L.: A Critical Bibliography of Hispanic Arthurian Material. London 1977.
Shirt, David J.: The Old French Tristan Poems: A bibliographical Guide. London 1980.
Simpson, Roger: Camelot Regained: The Arthurian Revival and Tennyson 1800–1849. Cambridge 1990.
Simpson, Roger: Update II: Arthurian Legend in Fine and Applied Art of the Nineteenth and Early Twentieth Centuries. In: Arthurian Literature 11 (1992), S. 81–96.
Starr, Nathan Comfort: King Arthur Today: The Arthurian Legend in English and American Literature 1901–1953. Gainesville 1954.
Stein, Peter K.: Tristan-Studien. Hg. von Ingrid Bennewitz. Stuttgart/Leipzig 2001.

Taylor, Beverly: Victorian Camelot and the Pictorial Imagination. In: Gammerschlag 1981, S. 51–86.
Taylor, Beverly/Elisabeth Brewer: The Return of King Arthur: British and American Arthurian Literature Since 1800. Cambridge 1983.
Thomas, Charles: Tintagel Castle. In: Antiquity 62 (1988), S. 421–434.
Thomas, Charles: English Heritage book of Tintagel: Arthur and archaeology. London 1993.
Thompson, Raymond H.: The Return from Avalon: A Study of the Arthurian Legend in Modern Fiction. Westport 1985.

Uecker, Heiko: Der mittelalterliche Tristan-Stoff in Skandinavien. Einführung, Texte in Übersetzung, Bibliographie. Berlin/New York 2008.

Wais, Kurt: Der Arthurische Roman. Darmstadt 1970.
Wandhoff, Haiko: Gemalte Erinnerung. Vergils Aeneis und die Troja-Bilddenkmäler in der deutschen Artusepik. In: Poetica 28 (1996), S. 66–96.
Wapnewski, Peter: Die Oper Richard Wagners als Dichtung. In: Richard-Wagner-Handbuch. Stuttgart 1986, S. 223–352.
Wennerhold, Markus: Späte mittelhochdeutsche Artusromane. „Lanzelet", „Wigalois", „Daniel von dem Blühenden Tal", „Diu Crône". Bilanz der Forschung 1960–2000. Würzburg 2005.
Wer ist der Gral? Geschichte und Wirkung eines Mythos. Hg. vom Richard-Wagner-Museum Bayreuth. München/Berlin 2008.
Whitaker, Muriel: The Legends of King Arthur in Art. Woodbridge 1990.
Whitaker, Muriel: Early Arthurian Art. In: Lacy 2006, S. 198–219.
Wierschin, Martin W.: Artus und Alexander im Mosaik der Kathedrale von Otranto. In: Ders.: Philologia. Würzburg 2005, S. 147–173.
Wiesflecker, Hermann: Kaiser Maximilian I. Das Reich, Österreich und Europa an der Wende zur Neuzeit. Bd. 5: Der Kaiser und seine Umwelt. München 1986.
Wilhelm, James J. (Ed.): The Romance of Arthur: An Anthology of Medieval Texts in Translation. New York/London 1994.
Wilhelm, Pia: Die Bildteppiche. Wienhausen 1970.
Willemsen, Carl A.: Das Rätsel von Otranto. Sigmaringen 1992.
Wolf, Jürgen: Einführung in das Werk Hartmanns von Aue. Darmstadt 2007.
Wolf, Jürgen: Buch und Text. Literatur- und kulturhistorische Untersuchungen zur volkssprachigen Schriftlichkeit im 12. und 13. Jahrhundert. Tübingen 2008.
Wolfzettel, Friedrich (Hg.): Artusrittertum im späten Mittelalter. Ethos und Ideologie. Vorträge des Symposiums der Deutschen Sektion der Internationalen Artusgesellschaft vom 10.–13. November 1983 in Gießen. Gießen 1984.
Wolfzettel, Friedrich/Peter Ihring (Hg.): Erzählstrukturen der Artusliteratur. Forschungsgeschichte und neue Ansätze. Tübingen 1999.
Wolfzettel, Friedrich (Hg.): Das Wunderbare in der arthurischen Literatur: Probleme und Perspektiven. Tübingen 2003.
Würth, Stefanie: Der ‚Antikenroman' in der isländischen Literatur des Mittelalters. Eine Untersuchung zur Übersetzung und Rezeption lateinischer Literatur im Norden. Basel/Frankfurt a. M. 1998.

Zießler, Rudolf: Die Iweinmalereien im Hessenhof zu Schmalkalden. In: Wiss. Zeitschrift Univ. Jena 35 (1986), S. 149–260.
Zimmer, Stefan (Hg.): König Artus lebt! Eine Ringvorlesung des Mittelalterzentrums der Universität Bonn. Heidelberg 2005.
Zimmer, Stefan: Die ältesten Zeugnisse von Artus. In: Zimmer 2005, S. 9–34.
Zimmer, Stefan: Die keltischen Wurzeln der Artussage. Mit einer vollständigen Übersetzung der ältesten Artuserzählung Culhwch und Olwen. Heidelberg 2006.

Register der wichtigsten historischen Personen, Orte und Sachen

Abbildungsnachweis

akg-images: Abb. 22, 37, 62, 64, 68, 69, 72
akg-images/A. F. Kersting: Abb. 2
akg-images/Archie Miles: Abb. 10
akg-images/Bildarchiv Monheim: Abb. 28, 51, 57
akg-images/British Library: Abb. 5, 11, 17, 18, 19, 23, 33, 36, 54
akg-images/Columbia Tri Star/Connor, Frank: Abb. 76
akg-images/Erich Lessing: Abb. 8, 15, 26, 42
akg-images/Hervé Champollion: Abb. 32, 50
akg-images/Joseph Martin: Abb. 35
akg-images/Sotheby's: Abb. 56
akg-images/Walt Disney Pictures/Album: Abb. 75
akg-images/Warner Brothers/Album: Abb. 73
Alcock, Leslie: By South Cadbury, is that Camelot. Excavations at Cadbury Castle, 1966 – 1970. London 1972: Abb. 9
Ashe, Geoffrey: Kelten, Druiden und König Arthur: Mythologie der Britischen Inseln. [4]2003: Abb. 55
Baumer, Franz: König Artus und sein Zauberreich. Eine Reise zu den Ursprüngen. München 1991: Abb. 31
Becker, Peter Jörg/Eef Overgaauw (Hg.): Aderlaß und Seelentrost. Mainz 2003: Abb. 47
Bestandskataloge der weltlichen Ortsstiftungen der Stadt Freiburg i. Br. Bd. V: Die Textilien. Hg. v. Sebastian Bock und Lothar A. Böhler. Rostock 2001: Abb. 43
Bildarchiv Preußischer Kulturbesitz: Abb. 34, 38, 39, 58, 59, 70
Bildmappe „Tristanteppich“ Kloster Wienhausen. Celle 1985: Abb. 52
Busby, Keith/Terry Nixon/Alison Stones/Lori Walters (Ed.): Les Manuscrits de Chrétien de Troyes. 2 Vol. Amsterdam/Atlanta 1993: Abb. 30
Cardiff, Central Library: Abb. 13
Castleden, Rodney: King Arthur. The truth behind the legend. London/New York 2000: Abb. 3
Foster, Harold: Prinz Eisenherz. In den Tagen König Arthurs. New York/Frankfurt a. M. o. J.: Abb. 74
Girouard, Mark: The Return to Camelot. Chivalry and the English Gentleman. New Haven/London 1981: Abb. 65, 66
Heidelberg, UB: Abb. 44, 46
Heinrich der Löwe und seine Zeit. Herrschaft und Repräsentation der Welfen 1125 – 1235. Katalog der Ausstellung. Hg. v. Jochen Luckhardt/Franz Niehoff, 3 Bde. München 1995: Abb. 29
http://www.answers.com/topic/haakon-iv-of-norway (16. 07. 2009): Abb. 40
http://commons.wikimedia.org/wiki/File:D%C5%AFm_%C4%8Dernohlavc%C5%AF,_Riga.jpg, Foto Dezidor (16.07.2009): Abb. 53
http://www.panoramio.com/photo/2671245, Foto Rob Foot (16. 07. 2009): Abb. 7
Lacy, Norris J. et al. (Ed.): The New Arthurian Encyclopedia. New York 1991: Abb. 1
Matthews, John: King Arthur. Dark Age Warrior and Mythic Hero. London 2004: Abb. 14, 20
Meuwese, Martine (Hg.): King Arthur in the Netherlands. Amsterdam 2005: Abb. 16, 45, 49
Miner, Earl (Ed.): John Dryden. London 1972: Abb. 61
Oram, William Allan: Edmund Spenser. New York 1997: Abb. 60
Quétel, Claude: Der Mont-Saint-Michel. Darmstadt 2005: Abb. 21
Schupp, Volker/Hans Szklenar: Ywain auf Schloß Rodenegg. Eine Bildergeschichte nach dem „Iwein“ Hartmanns von Aue. Sigmaringen 1996: Abb. 41
Stein, Bernard L. (Ed.): The Works of Mark Twain. Vol. 9: A Connecticut Yankee in King Arthur's Court. Berkley et al. 1979: Abb. 67
Wheatcroft, Andrew: The Tennyson Album. A Biography in original photographs. London/Boston 1980: Abb. 63
Wigalois. Mit einem Vorwort von Helmut Melzer (Nachdruck der Ausgabe Straßburg 1519). Hildesheim/New York 1973: Abb. 48
Wolf, Jürgen: Abb. 4, 6 (nach Castleden), 12 (nach Higham), 24, 25, 27 (nach Castleden)
Zimmer Bradley, Marion: Die Nebel von Avalon. Frankfurt a. M. 1987: Abb. 71